TECSUN®
Federal Tecsun, Inc.

　　一个不遵守制度的人是一个不可靠的人！一个不遵循制度的民族是一个不可靠的民族！

　　制度只能对君子有效。对于小人，任何优良制度的威力都将大打折扣，或者是无效的。德胜公司的合格员工应该努力使自己变成君子，做合格公民。

　　德胜公司始终提倡的价值观：诚实、勤劳、有爱心、不走捷径。

——聂圣哲

誓　言

　　我将认真地阅读这本手册内容，努力使自己成为德胜公司的合格员工，靠近君子，远离小人。

　　我将非常珍惜并保护好该手册，只要我在德胜公司工作一天，这本手册就会伴随我一天。

　　如果我因故离开了德胜公司，我会严肃地将此手册还给德胜公司。

_____

　　　　　　　　　　　宣誓人（签字）_____

TECSUN 德胜洋楼®
诚实 勤劳 有爱心 不走捷径

周志友 | 主编

BUSINESS MANAGEMENT THE CHINESE WAY

德胜员工守则

『全新升级版』

聂圣哲 | 一个不遵守制度的人是一个不可靠的人！
一个不遵守制度的民族是一个不可靠的民族！

机械工业出版社
CHINA MACHINE PRESS

本书是中国第一本以规章制度为主体的图书，是一本可以直接指导现实管理的图书。它凝聚提炼了德胜公司最新管理成果与思想精华，提供了一套经过时间检验证明行之有效的方法。该书一切从实用出发，没有刻意去引经据典，牵强附会，而是用简单的逻辑阐明了深刻的管理原理。这本书里没有提到任何花哨的奇谋妙计，也没有宏图伟略，有的只是逻辑严密、内涵深刻、经过仔细琢磨和修正过后的管理规则和规范。对于任何一个在中国致力追求管理效率的人来说，这本书就是一本圣经，认真研读它，不仅可以获得启迪，也是一种思想的洗礼；不仅可以将有些东西随手拈来即学即用，而且可以提升本身的管理素质和境界。本书会为中国企业在制度建设、文化建设方面提供借鉴，带来价值。

图书在版编目（CIP）数据

德胜员工守则/周志友主编. —北京：

机械工业出版社，2013.5（2024.5 重印）

ISBN 978-7-111-42601-1

Ⅰ.①德… Ⅱ.①周… Ⅲ.①企业管理 Ⅳ.①F270

中国版本图书馆 CIP 数据核字（2013）第 107240 号

机械工业出版社（北京市百万庄大街 22 号　邮政编码 100037）

责任编辑：余　红　楚啸原　孟晓琳

版式设计：张文贵　　　　　　责任印制：单爱军

保定市中画美凯印刷有限公司印刷

2024 年 5 月第 1 版·第 39 次印刷

170mm×242mm·22.125 印张·2 插页·282 千字

标准书号：ISBN 978-7-111-42601-1

定价：69.80 元

电话服务　　　　　　　　　　网络服务

客服电话：010-88361066　　　机　工　官　网：www.cmpbook.com

　　　　　010-88379833　　　机　工　官　博：weibo.com/cmp1952

　　　　　010-68326294　　　金　书　网：www.golden-book.com

封底无防伪标均为盗版　　　机工教育服务网：www.cmpedu.com

再版前言

  周志友　著名作家。艺术界杂志社社长、主编，编审。中国作家协会会员，中国电影家协会理事。先后获得过国家"五个一工程奖"、中国电视"星光杯"奖、中国书刊发行业协会"全行业优秀畅销品种"奖、国务院"政府特殊津贴"等奖励。

  《德胜员工守则》自2005年12月出版至今，其间曾改版三次，重印二十八次。此次由机械工业出版社再版，从版次延续上算是第四版，但由于机械工业出版社是首次出版，以前的版次归零，又回到了第一版。

  但这个第一版和八年前的第一版相比，有着不同的内容、意义和深度。

  2012年9月我去美国，在德胜公司总部竟然看到了保存完好的《德胜员工守则》首版校样，这实在出乎我的意料——即使在出版社，恐怕也找不到当初这些校样了。厚厚的一大摞，校样的许多页面上都标记着校对符号，既熟悉又陌生。我当时的感觉，就像是在异国他乡突然听到了乡音，看到了朋友，令我惊诧而欣喜。当我翻阅发黄的纸张，看到最后一页的日期时，忽然意识到，七年的时间过得太快，七年，两千多天，就像这校样一样，被一页页地翻过去了。

  当今网络时代，七年，该是一个多么漫长的历史概念！不说世界，不说中国，即使是德胜公司，也已经发生了翻天覆地的变化。一座近两万平方米的德胜大厦，傲然矗立在苏州工业园区科教创新区的东平街上；蔚为大观的昆山样板社区，也已经全面落成；公司持有的专利，已悄然无声地接近千项……当然，还有比这更为重要的，那就是德胜管理体系的建立与日臻完善。业界著名的《商业评论》杂志，2012年7月号封面专题文章大标题直呼：德胜洋楼，中国式管理时代来了！

  这一切的一切，终于使《德胜员工守则》的修订提前进入议事日程，并且得以快速启动。此前，该书的修订再版虽被数度提及，但都因种种原因而被搁置。2013年的春节，初八，我已入住德胜苏州总部波特兰小街好东客栈。公司管家中心的一名员工在做完例行卫生后，我向他表示感谢，但他却郑重其事地向我表示感谢，说他来德胜工作，皆缘于《德胜员工守则》。我看着他，心想这里面一定有故事。但当时因急于参加此书的修订会议，未能与他交谈。两天后的一个晚上，在西餐厅的咖啡吧，我倾听了他的叙说。原来，他在网上读了《德胜员工守则》之后，又读了所有能找到的有关德胜的著作和文章。他非常认同德胜的价值观，为了追随自己的理想，不惜辞去了大学教师的工作，并且坚持不懈地求职，最终不远千里来到苏州。他的故事，让我想起了清华大学宋学宝教授在八年前说过的话：如果我年轻20岁，我会以到该公司做清洁工为荣。咖啡吧灯光迷离，让我有一些惶惑。眼前这位员工，正比宋学宝教授年轻20多岁，并且正在从事着清洁工作。这真是神奇！他简直就是为了印证宋学宝教授的话而来的！

无论是大学教授还是普通教师，真要放下身段做清洁工，还真不是一件容易的事情。在我看来，德胜的规章制度，就像电脑中的后台程序，看不见，摸不着，但它却无时无刻不在运行。德胜的管理重在细节，细节使所有的人都无法逃遁。这位员工在管家中心工作已经一年多了。他是出于一时的热情，还是要在这里扎下根来？他习惯这里吗？他最终能坚持下来吗？我提出一连串的疑问，而他的回答却极其简单："我喜欢这里。"他用了"喜欢"这个词，等于是回答了我的全部疑问。但他之后的解释却说到了关键："只要你认同德胜的价值观，你就会从心里认同这些规章制度。当你同规章制度融为一体时，那些在别人看来是条条框框的限制，对你来说，反而成了尽享自由的保证。"这句话别人或许听不懂，但对深谙德胜的我来说，一下子就明白了。德胜中层的一位管理者曾多次同我说，德胜是一个可以让个人价值得以充分发挥的地方。我也非常认同这一点。从某种意义上说，给你限制也就是给你自由。就像诗歌一样，诗歌也是受韵律限制的，但真正的诗人却能在这种限制中翻江倒海，创造出惊世骇俗的好诗来。在德胜，只要你有能力，到处都是你的用武之地。只要是为了公司，你完全可以弹性工作，弹性休息；上天入地，出神入化，没人管，没人问，一切随你。真正做到了这一点，你也就从必然王国进入了自由王国。这种状态下的工作质量和效率，当然是不言而喻的。

《德胜员工守则》出版后，媒体发表了很多评论文章。在我读过的文章中，最为深刻的是著名学者刘军宁发表在《南方周末》上的一篇文章。刘军宁先生说，一些从事企业管理实务或研究的人士从《德胜员工守则》中看到的是德胜公司对企业管理的独特贡献，但他看到的却是"一个企业在塑造公民意识和锻造个人的自主自尊人格方面的独特作用"。刘军宁先生一语中的。他认为，"德胜公司通过一系列的制度安排来滋润员工的正义感、责任感、荣誉感，让员工充满自信和自尊。这样的公司不仅是一部高效能的赚钱机器，而且是一个牢固的、高效的道德共同体，是公民人格的天然养成所。"他强调，中国人的道德前景，不能只寄希望于政治家，不能只指望道德宗师，而是要立足于日常的社会生活，立足于貌似普通的众生（员工与企业家）和貌似商业的机构（企业与公司）。他据此对德胜做出了高度评价："德胜的成就意味着，自由企业的作用，不仅在创造财富中不可替代，而且在推动个人的觉醒、人文精神的确立、道德的重建、公民的诞生等方面，更是'关键先生'！"

在美国生活多年的聂圣哲，用独具聂氏特色的立场、观点和方法，把西方管理与中国企业的实际相结合，对德胜实践中的一系列独创性经验进行了理论性概括，创立了极具特色的德胜管理体系。德胜管理体系是在实践过程中逐步形成和发展起来的，在一定程度上丰富了中国企业管理理论体系，对中国企业管理具有特别的借鉴意义和现实意义。德胜管理体系是聂圣哲先生创立的，随后，受益于此的全体德胜人以他们的行为给予了完善。他们对德胜管理体系的形成和发展，作出了重要的探索与实践的贡献。德胜管理体系是德胜人工作与生活的哲学总结，凝聚了德胜人的聪明才智，是德胜人集体智慧的结晶。

《德胜员工守则》的此次出版，主要结合德胜公司的实际作出调整，删除了部分规章制度与文章，并新增了三分之一的内容。规章制度原来只有21条，现在增加到了32条。新增加的十多篇文章，不仅涉及的范围更加广泛，而且在一定程度上强化了思想深度。此次对书中照片也作了较大调整，使照片成为该版书不可或缺的看点之一。新版的体例和文字，更加科学、严谨。

《德胜员工守则》问世后，我收到了很多读者来信、电话以及电子邮件和手机短信。他们给予这本书的积极肯定，让我感到莫大的欣慰。从事写作多年，自己笔下从没有一本书具有如此的力量——不仅很多企业从中获益，甚至有不少读者因为阅读此书而改变了自己的人生轨迹，这让我备受鼓舞。借此机会，向所有的读者表示最诚挚的谢意，正是你们的厚爱，才有了这本书的多次再版与重印。

《德胜员工守则》从第一次印刷到这次真正意义上的新版，已经历了八年。这八年间（以下排名按照时间顺序），清华大学经济管理学院教授宋学宝先生，北京科技大学教授赵晓先生，精细化管理专家汪中求先生，稻盛和夫管理思想研究专家王育琨先生，国际著名经济学家、日本名城大学教授河田信先生，国务院发展研究中心企业研究所所长、教授赵昌文先生，北京大学常务副校长、教授吴志攀先生，清华大学副校长、教授程建平先生，宾夕法尼亚大学沃顿商学院教授郑渝生先生，还有很多我无法在此一一列出的专家、学者、朋友，他们对该书的出版、推介、再版，给予了很大的支持和帮助，在此一并表示感谢。

周志友
2013年3月

导　读

德胜洋楼—中国式管理的新范本

杨　壮　王海杰

杨壮，北京大学国际BiMBA院长，美国福坦莫大学（Fordham University）商学院副院长、终身教授。

王海杰，《商业评论》高级编辑。

这是一家真实到令人震撼的公司。它建造的美制木结构住宅超过了美国标准，它把农民工改造成高素质的产业工人和绅士，它的员工手册被誉为中国企业的管理圣经，这一切成功源自德胜朴素的价值观。

引子：把话说透，把爱给够

"工友们，严肃紧张的制度学习会之后，团结活泼的拍卖会时间到了！"一位操着湖南普通话的小伙子快步走上前台，拿起话筒，以兴奋的语调宣布了一场拍卖会的开始。这是德胜（苏州）洋楼公司一间不大的中餐厅，里面摆放了五六张方桌和长条桌，员工们团团围坐在桌旁的藤椅和方凳上，瞪大了眼睛，张望着前方的台子——那里摆放着将要被拍卖的物品，有丝绸围巾、高山生态茶、迷你音响、浴巾，甚至还有特色小菜……

外行看热闹，内行看门道。在旁人看来，这样一场热热闹闹的拍卖会不过是一台自娱自乐的员工晚会。但是如果你了解了个中的良苦用心，就明白这绝对不是一场拍卖会那么简单。一场小小的拍卖会其实经过了深思熟虑的制度设计，背后体现了该公司独特的管理逻辑，其一，反腐败；其二，让员工有尊严地得到实惠；其三，培养员工的社会责任感，让员工为社会献出一份爱心，可谓一举三得！

《德胜公司员工读本》中的《反腐公函》明确规定："员工在商业关系中不可夹杂有任何形式的腐败行为。"然而，每年都有一些客户出于感激与欣赏，赠送各种礼物给德胜员工。怎么办？如何对待这些来自客户的真诚回馈？德胜公司的解决办法是：首先把礼品收受情况以简报形式公之于众，然后把礼品拿到公司内部拍卖会上进行拍卖，所得款项全部捐献给长江平民教育基金会。这就是德胜公司在反腐方面的严格举措，此举既杜绝了员工受贿现象，同时也照顾了客户的一片心意。

然而，在制度上"把话说透"的同时，德胜公司在文化上还倡导"把爱给够"——让员工有尊严地获得实惠。拍卖会上一条色彩优雅的素绸缎大方巾，商场里的价格在200元以上，而起拍价只有50元。员工们你拍我抢，三条绸缎围巾转瞬间在120～150元之间的价位被员工们拍得。一方面，员工为教育基金会捐献了一份爱心，自豪感油然而生（尽管他们并不属于高收入阶层）；另一方面，员工自身也得到实惠——会上所拍得的物品往往具有很高的性价比。

一场小小的拍卖会，既反映出德胜的制度之严，也折射出德胜的爱心之深！这是德胜公司一贯的管理之道，在制度上绝不放松对员工的严格要求，在私下里以润物细无声的方式把关爱渗透给员工。在这里，你看不到任何环节上的粗放式管理或草率处理；在每一个细微之处，你都会发现：这是一个"用心"在做管理、"用心"做制度设计的企业。

把农民变成绅士

德胜洋楼总部于1997年落户苏州工业园区波特兰小街，员工不足千人，其中很大一部分是由农民工构成的建筑工人。德胜洋楼不是房地产开发商，而是一家房屋建造商，其主业是设计和建造美制木结构住宅（一种轻型木结构的低层单户住宅，中国俗称"美制别墅"）。因此，德胜洋楼公司可以说是"洋"与"土"的结合——盖的是洋楼，但盖洋楼的是中国本土的农民工。公司目前年产值数亿元人民币，占据国内70%的市场份额。

尽管在过去的十多年里，中国房地产业飞速发展，但是建筑行业里并未形成真正意义上的"产业工人"。建筑工地上辛苦作业的施工队，基本都是由打零工的农民构成。那些今天还在田里赤脚干活的农民，也许明天就挥舞着泥瓦刀，站在了高高的脚手架上。缺乏专业训练、临时拼凑而成的农民工队伍如何确保建筑质量达标？没有社保和医保，住房、吃饭、工作条件皆简陋的农民工，如何提高职业素质和技术素质？没有高素质的工人，又如何能建造出高质量的房屋？理解了这些，你也就大概理解何以中国的住宅质量经常会出现"滴、漏、跑、冒、渗"等问题。

在德胜公司，你找不到传统意义上的农民工。这里没有四处打游击干活、年底讨薪无门的农民，取而代之的是有正式编制和正式职工待遇的建筑工人。这些出身农民的木工、瓦工、电工等，在德胜公司不仅被训练成合格的产业工人，而且被改造为文质彬彬的绅士。这个转变是怎样发生的？

1. 给员工绅士的待遇

从2002年开始，每年冬天的圣诞节，德胜公司都会在苏州超豪华的五星级酒店举行一年一度的盛大晚会。公司全体员工，包括各个工地上的建筑工人，不远千里赶回苏州，参加圣诞之夜的公司年会。当德胜公司第一次联系苏州喜来登酒店的接待人员时，酒店方曾经非常担心：几百名农民工在这样高档的酒店里狂欢会不会闹出一些尴尬的事情？然而，实际情况却令酒店人员大为惊讶，这些农民工的行为之端正超过了酒店所接待过的很多客人。几百人的宴会厅里，一切井然有序，不仅没有出现大声喧哗、乱撒酒疯或者随地吐痰、抽烟的现象，而且所有的农民工都衣着得体、彬彬有礼、自然大方，俨然一副绅士的做派。酒店的经理也忍不住称赞他们是"民工的面孔，绅士的风度"。

把全体农民工请到五星酒店来开大会，这恐怕是国内仅有的一家公司。德胜之所以舍得花费巨资，每年召集员工到豪华、高档的酒店开会，是为了让每位员工，尤其是处于社会底层的农民工享受绅士的待遇，感受高品质的生活，从而获得一份自豪感和尊严感。因为，只有受人尊重、拥有尊严的员工才能反过来尊重自己的工作，才能把自豪感带入工作之中。

在我们国家，机关干部和企业高管出国考察是常有的事情，但是有谁听说过农民工出国考察？德胜公司就有这项措施，只要工作满五年，每个农民工都可以免费出国考察一次。公司每年都组织一批员工到欧美国家去参观学习——创始人聂圣哲的心愿是让所有员工今生都能有一次机会出国看看外面的世界。

德胜并非只是"偶尔"才给员工们这样的绅士待遇，在日常管理中，它也同样尽其所能把最好的工作和生活条件给予员工。与大部分的建筑工地不同，德胜的建筑工地有如下特点：施工现场整洁干净，工作服、安全帽以及各种安全设施都齐全；工人不准带病上班，如果发现带病坚持上班，每次罚款50~100元；食宿条件非常好：宿舍24小时有热水供应（条件好的还有空调），一日三餐有丰盛的热菜热汤，只要花一两元钱就能吃饱吃好（公司给员工每人每天补贴伙食费20~30元）。

2. 培养良好的个人习惯

把散漫的农民工变成绅士和合格的产业工人，仅仅给予他们绅士般的生活待遇是不够的，德胜公司在业务培训和素质教育方面所下的功夫也毫不含糊。对于每位尚处于试用期的新职工，公司会做出特别提示："您正从一个农民转变为一名产业化工人，但转变的过程是痛苦的。"

德胜对农民工的改造从最基本的个人卫生开始，在德胜的试用职工条例中有非常详细的规定，比如：每天至少刷牙一次，饭前便后必须洗手，尽快改掉随地乱扔垃圾的习惯，尽快改掉随地大小便的习惯，卫生间用完之后，必须立即冲刷干净，等等。

不要觉得这些规定太琐碎或者太初级，事实上，不少受过良好教育的人至今也改不掉乱扔垃圾的习惯；不少城市人在用完卫生间之后，也不屑于冲刷干净。"一屋不扫，何以扫天下？"日常生活中的卫生习惯和行为表现最能反映一个人的基本素质。基于此，德胜从最基本的卫生习惯着手，来逐步提升农民工的个人素质。

在工作场合，德胜要求员工"衣冠整齐、不得打闹、不得穿拖鞋"，"工作时间埋头工作，不说闲话和废话"，"礼貌待人，见面问声好，分手说再见"，"做错任何一件事情，必须立即向上级反映，不诚实的人是得不到信任和重用的"。

此外，针对员工的一些不良嗜好，公司做出了更为严格的规定，如：工作期间，中餐严禁饮酒，晚上需要加班的也严禁饮酒；除春节法定假期外，任何时间都严禁赌钱。如果员工被发现赌博或者违反饮酒规定的，经规劝不改者，就会受到公司的解聘处理。

除了硬性的制度约束，集体的同化力量也很重要。每有新员工加入，公司都会有意识地把新、老员工安排在一起工作，比如让9个老员工带1个新员工，在老员工影响下，新员工很快就会被同化。但是如果比例不合适的话，比如让7个老员工带3个新员工，那么不仅新员工不会被同化，老员工反而可能被带坏。

德胜的管理原则是"把话说透"（对员工的要求体现在规章制度中）和"把爱给够"（给员工足够好的待遇和福利），但是德胜也绝对不是一个容忍混子的老好人公司。它遵循国际通用的"1855规则"：10%的员工到年终要重奖，80%的员工予以肯定，5%的员工受到批评，最后5%的员工要被解聘。这最后5%的员工指的是有意怠慢工作或者工作不努力、未能完全履行自己职责的员工。

不过，这个解聘不是真正的解聘，而是给员工一次自我反省的机会。员工在

德胜(苏州)洋楼有限公司
2012'圣诞晚宴
TECSUN (SUZHOU) HOMES 2012 CHRISTMAS BANQUET

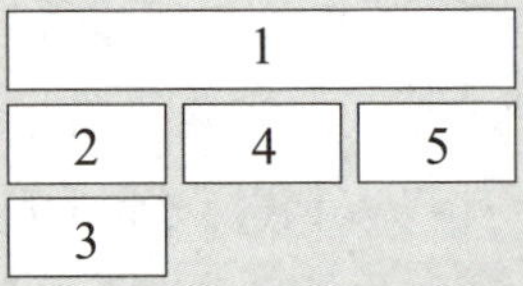
1
2
4
5
3

1 每年圣诞节，德胜公司都要举办规模盛大的圣诞晚宴。
2 员工们在晚宴上表演舞蹈《街舞》。
3 近千名农民工齐聚五星级酒店，在中国可能是绝无仅有的。
4 员工们齐唱《我们由衷地感谢》。
5 烛光中的开幕式。

一个公司待久了，待舒服了，难免产生惰性，所谓"三年一小痒，七年一大痒"，不良习性有可能故态复萌。那么，公司就让他们清醒一下，把他们放到外面去，让他们吃吃苦头。被末位淘汰制筛选下来的员工在外面打工一年，就会重新发现公司的种种好处，因为在外面打工找活儿很不容易，就算找到活儿又担心拿不到钱。如果这些员工果真心有悔悟，并诚恳改过，公司也愿意敞开怀抱，再度接纳他们。这就是德胜公司的"吃一年苦工程"。这个举措又一次体现德胜公司宽严结合的管理原则：一面是冷酷无情的末位淘汰制度，另一面是以人为本、关怀包容的爱心文化。

把"小人"变为君子

德胜之所以对农民工如此善待和关爱，与创始人聂圣哲的个人经历和思想分不开。聂圣哲出生于安徽休宁山区一个极为贫穷的农村家庭，在去四川成都上大学之前，他自述"自己是一个曾经没有见过公共汽车、没有洗过淋浴、不知道打电话还要拨号码"的农村孩子。品尝过贫穷滋味的他，对农民兄弟始终怀有一份深沉的感情和厚重的责任感。

在聂圣哲的家乡，如同大多数农村山区一样，只有少数孩子有机会接受高等教育，而剩余的大部分农村劳动力，由于缺乏系统的劳动技能训练，不具备合格的劳动素质，只能依靠出卖原始劳动力来谋生，其艰难和贫困程度可想而知。要想真正帮助农民改变贫穷落后的命运，必须从根本上提高农村劳动力素质。在聂圣哲看来，中国的正统教育属于应试教育，培养的是坐办公室的白领阶层。而中国当下最需要的是职业技能教育，培养的是训练有素的蓝领工人。聂圣哲创办德胜公司的目的之一，就是为了帮助农民改变命运，力图通过企业的在职教育来提升农民素质，使农民不再彷徨失措。

毋庸置疑，无论是从个人生活上把农民改造为绅士，还是从职业素质上把农民改造为合格的产业工人，都远不是一朝一夕可以完成的事情。对于散漫惯了的农民工，首要任务是让他们学会敬畏制度和遵守制度。聂圣哲本人对此有很精辟的见解，他曾经说过："一个不遵守制度的人是一个不可靠的人，一个不遵循制度的民族是一个不可靠的民族。"中国很多事情往往并不是没有制度，而是有了制度不按制度办事，或者在执行的过程中打折扣、走捷径。聂圣哲对于一些人好耍小聪明的习惯深恶痛绝，他认为正是这些人好走捷径、不守规矩、不老实按制度办事的风气，导致中国某些企业无法像德国和日本企业那样制造出精品。在某种程度上，他很欣赏德国人那种严谨到近乎死板的民族性格，认为这种没有灵活性的机械态度其实是一种宝贵品格，能够保证制度的忠实执行、产品质量的稳定以及实验数据的可重复性。

为此，德胜公司花费了很大力气细化和完善公司的各种制度规定。德胜的员工人手一本员工手册，这本手册的最新版本长达268页，内容可谓洋洋洒洒、包罗万象，除了上文提到的关于个人卫生和工作习惯的规定，还有关于生产和运营各方面的详细规定：财务报销、采购规则、质量监督、工程管理、仓库管理、安全管理、用车规定等。为了保证制度能够"融入员工的血液"，所有员工，在每个月的1日和15日的晚间都要集中在一起召开制度学习会，每次学习某一方面的制度条例，学习时间为半小时。会议采取接龙形式，由在座员工每人朗读一句话，以保证大家的注意力不分散。每月两次的制度学习会旨在给大家反复灌输遵守制度的重要性，久而久之，这些制度规定就在员工的脑子中生了根，成为无形的约束。(制度学习会之后即是本文开篇提到的物品拍卖会，这两个会议是德胜公司内部著名的"两会制")

与此同时，聂圣哲也认识到，制度与人的问题不是截然对立的，并不是有了好的制度环境，才能培养高素质的人，这其实是你中有我，我中有你的关系，是先有鸡还是先有蛋的问题。有了高素质的人，才能遵守制度，制度才能有效运行；有了制度的约束，人才能守规矩，成为高素质的君子。假如只有良好的制度，没有具备良好素质、愿意遵守制度的人，制度也就成了一页废纸。假如只有高素质的人，没有良好的制度设计，那么失去制度约束的君子也会逐渐走偏。因此，他一再申明，"制度只能对君子有效，对于小人，任何优良制度的威力都将大打折扣，或者无效。德胜公司的合格员工应努力使自己变为君子，或者说，要靠近君子，远离小人。"(这里指的"小人"不是人们通常认为的"坏人"或"恶棍"，而是儒家所定义"君子"的反义词，指的是不严格遵守道德规范和规则的人)。

德胜要求员工做君子，最明显的一个例子是财务报销制度——员工报销任何因公费用或者规定可以报销的因私费用，都不需要领导签字，只需要写上费用发生的时间、地点和原因，经手人自己的姓名。有其他人同时经手的，可以作为证明人在相关发票上签字证明，就可以到财务部报销。报销时，财务部的出纳员首先要宣读一份声明："您现在所报销的凭据必须真实及符合《财务报销规则》，否则都将成为您欺诈、违规甚至违法的证据，必将受到严厉的惩罚，并付出相应的代价，这个污点将伴随你一生。如果因记忆模糊自己不能确认报销凭据的真实性，请再一次认真回忆并确认凭据无误，然后开始报销，这是极其严肃的问题。"每一次报销时，财务人员都要不厌其烦地履行这样一种宣读声明的仪式，以教育和提醒员工务必对自己的行为负责，对自己的信用负责。之后，员工把报销凭证交给出纳员即可完成报销，职工的报销凭证则会输入公司的个人信用计算机辅助系统。

在德胜公司看来，费用报销事关个人信用，既然是个人信用问题就应当让员工个人承担！主管领导有什么权力给员工签字？如果主管签了字，报销的责任就等于转嫁到了主管身上，主管必然要为员工的行为担责，这是很不合理的制度。报销不需要领导签字，就是让员工为自己负责，让员工自己选择做一个君子，而不是小人。

在受到反复教育和提示之后，假如员工还是做了"小人"怎么办？德胜有一套完善的处理制度——"我们要建立一个机制，就是当一个小人把我们的诚实或宽厚当成懦弱时，我们要坚决予以反击"。德胜公司建立了一套个人信用计算机辅助系统，该系统可以从职工的报销单据中分析出单据的真实性以及此笔费用的必要性，也可以通过归纳法分析出职工的报销习惯，从大量的数据分析中对异常情况进行预警。每位职工的守信与不守信的行为都被记录在该系统里。任何腐败与欺诈行为一旦通过抽样调查和个人信用计算机辅助系统被发现，员工就会为自己的不诚实行为付出昂贵的代价。

无论德胜的建筑工人还是物业服务人员，他们的教育程度和文化背景并不高（以初中和中专学历为主），但是在这样一家非高学历员工构成的公司里，员工可以上班不用打卡，随心所欲地调休，不需要主管签字就可以完成费用报销。为什么？为什么连一些知识型企业也无法做到的人性化管理，德胜公司却敢于尝试？答案在于制度与文化的双管齐下。一方面，德胜有明确的制度规定、严格的监督机制和奖惩手段；另一方面，德胜也时刻不忘借助文化和教育的力量——每月两次的制度学习会，每次报销前都要宣读的提醒声明——这些都在潜移默化地影响着员工，促使他们远离小人，成为君子。

把管理贵族变为精神贵族

德胜管理体系还有一个鲜明的特点：坚决反对官僚主义。这一点也与创始人聂圣哲对传统文化的反思分不开。在他看来，长期受儒家文化影响的中华民族往往有两种表现状态，要么是散兵游勇的游击状态，要么就是人浮于事的官僚状态。什么是官僚状态呢？聂圣哲给了一个定义：当你有了权力摆架子时就是官僚文化；当你有了权力对别人漠视就是官僚文化；当你有了权力对别人不尊重就是官僚文化；当你很多的事情不想亲自去做，就是官僚文化。官僚文化的危害很大，它不仅会毁掉人与人之间的真诚，而且使公司的效率低下。官僚文化里只能使庸人得到满足，使官迷们如鱼得水，却不能使真正有才干、有实干精神的人脱颖而出。

那么，如何对权力进行制约？如何让智慧拥有发言权？而不是让权力压制智慧？德胜公司提倡精神贵族，反对管理贵族。

1. 反对管理贵族

何为管理贵族？管理，本应"管人"和"理事"并重。但是相当一部分国人是官迷，只想当官，不想干事；当上官之后，只想"管人"，却不愿"理事"。那些喜欢颐指气使地指挥别人做事，自己不愿意动手实干的管理者，即为管理贵族。反对管理贵族的第一步是从尊重劳动开始。按照聂圣哲的说法，"我们民族的文化中，一直都有一种蔑视劳动的风气，是奉行不劳而获的。我希望大家从不劳而获的思维方式当中走出来，变成一个劳动的敬畏者"。

所有德胜的新入职人员，无论是管理者还是普通员工，首先都必须在物业中心接受三个月的培训，培训期间从事打扫清洁、帮厨以及园林护理工作，其中房间的保洁工作必须达到五星级宾馆的保洁要求——有个说法是，马桶必须清洁到打扫者敢于从中舀上一杯水来漱口的程度。这并非杜撰，事实上，德胜公司的创始人聂圣哲曾经亲自给员工示范洗马桶，并用马桶水来漱口。

三个月培训结束后，劳动能力达到合格标准，新员工才能转正，分配到各个部门工作。如果没有达到要求，还要继续培训三个月，直到合格为止。所以，无论是高层管理人员，还是专业人员，要想在德胜工作，首先要过体力劳动这一关。德胜希望通过这样的体力劳动，去除受培训者身上的浮躁与傲气，养成扎扎实实、耐心细致的工作习惯和务实精神。

反对管理贵族的第二个表现在工牌上，所有管理人员的工牌上都有一句话："我首先是一名出色的员工。"这句话对于管理人员尤其含义深刻，它时刻提醒每一位管理者不要以管理贵族自居，不要高高在上，而要对每一个下属平和对待，对每一个员工的请求及时回复，踏实、认真地处理每一件事情。在德胜公司，一旦发现某位管理人员对员工吆三喝四，甚至冲员工拍桌子、发脾气，就会有人报告督察官，公司相应部门会对这位犯了官僚主义错误的管理者进行批评教育，让其给员工赔礼道歉。

反对管理贵族的第三个表现是"代岗制"。在德胜公司，无论是建筑工地的总监、副总监，还是公司总部的各个部门经理，都要遵守代岗制。所谓代岗制，是指管理人员每月必须抽出至少一天时间来参加一线劳动，具体工作由管家中心负责安排。这一天，该名管理者必须作为一个普通的员工参加一线劳动，或者打扫房间，或者在建筑工地上做一天建筑工人。如果有一天你在德胜公司里行走，看到一位正在清扫街道或者擦拭玻璃的中年人，那很可能是他们的财务经理，也可能就是人力资源总监。

德胜每一项制度设计的背后都有着独特的管理逻辑和哲学思考，代岗制亦是如此。在聂圣哲看来，并不只是政府机关里才有官僚主义，大多数公司里也存在着严重的官僚主义，不少大公司就是被官僚主义毁掉的。尤其是在中国的"官本位"文化影响下，很多人向往着当官，因为一旦当上官之后，只要动动嘴指挥下属，就万事大吉了。这样的官僚作风必然造成公司人浮于事、效率低下。而德胜公司就像大海里的一块礁石，每个月都要狠狠震一震，否则官僚主义就会像小海螺一样附着在上面。

此外，干部不脱产，经常到一线岗位工作，才能更好地把握现场的真实情况，加深对一线工作的细节了解。如果长期脱产，干部们就会逐渐脱离实际，成为"主观臆测"的奴隶。事实上，德胜干部的确得益于这项措施，他们的很多灵感、很多改进都是来自现场的激发——只有身体力行地参与了实践，才能做出合理的判断和决策。

反对管理贵族的第四个表现是对干部的要求比普通职工更严格。在德胜公司，管理人员，特别是高层管理人员，职位越高，越要精确按程序处理工作、办理事情，更要严格服从公司统筹安排和热情接受各个部门（或个人）的工作帮助与协调的请求。如果稍有怠慢和偏差，处罚将比普通职工严厉 2~10 倍。

为了反对管理贵族，德胜还设立了督察部。督察部下设质量督察官、制度督察官、公平公正官、神秘访客、巡视员。这些监督人员拥有至高无上的监督权，任何人员都不得抗拒督察官的监督和批评，这非常有效地保证了权力受到制约。

俗话说，光说不练假把式。由于官僚主义的盛行，不少大型企业的管理者都成了纸上谈兵的官僚，光说不干，导致组织冗员现象严重，组织结构臃肿。而德胜公司很幸运地拥有一个精简高效的组织结构，它的管理成本很低，因为它不设置总裁办，也没有副总裁，只有几个部门总监和经理，近千人的公司一共只有十几名管理干部。更令人惊讶的是，在很长一段时间里，整个销售部只有一个人——王中亚，他既是领导，也是员工。再比如，负责访客参观事务的知识产权与文化中心总经理赵雷，既是主管（安排和协调参观事宜），又是接待员和解说员，同时还兼任司机，并且平时还主管知识产权事务。如果换做其他公司，这份工作任务至少需要三个人来分担。而德胜的管理者却总是像普通员工一样冲锋在第一线，身兼多职、一人多能。

对此，长期研究丰田制造体系的日本管理专家河田信先生，来到德胜之后也不由得赞叹："德胜公司把管理者与员工视为一体，能实现这一点太不简单了！"

2. 洗马桶精神

德胜体系不仅对管理者与员工一视同仁，而且要求人人都成为劳动者。德胜有一种敬畏劳动的企业文化，在这里，劳动是一件光荣的事情，没有劳力者与劳心者的区分。普通员工只要诚实、勤劳、有爱心、勤恳地工作，就会得到同等的尊重。

以洗马桶为例，它是体力劳动，也是一种个人修行方式。洗马桶的活儿看似简单，但是要把马桶清洗干净并达到光洁如新的程度，并不是马马虎虎能够对付过去的事情。员工要有不怕脏不怕烦的精神，严格遵照作业流程一步步来，才能达到标准。员工能够把马桶清洗达标，一方面是工作要求如此，另一方面是员工对洗马桶这项工作的内心认可。他们不会觉得洗马桶是不值一提的低贱劳动，而是认为这是对自己体力和心力的一种修炼。如果能把洗马桶这样的小事按照程序完美地做好，那么其他事情也同样能够做好。洗马桶事情虽小，但体现的是德胜公司一直倡导的价值观："诚实、勤劳、有爱心、不走捷径。"

这也是为什么聂圣哲极为推崇"平民教育"的原因。在他看来，教育的最终目的是人格的完善以及生存能力的培养。中国人口众多，人人接受精英教育，既无必要，也属浪费资源。不如大力推行平民教育，让更多普通人获得职业教育机会，培养一技之长，提升个人品格和素养，这样就能在社会上立足，成为"诚实、勤劳、有爱心、不走捷径"的普通劳动者，而不是社会的累赘和包袱。

中国传统文化倡导"万般皆下品，唯有读书高"，这种思想造成了中国社会

"唯文凭至上"的主流文化。聂圣哲对此非常反感，他常说，一个平庸的博士未必比一个敬业的木匠对社会更有贡献和更有价值。而且，更重要的是，"职业地位均平等，敬业程度比高低"，三百六十行，行行出状元，在职业上比较地位高低毫无意义，人与人比较的应该是敬业精神和工作态度。所以，他经常得意地说：我的一个好员工，你拿一个"博士后"来跟我交换，我也不换。德胜公司最认可品行端正且能吃苦耐劳的人才，因为只有这样的老实人，才能一丝不苟地把洗马桶这样的小事做好，才能把洗马桶这样的小事做到极致。

管理必须精细化

德胜公司要求员工经常在心里默念两句话：一是，我实在没有多大本事，我只有认真工作的态度；二是，我怎么又耍小聪明啦，我真的好危险。与社会上流行"能人文化"不同，德胜提倡平民文化，要求员工做老实人，办老实事，既不要小聪明，也不试图走捷径。当大家都在追求聪明的时候，德胜却在追求做"傻子"。在德胜，牛哄哄的人最不受欢迎。如果哪个员工觉得自己牛了，也就离被解聘不远了。

聂圣哲曾经在美国留学和工作过很长一段时间，其间他游历过40多个国家，观察各民族的优秀特质——德国人的严谨、日本人的细致、美国人的开拓和务实，每每都会触动他反思。对于有些人好走捷径、好耍小聪明、不遵守规矩的现象，他尤为深恶痛绝，并认为这是导致某些中国企业无法做强的一个重要原因。由此，他认为，中国人首先要培养的是"机械精神"，必须把日常工作做到精细、再精细，纯熟、再纯熟，在此基础上再谈创新和开拓。他始终坚信一点：优秀是可以教出来的。中国人，特别是中国的农民工，是可塑性非常强的一群人，经过反复教育和制度强化，同样可以成为像德国产业工人那样训练有素的优秀员工，制造出高品质的过硬产品。

1. 质量至上

在德胜公司，质量问题与道德问题一样，是不可妥协的最高原则，是必须坚持的底线。德胜公司对于木结构别墅的施工规范、质量和精确度要求，不仅达到甚至超过了美国标准。上岗之前，所有施工人员都经过操作程序的培训，他们人手一本操作规程手册，从地基、主体结构到水电安装、油漆、装饰各个方面，手册上都有详细规定。比如，在木板上钉钉子时，必须保证两个钉子之间的距离是六英寸，不能是六英寸半，也不能是七英寸。所有插座上的"一字"螺钉，里面的螺纹都要整齐地呈一字对齐。地板油漆只能白天做，不能晚上做，以防出现色差。安装木地板时，必须将结构地板上的脏物清理干净，并且把结构地板缝刨平之后，才能开始铺装。

为了保证工程质量，不仅有巡视员和神秘访客经常出现在工地上，还有一名专职的质量督察人员到工作现场——检查，不放过任何一个细节问题。在德胜的工地上，督察官拥有至高无上的权力，相当于施工总监的地位。如果被督察的施工人员不配合或者对抗督察官，就会被视为严重违反公司纪律，立即解聘或开除。

2. 程序中心

2004 年，为了把质量管理做得更好，聂圣哲决定成立一个程序中心。成立程序中心的目的何在？是为了把工作中的复杂问题简单化。根据聂圣哲的观察，西方人的思维习惯是把复杂的问题简单化，然后认真地处理它；而东方人的思维习惯是把简单问题复杂化，然后草率地对待它。这两种方式的结果截然不同。因此，要想把事情做好，首先就是把貌似复杂的事情分解为简单细则，然后再十二万分地认真对待它。这就是程序管理的意义所在。程序中心给公司的各个运营环节、各项工作都制定了明确的操作细则，包括：建筑工地的施工程序，物业管理的服务程序，值班程序，召开会议的程序，餐厅服务程序，采购程序，等等。

以游泳池的清洗程序（如下）为例，每个操作步骤和次序都有清晰规定，工人按照程序办事即可：

工序 1 检测水质：用 pH 试纸测量水的 pH 值，pH 值在 7～7.2 之间最为合适；若 pH 值小于 7，则洒入适量药丸，若 pH 值大于 7，则洒入适量明矾。

工序 2 检查排污泵：检查排污泵运行情况，关闭两个循环阀，看压力表的数值是否正常。

工序 3 添加氯气丸：检查氯气丸桶内的氯气丸，使用完后向内添加 3～4 粒即可。

工序 4 加水：若要添加，先关掉虎头喷泉阀，再打开自来水进水阀，待游泳池加好水之后，关掉自来水进水阀，再打开虎头喷泉阀。

工序 5 其他清扫：打扫游泳池处桑拿房、淋浴间、更衣间、浴缸房以及四周砂岩。

那么，程序和制度有何不同？程序当然也属于制度框架的一部分，但制度是更宏观和更通用的指导原则，而程序则是更细化和微观的制度细则。比如，咖啡屋晴天开3盏灯、阴天开4盏灯；工地巡视上午10点去，下午4点去；招待客人时，服务员每隔15分钟续一次茶水，这些都属于非常具体、甚至琐碎的细则规定。有了这些细化的作业程序，复杂的事情就变得简单，变得标准化，变得可控。德胜对于程序的重视达到了极端的程度，在它看来，一件事情即使最后做成功了，但如果没有按照规定的程序来做，也等于没有成功，甚至是一种后患无穷的失败。

当然，程序也不是一成不变的，而是在不断修订和改进中。比如，每次圣诞年会后，公司都要召集会务人员召开改进会，反思和讨论本次年会的不足和遗漏，提出改进意见。第一次改进会在年会之后立即召开，这叫"趁热打铁"；第二次改进会则隔一段时间召开，让大家有充分的时间去思考和沉淀，再来献计献策，这叫"余音袅袅"。德胜的精细化管理体系日趋完善，正是得益于这种不厌其烦、持续改善的精神。

3. 奖惩分明

德胜的细节管理不只停留在口头教育上，还配以相应的物质手段。任何人违反了规定，哪怕是小事情，也要受到处罚。比如，按规定员工上岗必须佩戴工牌，并随身携带笔记本。一旦发现员工未佩戴工牌或者忘记携带笔记本，每次罚款20元，并发布公司公告。同样，任何人做了好事，也会及时得到表扬和奖励。比如，对于拾金不昧之类的好人好事，公司不仅发布公告表扬，还奖励100~3000元不等的金额。

德胜一直奉行"诚实、勤劳、有爱心、不走捷径"的价值观，它的制度设计也体现了这样的价值观。在这样一种制度环境中，老实人如逢甘露，诚信者如鱼得水。一位新入职员工兴奋地描述自己的感受：过去在其他企业，我就像一滴水在沙漠里，怎么做都觉得格格不入；而在德胜公司，我就好比一滴水融入了大海……

做一家真实的公司

德胜的价值观把"诚实"放在第一位，这是当下中国企业最难做到的一点，也是德胜公司最令人敬佩的一点。

近年来，中国出现了太多弄虚作假、虚假繁荣的企业，让人很难相信哪一家企业是真实和诚信的，包括一些享有盛誉的著名公司，也往往是外表锦绣，内中糟糠。不知从何时起，很多中国企业把营销作为头等大事，一门心思研究包装、定位、策划等营销手段，而不是把精力用在研究产品上。这种只"务虚"、不"务实"的营销驱动型公司，在中国市场上俯拾皆是、屡见不鲜。

而德胜公司恰好相反，它不重营销、不玩噱头，整个市场部只有一名销售人员。想想看，千人公司只有一个销售人员，而督察人员却有十几人！仅从销售和督察的人员对比上，就可以看出德胜公司把资源和精力放在了哪些地方。

德胜公司不喜欢做表面文章，不重营销，也很少做广告，而是扎扎实实练内功：重视产品质量，完善内部管理，把时间和精力都放在做好产品和服务客户上。因此，产品就成为它最好的营销手段和广告宣传。有家广东公司手里有个很大的建房项目，对于其他公司的业务员皆拒而不见，但德胜的销售经理王中亚一来，他们特意派专车来接他。对此，王中亚的解释是："我们就是认真一点而已。"

比别人认真一点，这就是德胜的竞争力。事实上，德胜不只是"认真一点"，它对产品质量的重视达到了苛刻的程度，有一次，对于客户已经验收的工程，公司自己发现存在质量瑕疵，毫不宽容，决定推倒重来。不止一个老外在参观了德胜建造的房屋之后惊呼：这跟我在家乡住的房子一模一样，不，是更好！德胜的新客户也多是口碑营销的结果——每年络绎不绝来总部波特兰小街参观的企事业和政府机关人员，回去后都成为德胜的拥趸和热情传播者。德胜公司不愁没有订单，反倒是发愁做不完。有段时期由于订单过多，德胜公司不得不拒绝一部分客户，把市场销售部生生变成了市场拒绝部。

抗拒订单的诱惑，这也是极少数公司才能做到的事情。在这一点上，聂圣哲有非常独到的见解。他认为，"大"与"强"并不是一个概念，大不一定就强，而强也不一定非要大。德胜要做强，但不一定要做大。当质量与发展之间产生矛盾时，德胜必须选择质量优先，绝不能为了扩大规模而做超过自己能力范围的事情。所以，德胜永远是"以能定产"（根据能力来定生产），而不是"以销定产"（根据销售订单来定生产）。尽管在建筑行业，德胜公司只是个规模不大的企业，但由于它做出了一流的洋楼，声誉远播国内外，万科的王石认为它是国内最优秀的木结构住宅建造商。

德胜对待客户真诚，对自己的员工也同样坦诚相待。它明明白白告诉员工：职工不是企业的主人，企业和职工之间永远是一种雇佣和被雇佣的关系，是一种健康文明的劳资关系。否则，企业就应该放弃对员工的解聘权。

同样，新员工入职时被告知的第一句话就是："在德胜是不可能发横财的！

只能比别的公司好一点儿，过得小康一点儿。"这种做法的好处在于把话说透，从一开始就把价值观不同的人挡在门外，明确告诉他们：这里不适合你。因为那些梦想着发大财的人，心态不平和，公司很难指望他们能够安心工作，踏踏实实地把平凡的小事做好。

德胜公司不仅不说漂亮话，而且对于员工很多方面的规定比较苛刻，甚至有些不近人情，比如：员工不得在工作中闲聊、吹口哨、哼小曲、发手机短信；上班期间不得喝酒；不准赌博；不得经常与同事聚餐（每月不能超过两次，以免形成小圈子文化）；不得打听同事隐私，不准议论同事，不得与同事之间有债务往来；不准对公司的制度以及公司处理问题的方法进行议论或者发牢骚，一经发现，立即予以解聘等等。

有这么多"不"条款树立在员工面前，假如员工遇到委屈或者遭受不公怎么办？员工可以直接找公司任何一位高管反映问题，走光明正大的程序解决！此外，公司有听证会制度，员工之间发生的纠纷和矛盾，或者涉及员工生活的事情，都可以提交到听证会上，按照公平公正的方式来解决。在这一点上，德胜把民主自治的方式带到了公司生活中。比如，员工之间发生的纠纷问题，上司对员工的处理不公问题，以及是否可以为有孩子的员工安排一小时时间送孩子上学等，大家都可以拿到听证会上来讨论解决。

德胜公司还为员工考虑到养老问题，对于获得终身职工资格的员工，公司承诺给他们养老送终。这是德胜公司的矛盾之处，一方面它再三强调员工不是企业的主人，员工与企业只是雇佣关系；另一方面它却处处为员工考虑，甚至把员工养老问题纳入计划中。类似的矛盾性还体现在：一方面德胜实行严格的末位淘汰制，另一方面这个淘汰却不是真的淘汰，而是"吃一年苦工程"，如果被淘汰的员工真心悔改，公司一年之后还可以重新接受他。看似无情却有情，这种矛盾性或许正是德胜真实性的一个体现。

其实，这种矛盾性也体现了德胜的高明之处。企业管理中经常讨论的话题是：企业是不是员工的一个大家庭？如果企业对员工太好、太包容，给予员工归属感和家庭感，有可能导致"大锅饭"和"养懒人"的结果；假如一切以无情的绩效考核为指挥棒，又会导致员工与企业之间的关系形同买卖，员工与企业无法形成情感联系，没有忠诚度可言。而德胜这种严宽结合的制度设计就平衡了员工管理上的矛盾，既有小爱（爱护员工），也有大爱（严管成材）。

事实上，大部分农民工都真心喜欢德胜、爱戴德胜，感觉在这里找到了难得的尊严和安全感。而对于一些高学历、高资历、高能力的三高人士来说，德胜或许未必有很大吸引力，三高人才来到德胜甚至可能水土不服。这也很正常，一家公司对于某些人来说如鱼得水，对另外一些人来说可能如喝毒药。德胜是一家具有强烈个性色彩的公司，它的制度设计体现了聂圣哲对传统文化的反思与对人性的认识。

在聂圣哲看来，管理的本质就是教育，优秀是可以教出来的。企业需要通过各种方式反复教育员工如何做人、如何做事，最终目的是把员工改造成个人品质和职业素质俱佳的人才。然而，教育也是一个打折扣接受的过程——施教者凭着坚强的意志不断重复，而被教育者则打折扣接受。所谓"学好需要一辈子，学坏只要一阵子"，讲的就是这个道理。教育的效果会衰减，管理也是如此，因此管理者必须不断重复和不断强化，直至被管理者从量变到质变，最后达到理念和制度融入血液的状态。

最后小结

德胜公司的实践证明，农民通过教育可以蜕变为成熟的产业工人，可以成为绅士，可以成为真君子。尽管这些工人的收入只是行业里的中等水平，过的是普通人的生活，但是他们坚守了"诚实、勤劳、有爱心、不走捷径"的优秀品质，在精神上，他们是真正的贵族！

德胜管理体系之所以被日本的河田信誉为中国式管理体系，除了独到的制度设计，很大一部分原因也是由于德胜公司成功地把农民工改造成为合格的产业工人，解决了农民工的管理问题。从宏观上说，中国的问题向来都是农村和农民的问题（农民占了中国人口的最大比例）；从微观上看，谁能率先解决农民工的管理问题，谁就能建立起中国制造的竞争优势。这便是中国制造的根基，就如成熟的产业工人是德国制造的根基一样。

德胜洋楼是一个规模不大的企业，但是它给我们的管理启迪却是巨大的。《德胜员工守则》在国内出版后，广受欢迎，2011年它又被翻译成英文版发行——这证明了中国人同样可以对外输出企业管理方法和理念。

◎ 原文刊载于2012年7月号《商业评论》。

序 一

宋学宝　中国人民大学经济学博士，清华大学经济管理学院教授。

《德胜员工守则》不是一本专著，因为它没有明确的作者，甚至不能算是严格意义上的书，原因在于它的主要内容是企业内部规章制度汇编和领导讲话节录以及员工心得体会文章。这本书的前身是《德胜公司员工读本（手册）》，最初的目的只是为了满足企业内部最迫切的需要，现在成书得以出版，纯属偶然。但它的确是改革开放以来出版的关于中国企业（中国人在中国开办的企业）管理的重要的书，可以毫不夸张地说，它是一本中国企业管理的指南。

中国自古以来直到20世纪初，都是以小农经济为基础、以中央集权为特色的封闭型社会，其占统治地位的思想尤其是管理思想都是以治理国家为目的的。在思想领域，以儒家、道家和法家的影响最为深远。中国传统文化和管理思想中有许多优秀的成分。儒家对人性善的理解和追求、对自觉秩序的重视（"仁""礼""忠恕"）；法家对法律、奖惩、权威的阐释（"法""术""势"）；道家的朴素系统论和辩证法（"反者道之动，弱者道之用""道法自然"）等，这些思想对我们今天的实际管理都有着重要的借鉴意义。但由于这些思想产生的时代和经济基础的局限性，不可能作为我们进行现代企业管理的理论基础或指导思想。实际上，我们的传统文化中也有不少东西与现代的市场经济是格格不入的。有些人标榜的儒商，实际上是不存在的，因为儒家一直是抵制和反对商业和商业精神的。再如，我们奉为神圣的《孙子兵法》，虽然可以称为世界军事战略的名著，但如果我们以此来指导企业经营，则有可能误入歧途。

改革开放以来，中国引进了大量西方的管理思想，对中国的企业管理和企业改革产生了深远的影响。但这些思想产生的社会经济背景与中国大不相同，因此虽有许多精华值得吸取，但却并不能解决中国的特殊问题，而《德胜员工守则》解决了这些问题。

首先，《德胜员工守则》是一本直接指导现实管理的书，是一本关于如何管理的书，或者如何将农民转变成产业工人的书。它提供了一套经过时间检验证明行之有效的方法。也许有人会说，农民工的管理缺乏典型意义，或者缺乏先进性。实际上，中国绝大多数产业工人，包括大部分白领，骨子里都是农民，或者说观念和习惯上是农民。尽管他们可能没有干过农活，但他们的父辈是农民，并且也是在农村的环境中长大的。中国现在正处于工业化的过程中，工业化的难点在于人的观念、生活方式和工业化之间的矛盾。这对大多数农民来说，是一次痛苦的革命。从这个意义上来说，解决了农民工的管理问题，也就解决了中国企业管理的难点。该书一切从实用出发，没有刻意去引经据典，牵强附会，而是用简单的逻辑阐明了深刻的管理原理。正因为如此，才少了许多虚文，多了一些朴实，其力量也正源于此。

该书看似实用主义，但其包涵着深刻的管理思想和对中国人的透彻理解，触及中国最复杂的管理问题，也就是如何提升公司的整体管理素质的问题。

企业管理素质分为三个层面：员工层面、领导层面和系统层面。员工的管理素质，不仅表现在遵守制度和接受管理上，还表现在如何在一个团队里工作、与人协作，以及强烈的进取心和敬业精神等方面。对典型的农民来说，管理最大的困难就在于他们没有遵守制度的观念和习惯，比如按时上班、按程序规章工作等，也不知道如何在一个团队里相互协作。他们中的大多数人，要么日复一日地简单劳动而不思进取，要么因为一时的得意而忘乎所以。目前中国企业的工人大多是农民工，他们的管理素质直接影响着企业的管理效率和劳动效率，最后影响到企业的竞争力。

目前中国在世界上的经济地位日益提升，作为一个制造大国已无可争议。现在许多人认为"中国制造"不宜再提，应该提"中国创造"。其实不然。纯粹依靠廉价的劳动力，中国制造的竞争优势是有限的，只有不断提高劳动效率，才能保证竞争优势的持久性，这个道理不言自明。但劳动效率包括两个方面，一是数量方面的指标，一是质量方面的指标，这两者都与员工的素质密不可分。日本在全面质量管理方面取得的成功，除了正确的方法之外，更重要的是员工较高的管理素质。中国有些企业引进了方法，但效果并不显著，原因就在于某些中国企业内大量的农民工导致整体员工管理素质相对较低。日本和德国二战后经济上的迅速崛起，也与其员工的管理素质较高有密切关系。

中国改革开放之初，工业化程度低，国有企业并没有重视员工管理素质的提升。后来民营企业和三资企业大量使用农民工，只是重视其成本优势，而相对忽视了管理素质的提升。要进一步达到世界强国的水准，就要较高管理素质的人，因为人是创造价值的唯一源泉。中国作为一个国家要获得世界的尊敬，只有靠中国千百万高素质的员工创造出的高品质产品。这本书提供的一套行之有效的提升员工管理素质的办法，确实是一条解决员工管理素质的现实途径。

管理素质的另一个层面是管理者的管理素质，管理者除了要建立切实可行的规章制度，更重要的是身体力行。自古以来，中国的管理者往往是自己首先破坏自己制定的制度。在某种程度上说，管理者必须是一个苦修的人。一个优秀的管理者，必然有内在的坚定的信念。本书背景企业的领导者似乎就是这样的一个人。

管理素质还表现在系统层面，也就是公司形成的文化、价值观、习惯和行为规范。这需要一个过程。老企业的文化底蕴深厚，但不一定健康；新企业的文化虽然还处在建设之中，但却充满活力。这本书里大量的篇幅涉及如何建立企业系统文化的问题。有了好的文化，企业才会成为一个海洋，才会具有自我净化的功能。

《德胜员工守则》也直面中国传统文化的痼疾，并对其予以坚决抨击，例如耍小聪明、走捷径。在现代的管理中，尤其是引进国外先进技术和先进管理思想时，我们的许多企业不愿踏踏实实，按部就班，而结果往往是欲速则不达。

中国传统文化中还有另外一个痼疾，就是人与人往往缠绕在各种复杂的亲缘关系之中。老乡、老同事、老部下，血缘、地缘、学缘等不一而足。这些关系产生的各种传统义务，是传统社会赖以稳定的重要基础。这种关系在现代企业之中，无疑会构成巨大的管理羁绊并产生巨大的管理成本，从而极大地降低管理效率。德胜关注到了这个问题，并采用一系列的规定、制度来打击这种关系，从而为培养员工的敬业精神、提升其忠诚感以及强化制度的执行，创造了良好的土壤。

《德胜员工守则》还涉及一个重要的问题，也就是员工的地位问题。它毫不含糊地指出了一个事实：员工就是雇工。雇佣者与被雇者之间既是一种相互选择的结果，又是一种相互制约的契约关系。但是这并不是说雇佣者比被雇者高一等。两者在人格上是平等的。在这一点上，中国的许多企业不敢直面。一方面企业主缺乏对员工人格的尊重，另一方面，员工也缺乏对企业和企业主的热爱，不能全心全意为企业工作，两者互相猜忌。尽管有些企业提出员工是企业的主人，但实际上却经不起检验。还有一些企业采取股权激励措施，最后却发现这样更容易造成两者之间的对立（持股者和非持股者）。德胜公司的领导者明确提出，在德胜不可能发大财。这对员工来说就是一种筛选。一个企业并非要用最优秀的人、最聪明的人，而是要用最敬业的人。过去有些企业提出要造多少个百万富翁，现在这样的企业仍然有，但往往难以持久。因为不切实际的期望越高，员工就越难以保持平和的心态，也难以将工作做好，企业也就难以健康发展，并保持竞争优势。

《德胜员工守则》还涉及中国企业最核心的问题，就是信仰问题。共产党在中国之所以成功，就在于她树立了一个全新的理想和坚定的信念。对于企业管理来说，如何培养员工的信仰是迫切需要解决的实际问题，而信仰也是一个企业真正的力量源泉。德胜公司提倡的价值观是"诚实、勤劳、有爱心、不走捷径"，将爱心、敬业作为最重要的信仰，并在行动中加以贯彻，是一种有益的探索。

《德胜员工守则》中没有任何花哨的奇谋妙计，也没有振奋人心的宏图伟略，而这些正是中国许多浮华的公司最热衷的。这本书里有的只是逻辑严密、内涵深刻、经过仔细琢磨和修正过后的管理规则和规范。对于不热爱管理或缺乏管理经验、对中国人了解不深的人来说，这本书也许缺乏吸引力，但对于任何一个在中国致力追求管理效率的人来说，这本书价值无量。认真研读它，不仅可以获得启迪，更会受到思想的洗礼；不仅可以将其中的东西随手拈来，即学即用，而且可以提升我们本身的管理素质和境界。《德胜员工守则》是一家不太知名公司的管理经典，但却事关中国企业的管理提升。德胜公司代表了中国公司在管理方面全面赶超美日先进企业的希望，可惜的是，德胜公司不是严格意义上的中国公司，在中国要大力弘扬和推行德胜公司这种管理理念还有很长的路要走。

德胜公司所用的工人大多数不是高学历者，而是农民出身的工人，但却造出了世界一流品质的产品。这一点意义非凡。在高科技领域，中国要赶超世界先进水平，往往并不像想象的那么难，因为中国人智慧非凡，天才太多。但要使传统产业赶超世界先进水平，尤其是将八亿甚至更多的农民改造成具有世界先进水平的产业工人，那才是真正的挑战。只有传统产业赶超世界先进水平，中国才能成为真正的强国。而传统产业水平的提升，有赖于克服传统的惰性和文化痼疾或缺陷，这无异于一场悄无声息的革命。

我并不了解德胜公司，也不了解该书中涉及的任何一个人，写这篇文章，完全是出于一种责任。如果我年轻二十岁，我会将以到该公司做清洁工当做自己的荣幸。但现在，在过了不惑之后，我则认为，能够写这篇文章，是一种幸运。

序 二

赵晓 著名经济学家、北京科技大学经济与管理学院教授。

春暖花开的季节，我来到皖南，参观德胜在休宁县捐资创办的平民小学、木工学校。

学校都很小，但办得很用心，很有特色，最重要的一点是学校试图用"诚实、勤劳、有爱心、不走捷径"这样全新的人格导向来培养中国的下一代。很显然，"诚实、勤劳、有爱心、不走捷径"的人将是中国的一代新人，是历史上乃至现今的中国人所陌生的，其意义却也是休宁这个状元县的历代状元们所完全无法比拟的。

以这样的眼光打量眼前那些欢笑的孩子，不能不让人想到他们将是中华民族新文明的希望火种。以这样的眼光来看待德胜，德胜其实已经超越了创造利润的企业层面，而是走向了文化创造的层面，成为中国当代工商文明的明道者、践道者与传道者，成为中国走向现代文明的先驱者与播火者。

这新的一切，是从德胜人立志做合格公民以及让德胜成为合格的企业公民开始的。德胜能够脱胎换骨的一大秘密武器是《德胜员工守则》，德胜以此来规范和引导员工行为。《德胜员工守则》一书完整地收录了德胜对于员工各类行为规范的全部章程，还收录了过去几年德胜人对于探索如何做一个现代公民、做现代企业公民的思想与言论，可以较好地满足所有关注德胜的读者的需要。

然而，《德胜员工守则》不可与一般出版物相提并论，也不可与一般企业守则相提并论，其不同凡响在于，它其实是德胜人在中国当今不规范的商业时代的一份明志宣言，并因此成为目前中国商业一道引人注目的亮光。

我因此很欣然为《德胜员工守则》作序，并借此阐述我对人格更新与中国崛起以及企业家在其中将承担的责任的一些看法。

人格更新与中国崛起

近代以降，中国人被重击击醒，意识到中国人的心灵需要升华，人格需要创新，才能实现中国崛起。期间曾有思想大师鲁迅等大声疾呼、教育家陶行知等身体力行，也有政治精英为之努力，但改变起来总是那样艰难！

鲁迅是近代第一位意识到中国人的国民性需要改变以及努力改变中国国民精神的第一人。而在鲁迅之前，中国最著名、影响最大的文学作品《三国演义》《红楼梦》《水浒》，也都从不同方面刻画出中国人的国民性。尤其是《三国演义》，塑造出曹操等一批中国精英（政治、军事）人物的群像。以传统的眼光看，这些人都是很有本事的人，是能够呼风唤雨的枭雄；以现代的眼光看，这些人同时也是一群没有信仰、蔑视规则、不择手段的破坏者，归结起来是一种"混世魔王"式的人格特征。

这个周末，我和来自全国各地的几位企业家朋友在一起聊天。其中一位朋友说，中国古代曾有"大道行于天下"的时代，而今天，却几乎没有一个人可称为合格的现代公民。这位朋友对当前社会的批评肯定过激了，但中国社会合格公民的缺失则是无须争论的。

前些天，一位远方的年轻人给我寄来了他的"学术论文"，自云将会是"传世之作"，并在来信中指点江山，激扬文字；在信的末了，则请求我找个地方将他的大作发表，并承诺可以给版面费和好处费。我不客气地批评了这位青年朋友可怕的人格分裂：一方面是指点江山的爱国"巨人"，另一方面轮到自己的事情时却是与世界同流合污的"侏儒"。如此"混世魔王"式的人格，离现代公民可谓南辕北辙、天差地别。

人格与品质对于一个民族和国家的重要性再怎么强调都不为过，并且人格与品质的改变也是其他的变革之途所无法取代的。

人格更新与企业家责任

回到100年前的起点上，面对人格更新与心灵再造的重任，我们该怎样出发呢？笔者很赞成通过信仰来更新心灵的方式。而且最令笔者可喜的是，在今天中国商业经济最兴盛、最发达的温州，笔者听到了来自财富前沿的人们的反省。温州人说的是，我们今天的温州人是"有金钱没知识，有知识没文化，有文化没审美，有审美没信仰"。思想开放、前卫的温州人再一次走到了时代思想认识和变革的前沿，再一次为自己提出了前行的方向。

然而，人格升华的道路注定是漫长而又曲折的，中国现代人格塑造的途径也必定是多种途径相互竞争的。信仰繁荣固然是其中之一，现代工商文明对于现代人格的塑造和影响也将是极其重要的。

过去几年，京城中出现了一个让人感觉"奇怪"的现象，就是文化人都在谈赚钱，赚钱人（企业家、经理人）却在谈文化。奇怪吗？不奇怪。企业发展到一定程度，企业家会较普通人更早、更迫切地体会到企业发展中的文化瓶颈，从而率先萌发研究文化和改造文化的动机。

由此让我看到，企业必将在中华人格更新以及现代公民的塑造过程中扮演十分重要的角色。这是因为，第一，企业家在任何一个国家都是先知先觉者，他们将在市场的激烈拼搏中最早意识到人格再造与文化变革的使命。第二，今天的中国企业家们所参与的是没有文化围墙的全球竞争，文化将越来越成为企业参与竞争的利器，而只有改造好的武器才是能打胜仗的武器。第三，企业家们是最务实、最开明、最富创新精神的一群人，因而他们最有可能挣脱陈规陋习，大刀阔斧地在企业中率先进行文化更新。第四，中国的大部分人都在企业中就业，企业文化不仅将影响企业中人，还将影响他们的家人，因而企业文化最终将走出企业，影响全社会。

德胜：现代工商文明先驱者的价值

正因看到了企业在人格现代化中的重要价值，我格外关注中国企业的文化创新活动，尤其关注其中可能出现的"变异物种"，这大大超出了我对企业数量扩张以及某些企业在财富榜上的排名变迁的关注。《德胜员工守则》也正是在其"文化的变异性"上深深地吸引了我。

我通篇阅读了《德胜员工守则》，还前后两次深入到德胜去考察。我注意到德胜这家企业规模不算大，但志气很大，气魄很大，富有勇气和远见卓识，其在精神追求和人格塑造上的努力已经走在了中国企业的前头，仿佛向全社会吹来一股新风，是非常让人钦佩的。

比如，在中国，一般人都崇拜英雄（这是"混世魔王"的一个源头），家庭教育和学校教育的中心是让小孩子学习和成为英雄，而不是成为一个有诚心和爱心，懂得责任、义务、权利的好公民。德胜人却不是这样，他们推崇的是踏实的工作作风，只鼓励员工做一个合格的现代公民和工人。德胜总监聂圣哲这样告诫员工："今天无论你是杨振宁也好，李政道也好，无论你是陈逸飞也好，张艺谋也好，只要你在德胜工作，你每天早上一定要默读这句话：我实在没有什么大的本事，我只有认真做事的精神。"同时还非常严厉地强调："蔑视程序的人，永远是德胜的敌人。"

这是因为，德胜人相信，"一个不遵守制度的人是一个不可靠的人！一个不遵循制度的民族是一个不可靠的民族！"尽管中国人现在越来越意识到制度的重要性，但将个人能否遵守制度与一个人以及一个民族是否可靠联系起来，德胜人对于遵守制度的强调可以说达到了空前的程度。这也可以说是彻底告别"混世魔王"的最强声音！

德胜人坚决追求的是一种做老实人的真正智慧。"千万不要把成绩归于自己，把责任推给别人。也不要把阴谋当做智慧"，这样的话几乎在德胜的每一次会议上都会得到强调。

德胜人崇尚公正，贬抑"关系"型竞争。《德胜员工守则》明确写道："血浓于水是封建社会遗留下来的宗族观念。"在今天的文明社会里，只有落后的原始部落依然依靠这一观念来区分关系的疏密及等级的划分。公司不认同"血浓于水"的观念。竞争必须是公平状态下的竞争。任何违背公平原则的价值观都是违背现代文明的。

德胜尊重每一个员工个体，视员工的生命为公司最宝贵的财富，在任何危急情况发生时，公司都奉行"生命第一"的原则，绝不认同员工冒着生命危险去抢救公司财产以及他人财产的价值观，公司也不允许员工带病坚持工作，认为带病坚持工作是对自己身体不珍惜的行为。

德胜注重通过焕发员工内在的自尊心来让员工成为一个有自尊以及能够遵守公司制度、尊重他人的人。在德胜，公司提倡员工的关系简单化。例如，"员工之间不得谈论其他员工的表现，不得发表对其他员工的看法，更不得探听其他员工的报酬及隐私"。在德胜，"公司永远不实行打卡制，员工应自觉做到不迟到、不早退。员工可以随心所欲地调休，但上班时间必须满负荷工作"。在德胜，除了漂亮、干净的洋楼和精心的小区布局外，还有公司充满自信和自尊的工人，"他们长着农民的脸庞，却有着白领的气质"。

德胜人认为，爱心是工作的动力，是管理到了最高境界不可缺少的东西。德胜的爱心不是停留在口头上，而是建立在努力提高员工待遇等真金白银的真实基础上，建立在领导对普通员工的行为举止以及前面所谈论的企业对员工个体生命的高度重视上。

德胜人从来不搞商业贿赂，也不偷税漏税，正如聂圣哲所说，"我们就靠我们的实力，能做就做，不能做就不做。"

还要强调一句的是，德胜人并不认为道德就是一切，相反，他们相信"没有哪一个人的道德是永恒的"，为此他们确定了权力制约的规则，公司的管理者包括最高管理者都将受到权力的制约。但德胜无疑是中国企业中实践商业伦理、构建现代工商文明的急先锋，他们在制度、技术与道德之间寻求平衡，并通过贯彻良好的商业伦理来打造企业核心竞争力，推动并保障企业发展。无论是在德胜企业还是在他们所创办的平民学校、木工学校，德胜一直在倡导、贯彻"诚实、勤劳、有爱心、不走捷径"的价值观。很显然，这样的价值观所指向的正是让每一位员工成为一个合格公民（唯有成为合格公民，才能成为合格员工），让企业成为一个合格的企业公民，其在很大程度上昭示着中国人心灵转变与人格升华的方向。

过去我看许多企业，有大的有小的，有做得好的，有做得一般的，但在财富的品质上大同小异，他们在我眼里都是一堆石头，不同之处只在于石头的大小。但当我看到德胜时，我意识到，一个在财富品质上与众不同的企业已经出现，就如同一小块金子在一大堆石头中闪闪发光一样。经济学可以证明，创新是有风险的，因此一般人都不敢轻易去"冒险"，但在德胜这样好的榜样出现后，身后将会有无数的后继者，金子会带出更多的金子来。

毫无疑问的是，德胜让我看到了中国企业、中国人以及我们国家更多的希望。鲁迅说过，希望之路是人走出来的。在先驱者的身后，会有越来越多的中国企业走上德胜所走的道路吗？请允许笔者对此抱以真诚的祝愿和美好的希望！

目　录

再版前言　周志友
导读：德胜洋楼——中国式管理的新范本　杨　壮　王海杰
序一　宋学宝
序二　赵　晓

规章制度

员工基本职规　3
奖惩条例　8
同事关系法则　11
财务报销规则　14
权力制约制度　17
质量督察人员制度　19
执行长、值班长制度　21
年度运营总监选举制度　22
工程开工制度　26
工地总监代岗制度　29
工地训导制度　30
"解聘预警"制度　33
复训制度　35
施工安全及劳动保护措施　38
仓库（厂房）管理制度　40
售后服务制度　42
采购规则　43

45	食品采购、加工与食堂管理办法
46	车辆使用及管理制度
53	员工申请工作的申明与承诺
55	致客户的反腐公函
56	致供应商的反腐公函
57	合同签订前的反腐加押程序
58	与主合同不可分割的反腐加押附件
59	制度学习规定
61	听证会程序
64	欢度感恩节程序
66	礼品拍卖程序
69	员工休假选择方法
72	终身员工资格规定
73	提前进入终身员工行列试行条例
75	员工出国考察规定

企业文化
聂圣哲篇

81	诚信、实力与竞争力
92	爱心是工作的动力
104	蔑视程序的人永远是德胜的敌人
122	敬业与心态
139	拥有一份职业，一定要拥有一种荣耀感
145	彻底地反对公司官僚文化
151	人为了什么而活着
153	优秀是教出来的
160	我们离合格的公民有多远
170	苹果为什么不曾烂掉
172	从常识到思想的距离
178	重建的不只是德胜

德胜员工篇

坚持做木工职业教育的推动者	程　涛	188
原来市场也可以这样推广	王中亚	190
德胜随想	赵　雷	193
亲情的感召力	赵　雷	200
想进德胜公司，你做好思想准备了吗	赵　雷	206
我们在这样的管理规则下工作	赵　雷	209
致一位应聘者的信	赵　雷	215
程序运转中心：高效有序的工作平台	赵　雷	218
二进美国之感受	虞　梦	225
致研究生城工地的战友们	虞　梦	228
你是那枝结果的葡萄枝吗	虞　梦	230
只要你是勤劳的	虞　梦	234
写给上帝偏爱的人	虞　梦	236
诧楷的24个孩子	虞　梦	238
三年，诧楷做了什么	虞　梦	241
工程质量、售后服务及其他	王晓文	246
我的心声	王晓文	250
一位应聘者的回信	徐若斌	252
致一位供应商的信	许立伟	254
感恩的心	姚德平	256
食堂采购的感受	王仰春	258
人最难断的是感情	王仰春	260
手艺人需要一双勤劳的巧手	王仰春	261

综合篇

为你们生活在充满真诚和爱意的环境欣慰	周志友	264
有效的教育	周志友	265
由丰田汽车和德胜洋楼得到的21世纪制造业经营模式	河田信	278

附录

我们由衷地感谢　聂造　词　天华　曲		294

规章制度

员工基本职规

1 日常守则

（1）员工必须遵守公司的各项规章制度。

（2）坚决服从上级（包括执行长、值班长）的管理，杜绝与上级顶撞。

（3）制度督察官及质量督察长在履行督察职责时具有崇高的权力，任何员工都必须服从，不得抵抗。

（4）禁止员工议论公司的制度、处理问题的方法和其他一切与公司有关的事情。员工对公司有意见和建议，可通过书面、短信、微信等适当方式向公司反映，也可以要求公司召开专门会议倾听其陈述，以便公司作出判断。

（5）员工必须做到笔记本不离身。上级安排的任务、客户的要求、同事的委托，均需记录，并在规定的时间内落实或答复。自己解决或解答不了的问题应立即向有关人员反映，不得拖延。杜绝问题石沉大海、有始无终。

（6）公司实行"委托责任人与请求协助"的管理制度。各委托责任人可以委托其他人员去独立完成或协助完成委托责任人交给的工作。当委托责任人请求协助时，员工必须表明以下两种工作态度：① 可以协助；② 不可以协助，并申明自己的理由。

（7）公司永远不实行打卡制。员工应自觉做到不迟到、不早退。员工可以随心所欲地调休，但上班时间必须满负荷地工作。

（8）员工有事必须请假，未获批准，不得擅自离岗。因自然灾害或直系亲属的婚丧嫁娶等事情需请假时，须将自己的工作交接好，经上级批准后方可离开。

（9）员工正常调休者，须在 15 天前做好计划。因应急事件不能在规定时间内返回，必须先向上级说明。

（10）工作之外的时间由员工自由支配。但从事高空作业、驾驶交通工具及起重机械或第二天须比正常上班时间提早工作的员工（如厨师需在凌晨 4 点起床），如前一天晚上 9 点钟以后方能休息的，无论因公因私，均需提出申请，经批准后方可推迟休息，否则，按未经请假擅离岗位处理。如连续 3 天因夜晚不能保证正常睡眠时间而导致第二天工作精神欠佳者，公司将责令其停止工作，等体力及精神恢复正常后方可恢复工作。如屡次发生以上情况，公司将对该员工进行复训或做出相应的处罚。

（11）员工工作时必须衣冠整洁；不得一边工作，一边聊天；不得唱歌、吹口哨；不得打闹；不得影响他人工作。

（12）员工工作日期间，早餐及中餐（如晚上需要加班或值班则晚餐也包括在内）严禁饮酒（包括含酒精的饮料），否则在 8 小时内禁止工作。隐瞒饮酒并在酒后工作的，将予以处罚。饮酒后因公会客视同酒后工作。

（13）在工作过程中，在没有确认执行长的情况下，员工有权拒绝工作并须及时报告上级。

（14）员工不得在施工现场、仓库、工作场所及其他禁烟区吸烟。

（15）员工家属到工地探亲，可在工地入住、就餐，但时间不能超过 5 天（6 夜）。公司绝不允许家属长期住在工地。超过规定探亲时间，必须在工地以外自行解决住宿，公司可予以补助。

（16）任何员工不得向客户、有关单位借款，也不提倡员工之间互相借款，如因急需，可向公司提出申请。

（17）做错任何事情都应立即向执行长及主管反映。

（18）员工须与客户保持一定的距离。未经上级批准，不得宴请客户，不得给客户送礼（包括敬烟）。公司只以认真的工作作风及向客户提供高品质的产品和服务获得客户的尊重。

（19）员工不得接受客户的礼品和宴请。具体规定为：不得接受 20 支香烟以上、100 克酒以上的礼品及 20 元以上的工作餐。

（20）公司倡导员工之间的关系简单化。员工之间不得谈论其他员工的工作表现，不得发表对其他员工的看法，更不得探听其他员工的报酬及隐私。

（21）禁止赌博。除春节前后三天外，其他任何时间都不得打麻将、打牌及打电子游戏，无论是赌博还是单纯娱乐性质的。

（22）不得故意损坏或滥用物品。员工之间如因过失或方法不当损坏他人物品时，应立即向对方主动承认并诚恳道歉，以求得原谅。

（23）员工必须讲究卫生。勤洗澡（争取每天一次）、刷牙（每天至少一次）、理发（每月至少一次）。

（24）公司提倡说普通话。说普通话是有文化、有教养的表现。

（25）讲文明，懂礼貌。员工不得说脏话、粗话；真诚待人；不恭维，不溜须拍马。

（26）员工与外界交往不卑不亢，不得对外吹嘘、炫耀公司及有关的事情。

（27）员工对公司要忠实，不得散布流言蜚语，不得谎报情况，不允许只报喜不报忧。员工不得向公司提供假证书、假体检报告、假证明信等一切假文件及假复印件或涂改过的文件。提供假文件在现代社会是极不道德与违法的行为。

（28）除总经理外，任何员工不得在公司接待私人来客。确实需要会客，须经过专门审批。

（29）所有管理人员永远不能脱离一线，每月在一线代岗或顶岗至少一天。管理人员首先必须是出类拔萃的员工，然后才是管理者。

（30）凡接受公司价值观并准备进入公司的人员，在决定接受培训之前应阅读《德胜公司新员工再教育规则》，在对其各条款认同并发表申明后方可受

◆ 施工总监孙松根在工地代岗，这一天他手机关闭，是一名普通砖瓦工。

训。受训人员在培训期间需从事清洁、帮厨及园林护理等工作。培训合格的可转为试用员工。首次培训不合格的，公司在征得其同意后复训一次。复训期为3个月，如复训仍不合格，公司不予录用。员工培训合格后暂时留在公司管家中心工作，直至安排新的工作。

2　职场规则

（31）公司始终不认为员工是企业的主人。公司认为，企业主和员工之间

永远是一种雇用和被雇用的关系，是一种健康文明的劳资关系。否则，企业就应该放弃对员工的解聘权。

无论员工对企业是什么态度与打算，都应该希望自己所服务的企业强大，理由有三：

① 员工希望自己一辈子在企业工作，希望自己的子女将来也能在该企业工作，当然希望企业强大，因为企业是他终生的依靠。

② 如果员工想跳槽，也要希望自己服务的企业强大，因为强大的企业能成为他与新企业谈判的资本——我以前在强大的企业工作过！

③ 当员工和企业发生纠纷而向企业索赔时，只有企业强大才能付给他更多的赔款。

◆ 新员工培训从清洁厕所和擦玻璃开始

3　类别原则

（32）公司将员工划分为以下类别：① 有文凭有能力的；② 无文凭有能力的；③ 有文凭无能力的；④ 无文凭无能力的。

无论是哪一类员工，都必须认同公司"诚实、勤劳、有爱心、不走捷径"的价值观。这个价值观也是公司对员工工作考评的标准，国家颁发的普通高校的各种学历（包括学位）的文凭基本不能作为员工晋级和能力考评的依据（行业证书视具体情况而定，认定方法另有专门的程序和标准）。

如果你的工作很出色，你在公司就有相对重要的位置；如果你做得一般，你的位置也一般；如果你工作做得不好，甚至起反面作用，你的位置将由别人代替。员工自己在公司的重要性，自己是能够评价的。员工要有自知之明，对自己要有清醒的认识。公司有一个原则："你辞职，明天就开始有新人代替你。"

4　提拔规则

（33）公司对员工提拔的前提要求是：

① 经过物业服务正式培训的人员。没经过物业服务培训的，永远得不到提拔。

② 正式出师的人员（包括木工、泥瓦工、油漆工、水电工等）。

③ 具备一定的年龄，证明其在本单位或在别的单位凭手艺、智慧和能力作出过重要贡献。

5　离职原则

（34）一个好的公司对某些人来说如鱼得水，对另外一些人则如喝毒药。公司的任何一位员工都有权利作出以下选择：

① 如果员工觉得公司的工作环境和要求不适合自己，可以愉快地辞职或者选择请长假，公司允许其请1至3年的长假出去闯荡，并为其保留职位。

② 员工长假结束后想回公司，需先向公司提交书面申请。公司根据其是否完全认同公司的价值观、是否仍能胜任公司的工作及请长假后是否对公司造成伤害等表现，决定其可否回公司工作，并决定是否需要复训。经公司同意回来继续工作的，其重返公司后的实际工龄将按以下原则进行计算：原工作工龄扣除请假时间（请假时间按年计算，不满一年的按一年计算，3个月以内的不计）。

如果假期未满，要求回公司上班的，同样按以上规定处理。

③ 如果员工确实因为自己的身体状况或家庭原因请长假，公司将根据情况在允许的范围内特殊解决。

奖惩条例

1 奖励

（1）工作中的改革、创新被采纳，并给公司带来效益的，奖励100～1000元；有效解决技术难题的，奖励500元以上；新的方法达到核心关键技术级的，奖励5000元以上。

（2）发现重大问题并及时解决，为公司减少不必要损失的，奖励100～1000元。

（3）工作中任劳任怨，却遭他人无理排挤、打击，但为了公司的利益，而不计较个人得失的，奖励200元。

（4）发现有损公司形象和利益的行为，积极举报的，奖励200元；当场制止的，再奖励200元。

（5）被推荐人连续工作两年以上的，给予推荐人100～1000元的奖励。

（6）一年中，连续5次获得奖励，年终再给予5次奖励总和的奖励。

2 惩罚

（1）不服从值班长、执行长及有关上级管理的，第一次罚款200元，第二次解聘，第三次开除。根据公司规定，员工违反规章制度被解聘后，经本人申请并经考察，仍有可能回到公司工作；但被开除者除非董事会批准，不再聘用。

（2）与值班长、执行长及有关上级顶撞的，第一次罚款400元，第二次解聘。

（3）工作时不带笔记本的，每次罚款20元；对客户的问题不解释、不解答、不落实的，每次罚款50～500元；对上级布置的任务、同事拜托的事情无回复的，每次罚款50～200元。

（4）工作时谈论与工作无关的话题、哼小曲、吹口哨的，每次罚款100元。

（5）缺勤而事先未获批准的，每次罚款100元，3次解聘，5次开除。

（6）公司不允许员工带病坚持工作，带病坚持工作是对自己身体不珍惜的行为。如带病工作，一经查出，每次罚款50~100元。轻微疾病如非流行性感冒等不在此列。

（7）有意怠慢工作的，解聘；未能完全履行自己职责的，解聘。凡被解聘者，去除以前工龄，并视情节轻重，扣除奖金的10%~100%。重新上岗后，在6个月之内，每月扣除工资的20%。在此期间若工作表现优异，可提前恢复原来的待遇。被解聘者如想重新回到公司工作，必须在一个月内，本人每周书写不低于200字的思想认识及申请书，认真反思错误给公司造成的经济及名誉损失，公司可根据其认识错误的程度及对公司价值观的认同情况，考虑被解聘人员可否回公司工作。

（8）发现公司隐患不立即上报的，每次罚款50~500元。

（9）因应急情况离开，没交接好自己工作又没及时报告的，每次罚款50元。在公司宿舍入住的员工，如晚上不回来，必须在离开公司之前向上级报告，经同意后方可离开，否则，第一次罚款50~500元，第二次警告并罚款300元，第三次解聘。正常调休者，必须在15天前做好计划。如违反规定，罚款100~200元。以上的应急请假、正常请假及正常调休，在自己安排的天数内，不能如期回公司又没补办手续的，视同擅自离岗。擅自离岗的，每次罚款100~300元。

（10）非故意（或因技术熟练程度原因）损坏公司及工地现场物品材料，不及时上报、隐瞒事实真相的，一经查出，除赔偿外，并处以50~500元罚款，同时降低信用等级。情节严重的，处以停职、开除，直至送交司法机关处理。

（11）工作时不佩戴工牌的，每次罚款20元。

（12）在施工现场、仓库、工作场所及其他禁烟区吸烟的，第一次扣除半年工资的20%及半年奖金；第二次解聘。

（13）隐瞒饮酒并在酒后工作的，第一次扣除当月工资的20%，扣发6个月奖金；第二次解聘。

（14）汇报工作只报喜不报忧的，每次罚款 50～200 元，受处罚全年超过 3 次的，解聘。

（15）对公司及公司员工的缺点及错误不能正面提出而在私下进行议论的，解聘，重犯者开除。

（16）对公司职能部门及有关人员在行使权力时不理解又不通过正常渠道申诉，或由于其他原因，而扬言"不想干了"等类似语言的，解聘。

（17）管理人员对采用正确手段指出自己的缺点、错误及提出批评的员工采取不理智的态度、泄私愤或打击报复的，每次罚款 100～1000 元，并给予免职、解聘处理，情节严重者予以开除。

（18）故意损坏或滥用公司及公司员工物品的，解聘。因过失或方法不当损坏公司或员工物品时，应立即承认并诚恳道歉，以求得公司及同事的原谅。否则，一经查出，除赔偿损坏的物品外，还将罚款 50～500 元，并降低信用等级。

（19）发现公司财物受损、丢失而不管不问的，解聘；发现其他员工做违法、违规、对公司不利的事情或因方法不当做错事情而不能当场指出并向有关上级汇报的，每次罚款 50～500 元。

（20）私下做交易，谋求非法收入的，开除。

（21）对公司不忠实、谎报情况及散布流言蜚语的，开除。

（22）说风凉话及冷言冷语的，每次罚款 100～200 元。

（23）员工在工作时无意中犯错，能主动承认的，象征性处罚 1 元钱；对企图隐瞒错误的从重处罚。

（24）未经公司专门批准，接待私人来客者，每次罚款 100～300 元。

（25）被开除者除非董事会决议，任何个人（包括董事长及总经理）不得批准其重新在公司工作。

（26）赌博、服用毒品、发动骚乱、参加邪教组织或参与其他对公司不利活动的，开除并移交司法机关处理。

（27）制度督察官和质量督察长在履行督察职责时具有崇高的权力，任何不服从或与之对抗的行为都将被视为严重违反公司制度，违反者每次罚款 50～500 元，立即解聘；情节恶劣者立即开除。

同事关系法则

1 关系总则

简单、纯洁的同事关系是公司健康发展的保证,君子之交淡如水是本公司推崇的健康的同事关系法则。

2 日常关系

(1) 见面问声好,分手说再见。

(2) 工作时间埋头工作,不闲聊。

(3) 业务上虚心向上级及熟练员工请教,请教完毕后,不要忘记说谢谢。

(4) 同事生病或受伤时,必须停止工作或休息,立即向上级反映并给予相应的帮助,因为你生病或受伤时也需要同事这么做。

(5) 任何场合都不能与同事或闲人议论其他同事或公司的事情,更不可指责或讥讽同事,因为这样只能给同事带来不快,又损坏公司形象,对自己也无益处。

(6) 不得将自己的工资和奖金数目告诉别人,也不可探听同事的工资及奖金数目,否则会受到处罚。

(7) 不提倡将钱借给同事和他人,也不提倡向同事和他人借钱。私下借贷关系有可能导致人事关系的复杂与紧张。

(8) 不得探听同事的隐私,更不得将同事的隐私对外扩散。同事违规由公司处理;同事违法由司法机关处理。

(9) 不得经常与同事一起聚餐。与同事聚餐原则上每月不得超过一次。经常与同事一起聚餐会导致同事之间的关系变得复杂。

(10) 不可与同事或他人在任何时候(春节前后三天除外)打麻将、打牌及打电子游戏,无论是赌钱还是娱乐性质的。一经发现,公司将作自动辞职处理。因为嗜赌者会输去大量时间。

（11）不得从同事的表情及眼色或无意的话语中猜测同事的内心想法。因为猜测会使同事之间的关系变得复杂与紧张。实践证明，猜测一般都是错误的，其错误率高达 99% 以上。

（12）不能以老师评价学生或父母评价孩子的标准来判断同事的好坏。只要能做好本职工作，不伤害别人和公司的利益，就是好员工。

3 同事重要原则

你的同事每天的工作都是按照他们自己的计划来安排的。你不能在没有商量的前提下，以吩咐或命令的口吻来要求你的同事（即使是你的下属）改变日常安排或停下手头工作来帮助你或协同你完成某一项工作。如需同事帮助，应该与同事进行充分商量，请求帮助或协助。请永远记住：你的同事与你平等。打乱同事的工作计划是对同事最大的不尊重。你的同事的存在，对你来说是非常重要的。

4 下级提升为上级后的关系

你必须对你管理的下级有可能被提升为你的上级作好充分的思想准备。你的下级或因工作出色，或因工作需要，或因其他原因，随时都有被提升为你的上级的可能。当你的下级被任命为你的上级时，你必须服从他的领导。此时，你只能做以下选择：

（1）一如既往地做好本职工作。

（2）更加努力工作，争取更快地提升。

（3）愉快辞职。否则，你如果带着不满的情绪工作，对公司不利，对你的业绩不利，甚至可能最终被解聘。

5 卫生关系

（1）每天刷牙一次以上。发现自己肠胃不适时，身上应备口香糖，时时保持口腔的卫生与清洁。勤洗澡换衣。如身上有异味，会使同事感到难以忍受并不能愉快地工作。

（2）用完洗手间后必须冲洗干净。否则，会使同事及其他人感到不卫生，从而影响情绪。

（3）集体宿舍必须按时熄灯。别人入睡后，除特殊情况外，自己不得擅自开灯并尽量不要发出声响，否则会影响同事休息，进而影响工作。

（4）发现自己患有传染性疾病时，必须及时向公司汇报，公司将会妥善处理。否则会影响同事健康。如隐瞒病情，将会受到公司的严厉处罚。

6 血缘关系

现代文明企业不认同"血浓于水"的传统观念，不依靠血缘关系来区分关系的疏密及等级的划分。公司认为，竞争必须是公平状态下的竞争，任何违背公平原则的价值观都是违背现代文明的。

（1）员工之间的关系

禁止有血缘关系的人形成小团体。因为这样的小团体必定损害只身一人在公司工作员工的利益，有悖于公平原则，影响公司发展。

（2）上下级关系

同等条件下，应优先提拔与上级无血缘关系的员工。实践证明，只有这样才对所有的员工（包括与上级有血缘关系的员工）公平。

（3）当你在处理下级员工所犯错误时，处理最严重的必须是与你有血缘关系的或是你的同乡，否则要受到相应处罚。这是树立管理人员威信且符合现代文明的举措。

7 矛盾与纠纷

（1）公司要求同事之间避免矛盾及纠纷。如同事之间产生矛盾和纠纷，请首先考虑：你们之间的矛盾及纠纷是否会影响或损害公司的声誉或利益。如有影响或损害，公司将对每人做出同样的处罚。

（2）员工因工作引起矛盾及纠纷，公司将启动听证会程序予以解决。

财务报销规则

1 总则

公司不能接受员工因公办事而自己垫付资金的事情发生。这种侵害员工利益的情况如长期持续，将会给公司带来很大的隐患。同时，员工也不能因办私事巧立名目，以欺诈的手段报销因私费用。

以欺诈的手段报销因私费用是不道德的，甚至是非法的。公司会根据情况抽查账目，并启动"个人信用计算机辅助系统"，员工如有欺诈行为，将会为此付出昂贵代价。

2 因公费用

因公费用是因公司的事务而发生的费用。如：因急需购买的办公及工程材料费用；因公的差旅费用；因公的正常招待费用；因紧急或特殊状况下的出租车费用；与公司事务有关的通信费用；因紧急状况下支付的帮工报酬；因公在外，天气转冷而添置的衣物；因工作需要正常使用交通工具发生的费用等。

3 因私费用

因私费用是因个人而发生的费用。如：非公司业务招待亲友的费用；不按操作规程及不使用公司提供的劳保用品而造成身体伤害的费用；个人的家庭开支、子女就学费用；家庭购买住房及交通工具费用；家庭成员的婚丧嫁娶费用；个人疾病治疗费用（享受医疗保险的由保险公司承担）；个人旅游及其他消费的费用；从公司或工地回到家庭所在地的差旅费用等。

4 可列入报销的因私费用

员工每年代表公司招待家庭成员一次。每人不超过60元，每次不超过10

人。家庭成员指配偶、子女、夫妻双方的父母及其他直系亲属。如果未招待家人而用空头发票来报销，则视为欺诈行为。

员工每年代表公司向正在上学的子女（从小学到大学本科毕业止）赠送一件礼品，如学习用品、服装或鞋帽，价格不超过 200 元。

在公司连续工作一年以上的员工可以享受以上待遇。

可列入报销的因私费用或补助费用的还有：家庭遇到不可预见的困难，可向公司申请困难补助的费用（需经批准）；因自愿辞去公司的职务赴新的工作单位时的差旅费用；从家庭所在地返回公司或工地的差旅费用；家庭婚丧嫁娶，在办完公司规定的手续后适当补助的费用。

5 很难界定的因公费用

有些费用是很难界定为因公费用的。这种情况下可以找公司的员工提供证明。员工如果为别人提供虚假证明，视同提供假文件，将受到相应惩罚，其在公司的信用度也将受到严重影响。

很难界定的因公费用如：购买假公济私物品（以公司的名义购买的自己喜欢的物品，主要自己使用或占用）的费用；某些情况下的招待费用；在享受医疗保险时在非指定的医院发生的医疗费用；与客户单位某一员工产生恋情而发生的通信、交通及其他有关费用；在调查时没有证据能证明因公的费用等。

6 签字与报销

报销时必须写上费用发生的原因、地址及时间，有的费用需证明人的，必须证明人签名，然后报销者签名，才可报销。员工报销凭证同时输入公司的"个人信用计算机辅助系统"，此系统一旦发现异常情况，公司即对员工的报销进行调查，调查部门也会对其报销进行抽样复查。

◆ 发票报销无需领导签字，财务人员宣读《报销前的声明》后支付报销款项。

7 个人信用计算机辅助系统

"个人信用计算机辅助系统"是一套专门分析员工报销行为的系统。它可以从员工的报销单据中分析出单据的真实性及费用发生的必要性,也可通过归纳法分析出员工的报销习惯,从而从大量的数据分析中对异常情况进行预警。同时,员工的守信与不守信的行为都会记录在系统里。公司可从系统给出的数据了解每一位员工的信用参数。员工进入公司后,其对应的信用信息也就进入了该系统。

8 腐败与欺诈行为的查处

腐败与欺诈是危及公司生存的恶劣行为。此类行为如得不到及时查处,势必严重打击诚实员工的积极性与进取心。"个人信用计算机辅助系统"及调查部门的抽样调查,都是防范此类行为发生的有效手段。采购腐败行为、业务谈判桌底交易、报销欺诈等行为,一经查出,都将受到应有的惩罚。

9 严肃提示——报销前的声明

任何人在报销前都必须认真聆听财务人员宣读《严肃提示——报销前的声明》。其内容如下:

您现在所报销的凭据必须真实及符合《财务报销规则》,否则将成为您欺诈、违规甚至违法的证据,必将受到严厉的惩罚并付出相应的代价,这个污点将伴随你一生。

如果因记忆模糊自己不能确认报销凭据的真实性,请再一次认真回忆并确认凭据无误,然后开始报销,这是极其严肃的问题。

◆ 报销时,财务人员会宣读《报销前的声明》,提醒员工诚实报销。

权力制约制度

1 总则

没有监督及制约的权力必定是腐败的权力。一个公司的管理者包括最高决策者的权力如果没有相应的制约,而只靠道德或觉悟制约,最终必将导致公司的破产。实践证明,没有哪一个人的道德是永恒的。

在日常管理及运营中,德胜公司结合部门设置和工作特点,强调法规部门、程序与督察部门、行政部门的地位平等并相互制约。法规部门、程序与督察部门对违背公司价值观和程序的行为,有严格监督和调查的权力,但不干涉公司运营中的具体事务。各职能部门在运营中不能违背公司的制度和程序。

2 制度督察与质量督察

公司是否能完全按照国家的法规、公司的章程及其他规章制度办事,督察人员起着至关重要的作用。督察人员的工作难度很大,因为他们的工作是在冲突和抵触中完成的。在督察人员的心目中,员工永远没有等级之分,只有遵守与不遵守制度之别。

制度督察与质量督察由公司最高决策层直接管理,其他任何人不得干涉其工作。否则,作为严重违规处理。

3 督察工作人员的权力

督察人员在履行督察职责时具有崇高的权力。身兼两职或两职以上的人员,首先要履行督察职责。履行不同岗位的工作时须佩戴相应的工牌。

制度督察官与质量督察长在履行督察职责时,被督察的员工必须主动配合,不得有任何消极与抵触情绪。但是督察工作人员不得以督察工作为名泄私愤，否则，一经查实，立即调离督察工作岗位。

督察工作人员因为工作的特殊性，如果违规，公司不得做出立即开除的决定。应视其错误的严重程度，在其做出书面检查后，给予降低个人信用等级或调离督察岗位的处罚。在其有悔过表现的前提下，可再次为其提供督察工作的机会。如实践证明其不适合从事督察工作，立即调离督察岗位，让其从事其他工作或将其解聘。解聘时，发足 2 年工资。

4 督察工作人员的最后权力

督察工作人员在履行督察职能时，有时会与自己的上级甚至公司的最高决策层发生冲突。此时，督察人员的权力及利益保护尤其重要。特别是质量督察长在履行质量督察职能时，如因发现工程质量隐患、材料伪劣及工艺粗糙等问题，在上级违背"质量问题不可商量"宗旨的前提下，坚持原则，拒不执行上级错误的指令，遭到解聘或开除时：

① 质量督察长应立即将质量隐患通报客户；
② 质量督察长应立即将质量隐患通报国家有关权威部门；
③ 质量督察长应立即向媒体披露质量隐患及自己所遭受的不平等待遇；
④ 公司应给被开除的质量督察长一次性发足 5 年的工资。

质量督察长只有完成①②③条后，才能得到第④条规定的权益。

5 权力制约制度的永恒及严肃性

权力制约制度被视为公司章程的一个组成部分，与公司章程具有同等的效力。一般情况下，董事会不得对此做任何修改。如果此规则因不适应形势需要修改，则必须经过董事会连续 3 年作出决议，并连续 3 年且每年不得少于一次在报纸等媒体上同时刊登"未修改规则"的全文及"已修改规则"的全文后，方可确认修改。如董事会放弃"质量问题不可商量"这一永恒宗旨，即可视为公司董事会宣布解散公司。

质量督察人员制度

1 质量督察人员的必备条件

（1）熟练工人出身，对施工及管理的各个环节与细节、对《施工责任书》各项条款非常熟悉。

（2）有良好的家庭教育和个人修养，对质量的要求近乎苛求。

（3）做事客观，处理事情死板。遇到事情很难有商量的余地。

（4）不会溜须拍马，不蒙上欺下。

（5）有很强的责任心，为了工程质量和公司信誉敢于得罪人。

2 质量督察人员的预选和任命

督察工作是富有挑战性的工作，督察人员往往会与违章者发生矛盾甚至严重冲突，造成不愉快；同时，督察工作又是非常荣耀、崇高的工作，受到广泛的敬重。

公司选用督察人员的办法是：愿意从事督察工作的员工自己报名，然后由公司全面考核后任命，每次任期为一年。身兼两职的人员，首先要履行督察工作。履行不同岗位的工作时，必须佩戴相应的工牌。

◆ 总督察官姚百灵（右）在工地现场督察工程质量。

3 质量督察人员的职责

（1）掌握工程进度计划及工地实际进度，及时向施工总监通报，每日一次。

（2）每次材料到达工地时，应及时检查，发现材料质量和技术要求与合同不符时，拒绝签收，并及时向相关部门反映。但不要在工地现场与送货人员发生争执，以免造成不良影响。

（3）每天检查施工作业顺序的正确性，坚决制止违规行为。

（4）按照《施工安全及劳动保护措施》，检查员工的作业是否符合劳动保护要求，同时检查工地作业措施是否符合安全要求、强制休息制度是否落实。

（5）认真详细地作好质量督察记录。做到问题不过夜，该通报的通报，该总结的总结。

（6）"质量问题不可商量"是公司的永恒宗旨。质量督察人员在行使职权时，如果自己的尊严及利益受到伤害，可参照《权力制约制度》等处理有关事宜。

（7）及时提醒施工总监合理安排调度工作人员，避免工地出现闲人，以尽早排除安全隐患。因为工地现场多一个闲人就会多一份危险。

（8）如因图纸设计或材料问题造成返工或存在质量隐患时，质量督察人员发现后必须立即通报。

（9）质量督察人员要定期调换工地。质量督察长应对各个工地进行巡视和监督，但不能在一个工地持续留守，规模较大工地每次最多连续留守15天，规模较小工地每次最多连续留守7天。如果因特殊情况需要在一个工地延长留守时，应向公司程序中心说明原因。

（10）督察人员反映问题时，应准确客观、语气平和，反映内容不可附加个人感情色彩的语言。

◆ 总督察官履行督察职责时必须佩戴的胸卡。

执行长、值班长制度

1 执行长的产生及职责

（1）施工过程中，每项工作都必须在执行长的带领下进行。在没有执行长的情况下，员工有权拒绝工作。拒绝工作期间按出勤支付报酬。

（2）每项工作的执行长，由参与该项工作的员工中最有经验者担任。执行长的产生采取"摘牌就任制"。"摘牌就任制"指每组成员到达工地作业前，由全组成员公认的业务最熟练的人员摘牌担任执行长。"摘牌就任制"采取"认牌不认人"的原则，即"执行长"的胸牌挂在谁身上就由谁负责。

（3）执行长每天的工作主要是示范、纠正及监督管理，上午及下午必须各抽出一个小时在自己所辖班组的各个岗位上巡视，发现问题并当场解决。

（4）执行长同时也对自己所辖班组员工的施工安全及工作状态有管理权，并有义务就重大问题立即向上级汇报。

2 值班长的产生及职责

（1）工地必须有高度责任心的人员专门巡视，及时发现并解决问题是非常必要的。值班长因此产生。

（2）值班长由执行长轮流担任。值班长任职当日是其他执行长的主管领导。

（3）值班长在天气正常的情况下，每天在收工前一个小时停止手头工作，开始值班长必须完成的工作：认真细致地巡视工地，发现问题，做好记录，需立即解决的，当场解决；需汇报与通报的，在当天晚上的联席会议上提出。在天气变化异常的季节（如暴雨多发季节），视具体情况增加巡视次数。

（4）职责如下：① 施工安全；② 材料防火、防雨、防潮及其他；③ 窗门关闭及通风情况；④ 水电安全；⑤ 其他异常情况；⑥ 统计出勤人数及休息人数；⑦ 在《施工责任书》上签字。

年度运营总监选举制度

1 运营总监制度

对管理体制进行改革和创新是公司适应形势变化、自我完善的重要手段。在工程事务管理方面，公司实行运营总监任期负责制，统管全公司的工程事务。具体实施的方法是，全体施工总监（包括其他候选人）在每年12月下旬召开选举会议，按照选举办法和选举程序选出下年度运营总监。运营总监任期一年，不得连任。运营总监在职期间，如感觉工作不能胜任，或遇到特殊原因不能继续担任运营总监职务，以及严重违反公司制度时，公司将立即启动选举程序，重新选举本年度运营总监。

2 运营总监任职要求与职权范围

（1）候选人要求

① 对美制木结构住宅施工与管理的各个环节非常熟悉，对工程施工及现场管理有一定的经验；

② 公司当年任命的在职施工总监；

③ 自荐申请担任运营总监的员工；

④ 经公司评估，能够遵循"诚实、勤劳、有爱心、不走捷径"的价值观。

（2）职权范围

调配施工人员、制订施工计划、协调与处理工程项目运营中各项工作、记录和总结施工情况等。其他施工总监及各副总监必须服从运营总监的调配和管理，协助运营总监做好各项工作。

3 选举办法及细则

（一）准备事项

（1）每年12月上旬，成立选举委员会，主持本年度运营总监的选举工作。选举委员会成员必须是熟悉公司日常事务、工作认真、对同事热情、处事客观公正，并且与候选人没有任何利益关系的公司在职人员。

选举委员会成员如下：

① 会议主席（1人）；
② 公平与公正督察官（1人）；
③ 监票员（2人）；
④ 唱票员（1人）；
⑤ 计票人员（2人）；
⑥ 共产党员代表（1人）；
⑦ 速记员（1人）。

（2）确定候选人。

（3）根据报名顺序确定观察员，设立30至50席位。

（4）制作选票和投票箱。

（5）确定选举时间、地点，布置会场，下发会议通知。

（二）选举委员会职责

（1）会议主席：宣布选举会议开始与结束，负责维护选举现场秩序，确保选举按流程顺利进行。对违反选举制度的人员，有决定取消参加选举资格和请出选举会场的权利。

（2）公平与公正督察官：监督选举程序的合法与正义。对选举全过程和各个环节进

◆ 每年一次的运营总监选举，图为发选票。

◆ 投票

◆ 唱票

行中立、客观的监督，对不符合选举程序的做法，有裁定无效的权利。

（3）监票员：确认选举人身份，检查、发放和回收选票。

（4）唱票员：唱票必须准确，不漏报、不错报、不谎报。

（5）计票员：板书的选举结果与唱票结果必须一致，且字迹工整、清晰。

（6）共产党员代表：监督、服务投票工作，负责解答选举过程中遇到的问题，解决矛盾。

（7）速记员：做好选举过程中的真实记录。

（三）选举办法及要求

（1）选举采取无记名投票方式。

（2）在一轮选举中，选举人只有一次投票权。

（3）选举人必须亲自投票，因特殊情况（如生病、受伤等）不能前往现场投票的，必须提前至少一天告知选举委员会，经同意后，方可委托代理人代为投票。

① 代理投票人不能为本年度选举中的候选人；

② 代理投票人必须诚实可靠，填写的选票结果必须保密；

③ 代理投票人只负责履行投票职责，不具有选举过程中其他任何权利。

（4）一张选票只能选举一人。选举人数超过一人或一人以上的选票，经监票人确认，由主席裁定选票无效。

（5）计票人如果无法认清选票，经监票员确认，由主席裁定选票无效。

（6）运营总监的名额只有一个，如果出现两名或两名以上候选人票数相同时，进行第二轮选举，直至选出结果。

（7）选举人员必须在专设区域秘密写票，不得将自己的选举结果告诉他人。

（8）选举人员在写选票时，监票人员要一一监督，选举现场任何人不得围观、暗示和询问任何事情。

（9）选举人员不得无故放弃自己的选举权利。

（10）选举人员必须遵守选举办法和选举流程，不得私通，不得舞弊。破坏选举程序和妨碍他人选举的，一经发现，公司将严肃处理。

（11）监票员发出的选票总数和开箱后取出的选票总数应相符，如果票箱总数超过发出的选票总数,由主席裁定此轮选举无效。

（12）观察员职责：保持中立,如实观察、记录选举会场各个流程的进展情况,发现问题,及时指出。观察员没有投票权,不得无辜干预投票工作,也不得事后议论。

（13）选举过程中,选举人及列席人员必须遵守选举议程,遵守会场纪律,不得随意进出选举会场。

（14）如对选举有异议,选举委员会应现场作出答复。如对答复仍不满意,选举结束后,持有异议者可向公司申请召开听证会,陈述自己的观点与理由,最后由听证团作出结论。

◆ 当选运营总监尹道保发表就职讲话。

工程开工制度

1 召开工程开工启动会议

对具备开工条件的项目,销售中心要出具书面文函告知公司各相关部门。文函内容主要包括以下信息:项目名称及规模、项目地点、工期、施工内容及要求、业主单位及联系人等。工程部根据工期和其他工地的施工进展情况,选择时间预约各相关人员召开开工启动会议,对开工事宜进行统筹安排。

2 熟悉工程合同及相关图纸

进场施工前,与工程有关的主要负责人员要认真阅读工程执行合同文本,并熟悉图纸中的每一个细节。对合同中(及相对应的图纸中)的非标准配置及新材料、新设备的选用情况做深入了解。

因为不同型号的设备在主体施工时预埋的管(线)路及接口是不同的,如冰箱是否带制冰功能、抽油烟机是内循环还是外循环、马桶是否选用标准型等,在主体施工时都应做相应的管(线)路的预埋及接口的改变。

将非标配置选装及新材料选用情况列表,记录在施工笔记的显著位置,并对由此引起的工序细节调整做详细的安排。最后由施工总监(或工地负责人)执笔完成《工程特点及注意事项》报告。报告一式六份,工程、计财、仓储、采供、设计和售后服务中心都应备案。

3 施工现场人员职责

工程开工启动会议必须确定工程主管、质量督察人员、执行长、安全员、工地材料管理员、材料保障人员、资料员、施工人员、仓库管理员、后勤保障人员等相关人员。

一个施工现场应有三个负责人管理,要求管理人员的手机24小时处于开机状态。工地管理人员应提前周密安排每项工作，做好施工过程中各环节的协调工作。工期紧张时，在确保安全和质量的前提下，要采取应急办法排除影响工期的各种因素。做好每周、每月的施工计划，每晚主持召开班组会议，总结当天工作，安排好次日工作。

后勤保障人员要做好资金保障和后勤事务，从饮食、住宿、洗澡等生活方面尽最大可能给员工提供便利条件。

工地材料保障人员要做好成品工程的保护工作，发现并及时排除工地施工期间的安全隐患。

根据合同工期和工程量，工程主管在开工前必须制订出详细的工程总进度计划和用工计划，上交工程部和材料保障部门。

施工现场用的工具、生活用具及办公用品（包括传真、电话及复印机等），工地材料管理员要及时联系相关责任人进行配备。

4 领取施工文件

（1）施工责任书。

（2）图纸（包括技术文件）。

（3）工作安排表（包括施工日记、周计划表、月计划表）。

（4）领取值班长、执行长胸牌。

领取以上施工文件和物品时，主管或组长必须验收及签字。

5 施工现场环境情况分析

工程施工前，工程主管、施工人员、仓库管理员、水电工必须到现场察看和检查以下情况：

（1）仓库容量及防洪、防雨、防火、防风、防盗状况及改进措施。

（2）水电进出路线。

（3）员工食宿。

（4）交通运输。

（5）基础准备：钢模等设备的租赁及材料的选配。

（6）临时工的招聘。

6 设置现场施工标识牌

进场施工前,相关部门必须协助工地提前制作施工现场的标识牌。一般包括"消防保卫牌""文明施工牌""安全生产牌"等。同时,还应制作"友情提示牌",内容包括"未经允许不得擅自进入施工现场""施工现场严禁吸烟""进入施工现场必须佩带好安全帽"等,并要求中英文对照。

◆ 木结构住宅科技含量高,德胜公司已获200多项发明专利。

工地总监代岗制度

　　管理者如果不坚持在一线工作，就会失去发现问题、解决问题的能力。公司坚决反对管理者脱产，绝不允许有全脱产的管理人员。工地总监每月必须在一线至少代岗一天。这是德胜公司的制度，是反对官僚作风的有效方式，也是德胜的传家宝。

　　一、各工地总监每个月必须代岗一天以上。各工地副总监每个月必须代岗两天以上。

　　二、在非履行管理职责期间，工地总监、副总监均应在一线工作。

　　三、代岗工作可在木工、水电工、油漆工和砖瓦工四种类型中任选一种。

　　四、所有代岗人员均须以普通工人的身份工作，不允许对下属发号施令。工作时间与工地工作人员一致，包括参加当日晚上的班组会议。

　　五、代岗前一天，必须确定好工地管理工作的代理人，并把工作安排好，不允许在代岗期间从事或兼任管理工作。代岗期间，工地所有的管理工作，包括当日晚上班组会议的主持均由代理人履行。

　　六、代岗人员每月的代岗计划及确定的代理人必须在代岗前两天报程序中心公布。

　　七、代岗期间的工作，质量督察部门要进行跟踪督察。

　　八、代岗期间，代岗人员必须满负荷工作，并关闭手机。

　　九、代岗工作结束后，代岗人员必须认真填写"每日工作流水记录"，并在工地公告栏和公司公用邮箱公布，接受全体员工的监督。没有条件在公司公用邮箱里公布的可委托同事代办。

工地训导制度

1 原则

衡量工地最重要的标准是：是否严格按程序办事。训导会每年举办六次，每次 30 分钟为宜；逢双月最后一个星期召开（12 月因欢度圣诞节，可以提前召开）。

2 目的

（1）通过重温制度，提醒员工要始终做一个清醒的人，时刻警惕，不要犯错误。

（2）学习理解公司不断更新完善的规章制度及文化理念，确保全体员工遵守规章制度，遵循核心价值观，快乐地工作与生活。

（3）训导会要把道理讲透，同时把爱心和温馨传递到位。

3 条例

（1）公司不承认员工的贡献，也不会感谢员工，因为公司总是及时发给员工应得的报酬，提供优越的生活和保障条件。公司和员工的关系是正常的劳资关系；公司没有请求员工来工作，不存在谁感谢谁的问题。公司杜绝这种具有误导性的虚伪的礼貌话语。

（2）在工作场所不得说与工作无关的话，更不得发牢骚，同时不得聊天、唱歌、哼小曲、发私人手机短信等，违者按"奖惩条例"第二款第 4、22 条处理（工作时谈论与公司无关的话题、哼小曲、吹口哨的，每次罚款 100 元；说风凉话及冷言冷语的，每次罚款 100～200 元），直至解聘。

（3）任何时候都没有权利讲以下或类似的话："在德胜真不怎么样！还不如在别处干！""在这里真没意思，年底我就不干了！"但员工有辞职的权利，可以随时离开，公司将在第一时间通知财务结账。

（4）不允许议论公司和同事的事情。随便议论同事、公司、公司业务伙伴等均属于违规行为，违者按"奖惩条例"第二款第15条处理（对公司及公司员工的缺点及错误不能正面提出而私下进行议论的，解聘，重犯者开除）。

（5）如有问题，可通过书面或短信反映，也可申请与任何管理者见面反映或汇报。

（6）执行长、值班长必须严格按照《执行长、值班长制度》的要求工作，履行好自己的职责，杜绝脱产，违者视同怠工，惩罚比一般员工严厉2~5倍。

（7）上班时（包括加班）要满负荷工作，任何有意怠慢工作或工作不努力者将按"奖惩条例"第二款第7条处理（有意怠慢工作的，解聘；未能完全履行自己职责的，解聘）。

（8）乱扔或故意损坏工具是自私可耻的行为，一经发现，按"奖惩条例"第二款第18条处理，即解聘。

（9）施工中，因为没有按照《施工责任书》的规定进行操作，造成材料浪费和损坏的，一经发现，按"奖惩条例"第二款第10条处理（非故意或因技术熟练程度原因损坏公司及工地现场物品材料、不及时上报、隐瞒事实真相的，一经查出，除赔偿外，并处以50~500元罚款；同时降低信用等级。情节严重的处以停职、开除，直至送交司法机关处理）。

（10）什么时候你的言行有点"牛哄哄"了，你就离被解聘不远了。员工要时刻铭记：德胜离开谁都可以，绝不允许任何影响和阻碍公司发展的员工存在。

4 执行办法

（1）成立训导会工作组，训导小组的成员根据自愿报名和抽签的办法确定，训导员需要定期学习与演练。

（2）双月中旬，训导小组召开训导启动会，确定训导内容和训导员，制订训导计划。

（3）主持训导会时，既要严肃，又要有人文关怀，要用通俗易懂的话语把道理讲清楚。

附：衡量和检验工地的合格标准

（1）工地秩序井然有条；

（2）严格执行公司程序；

（3）弘扬正义与公平公正；

（4）工地几乎没有影响整体工作和阻碍公司发展的员工，或者这些员工的日子很难过；

（5）工地人员彬彬有礼、和气待人、不发牢骚。

◆ 管理有序的工地

"解聘预警"制度

1 目的

杜绝一切懒惰、耍小聪明、不遵守规章制度的思想和行为，确保每位员工按照公司的要求，在自己的工作岗位上尽职尽责，做好每一项工作。

2 执行

"解聘预警"制度的执行主要针对有以下工作表现的员工：

（1）开始背离公司倡导的"诚实、勤劳、有爱心、不走捷径"的价值观；

（2）违反公司相关制度，如耍小聪明、背后议论公司和同事等；

（3）工作松懈，不求上进；

（4）对同事委托的工作置之不理或没有正当理由的予以拒绝；

（5）其他严重不符合公司制度的言行。

如发现某位员工在工作中有以上任何一种表现行为，公司将立即下发《"解聘预警"通知（一）》，对其进行警告。如在预警时间内该员工依然我行我素，拒不悔改，公司将对其执行解聘程序。

在解聘公告和《"解聘预警"通知（一）》下发之后，员工如对自己以往的工作表现进行深刻反思，及时认识并纠正自己的错误与不足，保证日后更加努力地工作，公司将在两个月的预警期内，对其观察与评价，然后决定是否正式解聘或取消解聘。

如员工被正式解聘后，能深刻检讨自己，认识到其言行与公司要求有较大差距，承诺会严格遵守公司规章制度，请求再回公司，公司可以考虑其请求。通过观察与评价，认为其符合重返公司的条件，公司将下发相关公告及《"解聘预警"通知（二）》。

附：《"解聘预警"通知（一）》《"解聘预警"通知（二）》

"解聘预警"通知（一）

_____ 女士/先生：

　　因为你近期工作松懈，开始背离公司所倡导的"诚实、勤劳、有爱心、不走捷径"的价值观，并多次违背公司相关制度，按照公司"解聘预警"制度，决定于_____年_____月_____日对你实行解聘。在解聘《公告》下发之前，请你对自己以往的工作表现进行深刻反思，如果能及时认识并纠正自己的错误与不足，同时能保证日后更加努力地工作和重新塑造自己，公司将在预警期内，对你进行观察与评价，然后决定是否解聘。

　　特此通知

　　被通知人签名：

德胜（苏州）洋楼有限公司
年　　月　　日

"解聘预警"通知（二）

_____ 女士/先生：

　　自_____年_____月_____日你被解聘后，公司收到你的思想认识及申请书_____封。从中可以看出，你认识到在公司工作期间与公司要求有较大的差距，请求返回公司，并承诺严格遵守公司制度。

　　根据你的请求，结合《德胜公司员工读本（手册）》中《_____》第_____条第_____款之规定，同意你返回公司工作，具体时间另行通知。

　　郑重提示：请你珍惜第二次工作机会，按照公司规定，严格要求自己。否则，你有可能永远失去在德胜工作的机会。

　　特此通知

　　被通知人签名：

德胜（苏州）洋楼有限公司
年　　月　　日

复训制度

1 总则

管理有效的公司必须建立一套完整的复训制度,确保公司价值观、规章制度及文化理念能够始终如一贯彻执行;确保专业(技术)人员业务素质的恒定。复训是务实的,不能有任何虚假的成分。复训须本人亲自参加,不能委托别人完成。员工接到公司复训通知后,在安排好自己工作的前提下,然后参加复训。

2 发现复训需求

复训的需求是从日常管理与工作中自然产生的。管理人员通过分析工作中带有普遍性的问题,根据公司制订的工作目标与现状之间的差距,确定是否需要复训及复训的安排。

行业专业性很强的专业(技术)人员是需要定期复训的。经验表明,一个飞行员在训练结束时可以掌握80%的技能,之后逐日递减,半年以后只能掌握全部技能的60%。因此,一个管理有效的公司必须建立一套完整的复训制度,以确保专业(技术)人员业务素质的恒定。复训体现的是公司对员工的一种爱,它可以使员工能够重新认识公司和自己,同时能够主动、认真、努力地去做好每一件事。

专业技术人员原则上每年复训一次,但以下情况也需进行例行复训:

① 新工地开工时;
② 新的设备(工具)、工作程序和管理制度投入使用时;
③ 员工从事一项新工作时;
④ 管理者想帮助员工在事业上取得发展时;
⑤ 工作效率降低时;

⑥ 工作中不断出现差错时；

⑦ 部门之间经常出现摩擦时；

⑧ 公司制订的工作目标与现状之间有较大差距时；

⑨ 工作缺乏激情时；

⑩ 新员工首次培训后经考核不合格，主动提出复训时。

3 制订复训计划

确定复训需求后，要制订复训计划。一个完整的复训计划应该包括以下内容：

◆ 木工复训现场

（1）复训目标

目标着眼于提高员工的品德、素质及实际工作能力。

（2）复训时间

根据复训需求，可以进行立即复训、随时复训和定期复训等。

① 工程部门的复训时间，应该安排在新工地开工前一星期，或业务淡季，或因天气原因不能正常工作时进行，以尽量不影响工作为原则。

② 物业管理部门的复训时间，应安排在年中或接待重要客人之前。

（3）复训地点

① 工程部门的复训地点可以安排在工地或车间内。

② 物业管理部门的复训地点可以安排在现场。

（4）复训内容

复训内容概括起来分为两类：一是公司的价值观、规章制度及企业文化理念；二是操作流程和基本的专业技能。专业技能的复训，要编写复训教材，要有详细的复训科目，比如：电锯的正确使用步骤、电工布线的方法等。

① 工程部门：原来成熟的工作流程、即将实施的新工艺流程、劳动工具的使用步骤等。

② 物业管理部门：重新熟记工作流程和作业方法。

（5）复训对象

工程部门、物业管理部门及应掌握工作技能的全体员工。

（6）复训方式

相关理念的学习，规章制度、操作规程、工作流程的重温及模拟实际作业。

4 增强复训效果

复训的关键是提高复训效果。要使复训工作卓有成效，必须做到以下几点：

（1）每个员工都要认识到复训的重要性。

（2）做好复训前的组织和管理工作。

（3）讲究复训艺术：

① 频繁短时授课比偶尔长时授课效果好。

② 授课内容要适合受训者的知识和业务水平。

◆ 油漆工复训现场

③ 尽量让受训者做一遍。研究表明：通过阅读，可以记住10%；通过听课，可以记住20%；听看结合，可以记住50%；自己复述一遍，可以记住80%；一面复述一面做，可以记住90%。

（4）增强复训者的信心。

5 复训后的考核工作

人力资源中心要把复训作为一个考核指标，员工每年至少复训一次。督察人员要全程参与复训和督察复训效果。程序中心对每个人的复训情况要进行跟踪和及时提醒。考核复训效果时要做到以下几点：

① 复训者是否做笔记。

② 是否能全部听懂。

③ 是否能全部运用。

④ 是否认识到复训的重要性。

施工安全及劳动保护措施

1 总则

员工的生命是公司最宝贵的财富。在任何危急情况发生时，公司奉行"生命第一"的原则。公司不认同员工冒着生命危险去抢救国家财产、集体财产及他人财产的价值观。不提倡带病坚持工作。带病坚持工作不但不能得到表扬，而且有可能受到相应的处罚。

2 服饰安全

（1）必须正确佩戴工牌，以便辨认工种，防止非专业人员进入危险工作区域。

（2）在作业场所，必须始终佩带安全帽及穿着公司发放的服装。

（3）高空作业场所禁止穿皮鞋。

（4）从事有可能伤害眼睛的工作，必须佩带专用眼镜。从事电（气）焊接工作必须佩带面罩。

（5）能戴手套作业的，尽量戴手套作业。

（6）在特定的工作场所必须佩带专用的工具包及使用专用工具。

3 用电安全

（1）临时电线及一切施工用电的线路及设备安装，都必须由专业人员实施作业，其他人员一律不得擅自作业。

（2）禁止带电作业。在维修、更改线路及设备时必须切断电源，并在电源的开关处挂上"已断电，前方正在作业"的警告牌，必要时在开关处派专人值守。

（3）在雨天及潮湿场所极易触电，要格外小心。处理不知是否带电的线路及设备时，按带电处理。确认线路及设备不带电时方可作业。

（4）绝缘胶底鞋、电工用帽、胶柄完好的工具，是电工安全的设施保证，作业时不可在以上物品不全的情况下进行。规定戴绝缘手套作业的场所，必须戴绝缘手套作业。

4 设备操作

（1）施工设备必须由受过专门训练的员工操作。

（2）必须熟悉设备的安全规则及其基本性能特点。

（3）对配合施工的人有告知义务，否则，对该设备产生的安全事故负有一定的责任。

（4）应严格按照操作说明使用设备。设备出现故障时，应及时通知相关人员维修，严禁在设备带有安全隐患时继续作业。

5 拒绝工作

工作人员如发现劳保用品、劳保设备欠缺，或无法使用时，可以拒绝工作，直到全部劳保用品符合要求后方可工作。

拒绝工作期间享受正常工作的一切待遇。

6 强制休息法

在正常调休前提下，现场工作人员，包括执行长、现场管理人员及员工等，在4月1日至10月1日期间，每周强制休息时间不得少于1个下午；10月2日至3月31日之间，每10天强制休息时间不得少于1个上午。

强制休息时间必须用于睡眠、看书等，不得用此时间逛街或娱乐。

强制休息期间享受强制休息补助。

# 仓库（厂房）管理制度

1 消防管理

（1）仓库（厂房）内严禁吸烟及其他烟火。在仓库周围一定的范围内也不得焚烧垃圾及有其他火种出现。如发现，应及时禁止或通知有关部门出面干涉并制止。

（2）仓库（厂房）内应配灭火器及使用方便且能正常工作的喷水龙头，并定时检查这些器具。

（3）仓库（厂房）管理及工作人员应接受专业的消防培训，以便在紧急情况下能冷静地应对。

（4）仓库（厂房）内不得拉临时电线。任何电源、光源及其线路的添置与变动都必须由专业电工作业。不得在仓库（厂房）内使用规定禁用的带电器械。

（5）未经仓库（厂房）管理人员的同意，不得随意动用材料、工具及设备，也不得随意变更材料堆放顺序及方法。

2 防潮、防雨及防洪管理

（1）怕潮物品的堆放必须采取隔潮、隔温处理；正确掌握货架、泡沫及PVC薄膜的使用方法及混合使用方法；许多材料的堆放有特殊要求，但防潮、通风及避阳是必须做到的。

（2）仓储部经理每天须指定专人准时收看、收听天气预报并做好记录，如有异常天气的预报应及时通知有关部门做好应对准备。

（3）每月检查一次屋顶的状况，对是否有漏雨的隐患做出判断；如有，应及时修复。

（4）定期在仓库（厂房）巡视，对是否有鼠患及其他异常现象做出判断。指定专人养好仓库用猫，使仓库时常有家猫出入。

（5）按作业程序开关仓库（厂房）门窗。对突然的暴雨等异常天气，应采取紧急状态作业程序并安排受过有关专业训练的人员值班。

3 材料的保管及出入库

（1）必须按照材料的特性及装卸方便的原则来堆放材料。防潮、防霉、通风、避阳是时刻应注意的事项。危险品只能堆放在指定的、适合危险品堆放的区域。临时装卸及使用的危险品，在使用及装卸后应立即复位或清理。临时堆放的危险品应设专人看守，否则便违反规定。

（2）材料、工具及设备出入库都必须办理专门的手续。入库单必须由采购人及保管员签字；出库单必须由主管及物品领用人签字；出入库手续必须做到完备；出入库资料必须妥善保管。

（3）保管员必须随时掌握材料的库存数量，不得造成材料短缺或不合理的积压。

（4）各类物品由工地保管员统一从仓库（厂房）领取，并负责管理。

（5）仓库（厂房）必须执行 24 小时值班制度。

4 生命安全原则

当物品安全与生命安全发生冲突时，生命安全优先。公司不提倡冒着生命危险去抢救物资。

售后服务制度

1 档案建立与自检制度

（1）设立档案箱。每栋住宅在建造时都须在楼梯间隐蔽处设计制作一个档案箱，将《施工责任书》复印件、电器说明书存入其中。

（2）建立维修卡。维修卡一式两份，其中一份交给客户。维修卡内容包括：故障原因、处理方法、联系时间、到岗时间、维修员签名、客户签名等。

（3）住宅年检制。第一年（自建成 12 个月内），每月检查一次；第二年，每季度检查一次；第三年及以后年度，每年检查一次（即例行年检）。

2 用户反映问题的处理

（1）接到通知后，维修人员必须在 2 小时之内与客户取得联系，了解具体情况，做好维修准备工作。

（2）预约维修（或年检）时间，并在客户要求的最短时间内赶到现场。

（3）勘察现场、分析故障原因，并向客户解释及说明解决方法。

（4）修理完毕，认真填写维修卡，写明故障原因，分清是产品本身质量问题，还是客户使用不当造成的，并报告公司主管领导。

（5）同时就客户没有观察到的隐患报告公司，以便妥善处理。

3 与客户交往的规则

（1）用礼貌的语言及态度与客户交谈，做到不卑不亢；不得向客户炫耀公司的成就。

（2）进入客户室内，不得乱动乱拿客户物品，不得使用客户的洁具。

（3）不得接受客户吃请及客户赠送的礼品。

（4）如当天不能返回，在不能自行解决住宿问题的前提下，可请求客户协助解决住宿。

采购规则

1 采购原则

（1）必须按照先质量、后价格的原则，在确保质量的前提下商谈价格。脱离公司质量标准的价格优惠，是绝对不能被接受的。在采购过程中，禁止向供货商索要钱物，不准吃请。

（2）要做到公司采购最大化、各个工地采购最小化。工地采购人员要充分了解工程概况、工地所在地区的民风和就地采购行情，了解从公司仓库发货的成本与当地采购成本之间的差别。公司为确保食品安全，工地上消费量大且不易腐坏的食品，都应从苏州总部采购后发货，比如大米、食用油等。

2 采购程序

（1）在采购货物前必须填写采购单，采购人员凭单采购。采购工程材料时，采购单由工地仓储主管、施工总监、副总监及使用人填写。工地所需材料应由工地总管将材料所需的计划，统一报给公司仓储中心经理，由仓储中心迅速作出反应，将采购计划交给采供中心。工地总管对应在当地采购的材料及设备有单独采购权。

（2）在采购日常用品及物业使用物品时，行政部门人员应填写采购单，如当时不能填写，事后要补填。

3 采购物资的计划安排

采供中心在采购物资时，应尽量做出月采购计划及周采购计划，以便工程、施工、仓储、计财等部门做好相应的配合。月采购及周采购计划表应按标准格式制作。

4 采购物资的质检与付款方式

采购物资时要事先告知供货商付款方式及质检程序：

（1）货到付款。货物到达后由收货人和质检人员开箱或开包检验。对一些内在质量无法看到的材料，一定要在发货前到供应商厂内抽检；有的货物还需在生产过程中抽检（如家具在未油漆前）。

（2）带款提货。在不能货到付款的情况下，由采购人员、质检人员带款到供应商处提货。检验方法与货到付款检验方法相同。验货后方可付款。

（3）努力做到货到付款。这样有利于货物的质量检验，但不得无故拖延供应商的货款。

5 货款的计划与准备

（1）一次性支付 5 万元以上的货款，应在确认采购单之前告知计财中心，以便计财中心对资金进行调度与准备。

（2）连续 5 日内支付总额 10 万元以上的货款，应将采购计划提前一周交于计财中心，以便计财中心根据资金情况做出相应决定。

6 货款的付出

质检人员对所购物资进行实地抽样检验，在确保质量没有问题的前提下，由检验人员签字后方可付款。

7 接待送货人员

对送货人员必须热情接待。送货人员在用餐时间到达公司的，必须安排其用工作餐。

食品采购、加工与食堂管理办法

为保障员工健康，确保食品采购与加工安全，特制订以下办法。

（1）水产品尽可能采购海产品，最好是深海产品，如黄鱼、海鲳鱼、带鱼、扒皮鱼等。

（2）对淡水鱼、河虾等采购，持慎重态度，有条件时，可以在没有被污染的清水河地区采购。

（3）牛肉一定要购买新鲜的。

（4）花生米和腐竹一定要到正规公司购买。

（5）肉圆、卤菜、蛋饺类等半成品、成品菜，不从市场上购买，需自己制作。

（6）厨房常备基本菜主要为以下品种：西红柿、洋葱、黑木耳、萝卜、海带，以及鸡蛋与豆制品等。

（7）如果采用冰箱储存，素菜不超过7天时间，荤菜不超过20天。对放置时间稍长的肉类、菜类，要煮的时间稍长一些。

（8）购买素菜时，采购人员一定要用鼻子闻一闻，看有没有柴油、汽油等异味，这些成分容易致癌，坚决不能购买。

（9）食用盐的采购，全国各工地应根据当地情况，购买碘盐和无碘盐。过度食用碘盐，会给人的健康带来隐患。

（10）洗菜人员、配菜人员、炒菜人员和当日值班人员，厨师要有明确分工，以责任到人。

（11）厨房内不允许非厨务工作人员进入，无人时必须将工作间的门锁上。

（12）公司餐饮部人员、保健与医疗专员及相关人员应分季节召开餐饮工作会议。

（13）为提高烹饪水平，厨师要轮流到专业酒店实习。

（14）厨师每半年体检一次，体检时间分别为每年6月和11月。

车辆使用及管理制度

1 车辆使用规定

（1）必须取得驾驶证才能单独驾驶车辆。持有实习证或学习证的人员必须由持有驾驶证的熟练司机陪同才能上路；已取得驾驶证但不能熟练驾驶车辆的人员，必须经熟练司机陪练并认可合格、打印好个人用车卡后方可单独上路驾驶。

（2）员工练习驾车（包括未取得驾驶证的学车人员）只能在规定的路段用指定的车辆进行，并且必须由持有驾驶证的熟练司机陪练。

（3）驾驶人员在取得驾驶证的 3 个月内，只能驾驶指定的微型车辆。

（4）专用车辆只有指定人员才能使用。非指定人员使用专用车辆，须经公司批准；配备专用车辆的人员需要使用其他专用车辆时，也须经公司同意后方可使用。

（5）公用车辆须按顺序使用。若不按顺序用车，须注明理由。

（6）使用任何车辆，须用正楷字体认真填写"用车登记表"。私人事务用车，须用红色笔在备注栏内填写相关内容，并在次月向计财中心支付私人用车款，支付标准为每次 20 元（注：去苏州市区单程乘坐出租车费用为 40 元，来回 80 元，公司仅向员工收取 20 元油费）；苏州市区以外的私人用车，须经公司同意。

（7）未经仓库管理人员许可，任何车辆不得驶入仓库重地；车辆经许可驶入仓库后，须限速在每小时 5 公里。

（8）严格按交通法律法规驾驶车辆。①上车后必须系好安全带（包括副驾驶及后排座位人员），并小心驾驶。②汽车转弯时必须打转向灯并减速慢行。③严禁车辆闯红灯。④严禁酒后驾驶。⑤车辆由岔路、支路驶入主干道时，务必做到：一停，二看，三通过。

（9）车辆进入小区前，必须将车窗打开，听取保安人员的友好提醒："您好，请慢点开，院里有孩子。"驶入小区后速度必须控制在每小时 10 公里以下。禁止在小区内鸣笛。注意避让小区内的宠物，杜绝伤害。车辆从波特兰小街驶出小区，禁止左拐，必须右转弯行驶。

（10）在驾车途中，尤其在高速公路上驾车时，如感觉困倦或疲惫时，必须及早到服务区或出口处方便的地方停下休息，时间长短视身体情况决定，以调整精神状态，确保行车安全。

（11）在车内休息时，一定要关闭发动机。绝不可在停车时开启空调关窗睡觉，以免发生一氧化碳中毒。

（12）汽车驾驶员必须爱惜车辆，如发现自己解决不了的问题时，必须及时向车辆管理人员反映。

（13）对车辆要保持适时的维护和保养：

① 按规定保养车辆。长途行车前，一定要对车辆进行检查维护。

② 及时给车辆加油、加水及加刹车油。

③ 及时清洗车辆。如自己不能及时清洗，可以委托他人代办。

④ 经常检查轮胎，该换的要及时更换，禁止"光胎"行车。

⑤ 使用车辆时必须维持车内卫生，包括乘车人，绝不允许有可乐罐、废纸团等垃圾遗留在车内。

⑥ 严禁在车内吸烟。

（14）车辆使用完毕后应停放在规定的车位，务必做到：

① 置空档位；

② 拉紧手闸；

③ 关闭车灯、音箱等；

④ 关闭车窗玻璃；

⑤ 锁好车门；

⑥ 及时归还钥匙；

⑦ 填写用车登记表。

（15）事故处理：

不管发生什么性质的交通事故，必须按以下程序处理：

① 在任何条件下必须先抢救受伤人员，保护好事故现场。

② 拨打"110"报警。

③ 联系保险公司现场核查取证。

④ 与公司相关人员联系，请求协助。

⑤ 当事人必须在事后将事故经过以书面形式递交公司行政部门。

⑥ 因自己违法违规导致的事故，所造成的损失由本人自行承担，公司不予补偿。

2 公司员工驾驶级别实行颜色识别的规定

（1）总则

为爱惜公用车辆，提高车辆使用效率，避免驾车时麻痹大意，有意开快车，防止因个人驾驶技术等原因造成对公司车辆的损坏，确保有次序、按驾驶级别使用车辆，特制定以下规定。

（2）驾驶技术级别划分

公司按照驾驶员的驾驶技术，将驾驶员划分为四个级别，分别用红、黄、蓝、绿四种颜色的用车卡（注：员工俗称"内部驾照"）区分。各驾驶员根据自己驾驶技术的级别，按顺序使用对应颜色等级的车辆。

① 持红色用车卡，只能驾驶红色用车卡规定范围的车辆。

② 持黄色用车卡，可以驾驶红色和黄色用车卡规定范围的车辆。

③ 持蓝色用车卡，可以驾驶红色、黄色和蓝色用车卡规定范围的车辆。

④ 持绿色用车卡，可以驾驶驾照准许的所有车辆。

（3）驾驶级别的划分及升级、降级规定

① 根据驾龄、驾车次数、驾车公里数及连续驾驶的实践与表现，划分驾驶级别，用红色、黄色、蓝色、绿色四种颜色区分。

红色级别：取得正式驾照三个月以内的驾驶员，驾驶级别为红色级别。

黄色级别：取得正式驾照连续三个月以上，且驾车次数累计30次以上、累计行程约 1000 公里以上，用车期间没有发生过交通事故的驾驶员，驾驶级别升为黄色级别。

蓝色级别：连续安全驾驶满一年，且驾车次数累计 100 次以上、累计行程 5000 公里以上，一年内没有发生交通事故，也无因驾驶技术原因造成车辆损坏的，驾驶级别升为蓝色级别。

绿色级别：连续安全驾驶满二年，且驾车次数累计 200 次以上、累计行程 7000 公里以上，用车期间没有发生交通事故，没有因驾驶技术原因造成车辆损坏的，驾驶级别升为绿色级别。

② 驾驶级别的升级是逐级递增的。如红色级别可以升级至黄色级别，但不能越级升至蓝色或绿色级别。驾驶员达到升级标准后，需要升级可书面提出申请，经公司核实和考核合格后，可更换内部用车卡。

③ 员工领取正式驾驶证后，需向行政服务中心申请领取公司内部用车卡。

④ 驾驶级别的降级有两种方法：

A、逐级下降。发生以下任何一种情况时，驾驶级别降一级：

a. 发生一次交通事故，或车辆维修费用在 1000 元以上的。

b. 一年内发生两次交通事故，或维修费用累计在 1500 元以上的。

c. 因驾驶不慎造成车辆损坏，维修费用累计在 500～1500 元的。

d. 一个月内累计三次以上用车不进行登记的。

e. 因私人事务用车但未按规定进行登记的。

f. 造成车辆损坏不上报，后经查实的。

g. 因违章发生交通事故的。

B、越级下降。如绿色级别可以直接降为黄色级别。发生以下任何一种情况时，驾驶级别降二级：

a. 发生重大交通事故，单次车辆维修费用在 1500 元以上的。

b. 在发现机油提示灯常亮或水温表指针已达到最高位置而继续驾驶车辆，导致发动机损坏的。

c. 因驾驶不慎造成车辆损坏，单次维修费用在 1500 元以上的。

（4）其他说明

a. 驾驶级别被降级后的驾驶员，按照升级规定进行升级。

b. 专用车司机使用公司其他车辆时，仍需遵守公司车辆的所有相关规定。

c. 在每月召开的驾驶员会议上通报升降级情况。

3 最大限度使用公共交通工具办事的规则

公司追求效率，任何浪费时间及资源的现象必须予以杜绝。同时，任何有可能导致官僚文化滋生的土壤都要被无情地铲除。用车不当最容易产生官僚现象。因此公司决定，员工出差、出外办事或休假往返公司时，必须最大限度使用公共交通工具。任何时候都不可轻率做出公司派车接送的决定。

（1）白天去苏州市区（包括辖区）办事的人员，首先考虑乘坐公交汽车或地铁，如果时间紧迫，可向公司申请安排车辆或申请自驾车辆前往。

（2）往返苏州火车站、汽车站，无论是因公还是因私，在没有很多行李及有公交汽车或地铁班次的情况下，必须乘坐公交汽车或地铁，公司绝不允许派车接送。如果行李较多或在没有公共交通车次的情况下，可向公司申请安排车辆接送或乘坐出租车。

（3）从公司往返上海虹桥机场、浦东机场或无锡机场的员工，应事先合理安排时间，乘坐往返机场的专线班车。如时间紧急或接送贵宾，可向公司申请专车。

（4）员工从苏州往返南京、上海两地，首先选择乘坐动车或高铁，其次考虑乘坐普通列车或长途汽车。

（5）在无法使用公共交通工具的时段内，比如深夜有紧急事情，可向公司申请用车或乘出租车。

（6）举办活动，因为人员较多而且集中，或需要装运物品时，由公司相关人员统筹安排车辆。

附：

公司部分汽车明日（_____年___月___日）动向表

天气预报：（略）

序号	车号及车型	目的地	出车地点	计划出车时间	空余座位	预计返回时间	驾驶人	联系电话	备注
1	苏 E-TEC×××（考斯特23座）	江苏南京	苏州波特兰小街花园	上午7点	5	待定	×××	139××××××	送8号工地施工人员

【安全提醒】

（1）驾驶员在驾车途中精神状态必须良好且精力集中，如感到疲倦或有睡意时，必须及时找地方停车休息，以恢复体力和精力。

（2）在车内休息时，必须将车熄火且关掉空调，否则会发生中毒现象。

（3）驾车出公司波特兰小街时，禁止横穿金鸡湖大道左拐弯行驶，必须遵守交通规则右拐弯行驶。

（4）在道路口，即使前方是绿灯，也要减速慢行，谨慎通过，以防横向车道内有闯红灯的车辆或行人，造成交通事故。

程序中心统计/时间：
_____年___月___日××：××

公司部分管理人员明日（_____年___月___日）动向表

天气预报：（略）

序号	姓名	今晚住宿地点	明日上午用餐地点	明日中午用餐地点	明日下午所在地	预计回公司时间	联系电话	备注
1	凌××	北京	北京第3号工地	北京第4号工地	北京	15日上午	139××××××	回公司总部开会

备注：人员名次按工牌号的先后顺序排列。

程序中心统计/时间：

_____年___月___日××：××

员工申请工作的申明与承诺

我申请到德胜（苏州）洋楼有限公司工作，申明如下：

（1）我身体健康，已在规定时间内到县级以上医院做了体检，无传染疾病史，体检报告附后。（注：传染病指肺结核、急慢性肝炎及性病等。乙肝病原携带者，经检查排除肝炎的不在传染病之列）。

（2）我正式出师于_____，并有_____年以上独立工作经历。

（3）我有_____以上学历。

（4）我无犯罪记录，也未参加过任何邪教组织，无不良生活习惯及精神习惯。

（5）我请求_____作为我的推荐人及担保人，并申明我从未欺骗过我的担保人。

我向担保人提供的有关本人的信息是真实的。

我承诺如下：

（1）在公司工作期间，绝对服从领班、主管及有关上级的工作安排，绝不顶撞上级或以消极的态度对待工作。

（2）在施工现场、仓库、工作场所及其他禁烟区不吸烟。

（3）不对公司的有关事宜发表评论及议论，也不探听其他员工的报酬及隐私。

（4）不谈论其他员工的工作表现及自己对该员工的看法。

（5）讲究卫生，服从公司的卫生管理条款。

（6）除春节前后三天外，在其他任何时间都不打麻将、不打牌、不打电子游戏，无论是赌博还是单纯娱乐性质的。

（7）做错事情立即向领班及主管汇报，否则，愿赔偿损失并接受相应的处罚。

（8）服从公司的总体安排，随时可以回家待岗。

如果我申明的条款不真实或违背了我的承诺，我愿意接受公司的惩罚甚至解聘。

特此申明承诺

申明人（签名）＿＿＿＿＿＿＿＿ 印刷体＿＿＿＿＿＿＿＿

年　　月　　日

附：担保人申明

（1）担保人是本公司员工的情况下：

我担保＿＿＿＿＿＿＿＿到德胜（苏州）洋楼有限公司工作。

担保人（签名）＿＿＿＿＿＿＿＿ 印刷体＿＿＿＿＿＿＿＿

年　　月　　日

（2）担保人不是本公司员工的情况下：

我担保＿＿＿＿＿＿＿＿到德胜（苏州）洋楼有限公司工作。如被担保人被除名，我将会在一年内失去担保其他人来该公司工作的资格。

担保人（签名）＿＿＿＿＿＿＿＿ 印刷体＿＿＿＿＿＿＿＿

年　　月　　日

注：被解聘者如想重新回到公司工作，必须在一个月内，本人每周书写不低于200字的思想认识及申请书，认真反思错误给公司造成的经济及名誉损失，公司可根据其认识错误的程度及对公司价值观的认同情况，考虑被解聘人员可否回公司工作。

致客户的反腐公函

尊敬的_____客户：

我公司是美国联邦德胜公司（Federal Tecsun, Inc.）在中国设立的独资企业。为了更好地维护我们的合作伙伴关系，现将我公司的有关规定通知如下，请协助并遵守：

（1）不可以向我公司人员回扣现金；

（2）不可以向我公司人员赠送礼物；

（3）不可以宴请我公司人员（工作餐除外），更不可以请我公司人员参加任何形式的娱乐活动；

（4）如我公司人员索取回扣或物品，请立即通知我们。如调查属实，我公司将给予举报人员适当的奖励。

请贵单位在处理与我公司人员的关系时，以简单、透明为原则。在与我公司的商业关系中不可夹杂有任何形式的腐败行为，否则：

（1）我公司将立即中止与贵单位的业务关系；

（2）我公司保留追究贵单位法律责任的权利。

让我们相互协作，为建立健康、公平的商业秩序而努力。

特此致函

德胜（苏州）洋楼有限公司法规部

年　　月　　日

如您能将以下表格填好并寄回我公司，我们将不胜感激！

姓名	职务	时间段	是否索取过回扣及物品	是否收取过回扣及礼物	表现		
					优	良	差

单位公章：　　　填表人姓名：　　　填表时间：　年　月　日

致供应商的反腐公函

尊敬的_____供应商：

我公司是美国联邦德胜公司（Federal Tecsun，Inc.）在中国设立的独资企业。现因生产需要：①已经 ②决定从贵单位采购_____，为了更好地保持我们的合作伙伴关系，现将我公司的有关规定通知如下，请协助并遵守。

（1）不得向我公司人员回扣现金；

（2）不得向我公司人员赠送礼物；

（3）不得宴请我公司人员（工作餐除外），更不得请我公司人员参加任何形式的娱乐活动；

（4）如我公司人员索取回扣或物品，请立即通知我们。如调查属实，我公司将给予举报人员适当的奖励。

请贵单位在处理与我公司人员的关系时，以简单、透明为原则。在与我公司的商业关系中不可夹杂有任何形式的腐败行为，否则：

（1）我公司将取消贵单位的供应资格；

（2）我公司保留追究贵单位法律责任的权利。

让我们相互协作，为建立健康、公平的商业秩序而努力！

特此致函

德胜（苏州）洋楼有限公司法规部

年　　月　　日

如贵单位能将以下表格填好并寄回我公司，我们将不胜感激！

姓名	职务	时间段	是否索取过回扣及物品	是否收取过回扣及礼物	表现		
					优	良	差

单位公章：　　　填表人姓名：　　　填表时间：　　年　　月　　日

合同签订前的反腐加押程序

任何一个文明的公司都有责任和义务坚决打击商业贿赂行为，以建立与合作方健康纯洁的合作关系。德胜公司将与任何形式的贿赂行为做永不妥协的斗争。

一、公司代表人或授权人与对方签订购买性质的合同前，首先应向对方严肃、认真并耐心解释、说明《合同签订前的反腐加押程序》。

二、公司作为购买方，在签订购买性质的合同时必须与对方签订《与主合同不可分割的反腐加押附件》，按以下程序执行：

（1）对方同意签订的，必须在签订《与主合同不可分割的反腐加押附件》后，才可以签订主合同。否则，禁止与其签订主合同。

（2）公司人员违反上述规定与对方签订主合同的，视为渎职；应尽快补签《与主合同不可分割的反腐加押附件》。否则，合同作废。

德胜（苏州）洋楼有限公司法规部

◆ 每年两次反腐公函要发到所有客户和供应商手中。

◆ 遇到不公平或有委屈，员工可以实名或匿名写信给公平公正督察官，他将会客观认真地处理并给予回复。

与主合同不可分割的反腐加押附件

甲方：德胜（苏州）洋楼有限公司

乙方：

  任何一个文明的公司都有责任坚决打击各种形式的贿赂行为，以建立与合作方健康纯洁的合作关系。为维护甲乙双方的合法权益，特签订《与主合同不可分割的反腐加押附件》，双方共同遵照执行。

  一、甲乙双方一致同意禁止任何形式的贿赂行为。此处所指贿赂行为，是指在主合同签订前或履行期间，乙方给予甲方雇员及其相关利益人员（亲属、朋友等）财物、回扣、佣金、有价证券、股权等，价值折合人民币超过1000元者，即构成本附件所述的行贿。

  二、如乙方构成第一条中的行贿，即违约后，乙方应向甲方支付相当于主合同总价款（合同标的）30%的违约金，甲方也可从合同款项的应付款中直接扣除。

  三、甲乙双方约定，甲方必须将违约金总额的70%上交给国家有关财税部门或捐赠给社会公益组织；违约金总额的30%作为广告费用，在全国媒体上刊登广告，公告该贿赂行为。

  四、甲乙双方应积极配合，将具体行贿及受贿人员移交司法机关处理。

  五、鼓励对行贿、受贿行为及时进行举报，受贿人所在方应对检举人给予人民币10 000元以上的奖励。

  甲方：德胜（苏州）洋楼有限公司   乙方：

     年 月 日   年 月 日

制度学习规定

公司规定每月 1 日和 15 日召开制度学习会。召开制度学习会的目的不是走形式,而是通过对制度的重温,进一步加深理解和体会公司企业文化和管理理念,以确保全体员工能够始终保持严谨、朴实、平和的工作作风和生活态度。

1 确定会议主持人

制度学习会由各部门负责人轮流主持;各工地由工地负责人或委托人主持。

◆ 制度学习会现场

2 会议通知

会议通知至少提前两天以书面形式公布,以便参会人员提前安排好时间并做相应的准备工作。会议通知中应明确开会的地点、时间、主持人等事项。

3 会议时间及原则

会议时间以每次 30 分钟左右为宜,可根据议题适当延长或缩短,具体由主持人掌控。公司杜绝召开无休止的官僚会议。

4 会议内容

(1) 按章节顺序学习《德胜公司员工读本(手册)》,全书学完后从头再学;

(2) 学习公司近期发布的各类公告、通知及补充规定等;

(3) 学习关于做人、做事的优秀篇章;

（4）用通俗的语言介绍安全知识、保健知识、趣味知识及生活常识等，以达到有效学习和教育的目的；

（5）员工自由发言，反馈或提出工作中存在和需要解决的问题。

5　学习纪律与要求

（1）学习制度会议十分严肃，应自觉做到不迟到（最好提前3～5分钟进场）、不早退。进入会场后，首先签名。会场应保持安静、有秩序。

（2）会议开始前，把手机调到静音或震动档，或者关机；会议开始后不允许在会场内查看手机信息、拨打和接听电话，更不得上网或玩游戏。

（3）学习制度时，应避免主持人一读到底的做法，按照会场座次每人一句轮流朗读；同时尽可能谈谈自己学习制度的体会。

（4）会议结束后，各会议现场将"签到表"传真（或发电子邮件）到公司总部，由程序中心存档。

（5）召开制度学习会议时，不能安排同一个员工连续两次以上值班；同时尽量不要安排新员工值班。

6　请假、自学制度

（1）制度学习会当天，如因生病、出差、值班、休息、接待、参加活动、应急工作等原因不能参加会议的人员，必须履行请假程序，办法如下（简称"一个电话，两个信息"）：

① 向公司总督察官电话请假，说明不能参加会议的原因；

② 还要将不能参加会议的原因编辑成手机短信（或微信）发送至程序中心和公司总督察官的手机上；

③ 打电话和发送手机短信请假，至少应在会议召开前一个小时。

（2）如果已经填写了请假条，并经过相关负责人同意休假的人员，或正在休假期间的人员，不需要再次请假。

（3）外地留守人员、长期出差人员，逢制度学习会议时间，应自觉按照公司要求，选择内容进行学习，并将自学的情况通过电话或短信告知程序中心。

听证会程序

制定听证会制度的目的是为了合理合法、公平公正地处罚违规员工，协调与正确处理同事之间因工作关系发生的矛盾与纠纷，辩明和表决有争议的重大事情等。听证会程序给当事人或矛盾方提供充分表达意见及建议的机会，能够有效避免明显有失公正或者伤害员工利益的事情发生。

1 听证类别

（1）当员工严重违反公司制度，其言行给公司造成了不良影响或损失，甚至危害公司正常运转时，公司将启动听证程序。

（2）当工作遇到争议，无法进行下去时，可以启动听证程序。

（3）当员工之间为工作发生矛盾，并各持己见，意见无法统一时，任何一方有权向公司申请召开听证会。

（4）当员工觉得自己受了委屈或遇到不公正待遇时，可以随时向公司申请召开听证会。

以上四种类别，当事人都须陈述、质证、辩论矛盾发生的起因、经过，提出自己的观点、理由和解决办法，听证团通过调查、记录、分析，最后作出处理结论。

2 听证程序

（1）确认事由、客观存在的事件和当事人。公司派出调查组对事件进行调查取证。

（2）确定召开听证会的时间和地点。

（3）确定主持人（即听证会主席，1人）。

（4）成立听证团（5人）。

（5）确定速记员（1人）。

（6）邀请事件见证人。

（7）邀请旁听人员、观察员（若干人）。

① 对此事件有疑虑或需要作出其他说明和证明的所有人员。

② 对本次听证会感兴趣且有时间到场的人员。

（8）与会人员的职责与权限。

① 主持人：负责维持听证秩序。听证会期间，时刻提醒和引导当事人及所有发言人员围绕主题发言，维护听证会的客观性和公正性。主持人有权打断任何一个人的发言，对不服从秩序的人员有权请其离开会场，但无权对听证会作出结论。

② 当事人：陈述事件发生的起因、经过，提出自己的观点、理由及解决办法。对听证团成员和旁听人员的提问有义务作出回答。

③ 听证团成员：必须是诚实可靠、办事公正，且在公司无处罚权的人员。听证会结束后，听证团成员须在一周时间内各自写出听证报告，同时在相互交换意见后共同写出听证报告，签字后提交公司董事会。

④ 旁听人员（观察员）：不具有评论任何一方的权利，但可以提供相关的事实及材料证明，或做其他说明；也可以提出自己的疑虑和观点。特别规定：第一，提问的旁听人员只限于自始至终参加听证会的人员；第二，中途前来参加或中途离开会场10分钟以上的旁听人员没有发言权。

⑤ 见证人员：必须是在事件发生现场的人员或经历过事件全部或部分的人员。见证人员所讲述的必须是真实的，不允许讲述猜测性的话语，对自己所讲出的每一句话都必须负全部责任。

⑥ 速记员：如实记录，对没有听清楚、没有完全理解或记录不完整的内容有提问的权利。

（9）操作程序。

① 主持人宣布听证会开始，宣布听证会纪律，介绍听证会相关情况。

② 请当事人陈述事情的原因、经过及其他说明，申明自己的观点及理由。当事人在发言时其他人员不能插接话题，直到当事人将事情陈述完毕后，再提出自己不同的看法。

③ 调查组及见证人员陈述事件。

④ 听证团成员提问，当事人答复。

⑤ 旁听人员提问，当事人答复。

⑥ 主持人根据会议情况宣布听证会结束。

⑦ 听证会结束后，听证团成员开始履行职责。

⑧ 解决办法或处理结论公布之前，当事人须做好本职工作。

⑨ 解决办法或处理结论公布之后，书面宣布本届听证团解散。

郑重声明：所有有关听证会的录音、录像及文本资料仅供公司内部使用。未经允许，严禁以各种形式对外发布和泄露。

◆ 听证会现场

声音

冰水中加入柠檬片，又好喝又好看

我在上海招待客人时，冰水中没有加柠檬片。当时聂总只是看了一下我，没说什么。事后聂总对我说，冰水中加了柠檬片又好喝，又起到一个美观的作用。当时我正在忙着打扫卫生，如果再仔细一些，就会意识到要加柠檬片的。

德胜（苏州）洋楼有限公司管家中心总经理　傅玉珍

欢度感恩节程序

过感恩节是对过去一年来的生活和工作的回顾和总结,公司希望全体员工在这个温馨的节日里,延伸感恩的意义,用实际行动对家人、同事、朋友、公司……表达浓浓的感恩之情。为了让全体员工过一个快乐、有意义的感恩节,结合公司实际,特制定以下过节程序。

(1)感恩节时间:每年 11 月的第四个星期四。

(2)每位员工必须提前 10 天在公司内部预约一个慰问对象,将其名单上报公司程序中心。如慰问对象因工作调动等原因发生变化,应及时告知程序中心重新备案。

◆ 员工一起欢度感恩节。

(3)慰问对象不能两个人互相选定,即被慰问的对象不能再选定慰问自己的人,要从公司内部选择另外一名员工,以此循环。选择慰问对象仅限在岗人员。

(4)公司强调员工之间要彼此关爱,相互感恩。公司的每位员工都要关心同事,发现同事心情不好或情绪低落时,要及时主动地去了解情况,并采取提醒、谈心等方式,帮助同事走出阴影、消除烦恼。公司推行一人关爱一人的感恩互助程序,目的就是为了确保公司员工能够始终如一按照"诚实、勤劳、有爱心、不走捷径"的价值观快乐工作与生活,杜绝冷漠和"事不关己,高高挂起"的自私行为,从而营造更加祥和的环境。感恩节前,员工须将一份价值 60~80 元人民币(包括包装费)的礼物选购好,同时将感恩卡及一份亲手写好的感恩信送给自己的感恩对象。公司负责报销礼品费用。

(5)公司鼓励员工亲手制作感恩礼物并亲手包装,杜绝委托被感恩对象自己选购及包装礼物。公司不提倡所赠送的礼品超过规定的价格标准。礼品的意义不在于价格的高低，所代表的是浓浓的感恩之意和准备礼品过程的殷殷之情。

（6）感恩卡、感恩信纸、感恩信样本、包装纸、横幅等物品由公司程序中心提前5天发放到位。

（7）感恩节当天的工作安排及要求：

① 上午正常上班，下午全体人员停止工作，互赠礼品，播放歌曲《我们由衷地感谢》。各现场尽可能做一些有意义的娱乐、游戏活动，期间穿插员工朗读写给公司的感恩信件或者员工撰写的感恩文章。

② 过感恩节是一项非常严肃和有意义的活动，员工必须认真对待，不得自行外出或从事与感恩无关的事情。

③ 晚上免费聚餐（全国各施工现场自行制定用餐标准）。用餐前，集体歌唱《我们由衷地感谢》。

（8）当天出差或请假的员工，应在离岗之前将感恩礼品亲手送给自己的感恩对象，原则上不允许让同事代办。

（9）员工持正式发票报销礼品费用（包括包装费）。

◆ 员工自编自导自演的感恩节节目。

附：

感恩信样本

亲爱的＿＿＿＿女士/先生：

在公司＿＿＿＿年感恩节之际，我代表公司向您表示慰问和表达感激之情：

（1）感谢一年来您为公司的健康发展所完成的本职工作和您付出的努力；

（2）感谢一年来您对公司各位同事的关怀、问候及真诚的笑脸。

同时我也代表我自己向您表示感谢，感谢有缘与您相识，感谢一年来您对我的认同、帮助和关怀。这份礼物是我代表公司送给您的，请接受！

感恩节代表：＿＿＿＿＿

年　月　日

提示：感恩信必须亲自撰写，不能用电脑打印，也不可以委托别人代写。

礼品拍卖程序

1 总则

公司在对外关系及同事关系中遵从简单、纯洁和透明的原则，坚决抵制任何形式的腐败行为。在与公司业务有关的事务中，员工没有权力向客户、供应商、政府单位等赠送礼品或者接受礼品。否则，将会受到公司严厉处罚。

因不知情、被动等非个人原因（如通过邮寄、他人代送等方式）收到礼品后，必须及时上交，由公司程序中心统一登记，并出示公告。礼品全部用来拍卖。礼品拍卖成功后，成交价款属于竞买人员的个人捐款，全部捐给长江平民教育基金会，以支持中国的平民教育事业。长江平民教育基金会将在网站上进行公告。

◆ 热烈活泼的拍卖会现场

公司召开拍卖会，主要是公开公正处理客户、供应商及朋友赠送给公司或员工的礼品，也包括拍卖公司需要处理的其他物品。公司召开礼品拍卖会不带有任何功利色彩，每件礼品的起拍价为其市场价格的 $1/20 \sim 1/2$。召开礼品拍卖会是德胜反腐工作的一个重要程序，也是奉献和传递爱心的一项有意义的慈善活动。

2 竞拍须知

（1）拍卖会召开时间、地点：公司制度学习会结束后，紧接着召开礼品拍卖会。

（2）竞买人：公司及相关机构（单位）的全体员工，包括实习生、见习生和来公司做客的嘉宾、朋友。竞买人必须遵守拍卖会规则与纪律要求。

（3）现场展示和拍卖的礼品均为实物。二手物品应特别予以标识和说明。

（4）礼品拍卖前，提倡先看实物了解物品，竞拍者根据意愿决定是否竞拍。

（5）长江平民教育基金会收到竞拍价款后，出具捐赠收据，并在基金会网站上公告。

3 会前准备

（1）拍卖会召开的前两天，程序中心、采供中心、计财中心人员共同选出要拍卖的礼品，查询市场价格，确定起拍价格。

（2）制作、打印礼品展示标签和拍卖礼品登记表两份。

（3）确定拍卖师（根据自愿原则按报名顺序确定人员）。

（4）拍卖会召开的当天上午，程序中心发送手机短信告知全体员工拍卖会时间、地点和拍卖物品。

（5）确定礼品展示人员。

（6）通知长江平民教育基金会做好相关准备。

4 规则与纪律

（1）拍卖会遵循"公开透明、公平公正、诚实信用"的原则，物品全部实行竞价拍卖。

（2）拍卖前，由拍卖师宣布每件物品的市场价、起拍价和每次加价的最低额度。

（3）应价采用口头报价、举手示意的方式，应价后不得反悔。

（4）应价不得低于起拍价，加价不得低于加价最低额。

（5）竞价时应保持平和的心态和君子风范。同时竞价的，以竞价最高者为准。

（6）拍卖师将拍卖品的最高应价连续询问三遍后，如无更高应价时，敲槌确认拍卖成交，其他人员不得再竞价。

（7）拍卖是公平、自由竞价，竞买人不得暗示、催促拍卖师落槌。

（8）不得相互串通，不得妨碍、干涉其他人员竞买。否则将受到严厉

♦ "既拍到了实惠的礼品，又献了爱心。我们真的很高兴！"

处罚。

（9）拍卖会场应保持秩序，不得吵闹和起哄。

（10）礼品拍卖会是一项有意义的集体活动，制度学习会结束后，不能参加的，应先请假或向主持人说明情况，不得无故缺席。

（11）如果礼品连续三次在拍卖会上都没有拍卖出去，按作废处理，并予以公告。

（12）担任拍卖师的人员不能自己竞价，也不可以为他人竞拍，但可以委托其他同事为自己竞拍物品。

声音

喜欢你是有理由的

　　诚信、自信、执著、自律，在欣赏这个网站的时候，我深深地体会到了。我想能多几个德胜这样的公司，对提高当前我们中国人的素质来说是多么的重要！

　　那天在德胜的网站上看到《流言蜚语真气人》这篇文章，深深体会到这种劣根性真是可怕，现在很多年轻人，居然也有这些恶习！所以又崇拜起德胜公司来，能以自己的精神来影响别人，改造别人！

　　真的非常喜欢这个网站，"每日思语"每天都会激励我！也希望德胜所倡导的精神不仅仅影响自己的员工，更能影响许许多多不同层次的人，在不同的行业、不同的地方都有这样的精神作为主流！

摘自德胜网站的网友留言

员工休假选择方法

为了使员工更大限度地享受休假自由，特制定本方法。

1 自主选择休假方案

（1）公司休假分为国家法定假日方案和员工自主调休方案两类。

（2）员工在年底选择下一年度的休假方案，从两种休假方案中选择一种，不能同时享受两种休假方案。选择期为一年，中途不得改变。

（3）选择按国家法定假日休假的员工，按照国家规定休假。

（4）选择自主调休方案的员工，按照公司请假程序自行制订休假计划。

2 调休及请假程序

（1）公司不鼓励员工周末工作。

（2）3天以内（包括3天）的正常调休，不需填写请假条。

（3）计划调休3天以上时，需要提前15天填写《德胜公司员工休假申请表》（详见附件），并经相关上级同意后方可休假。

（4）员工正常休假时，每半年申请的连续休假最长时间为21天；申请连续7天以上的休假，每次间隔时间不能少于150天。选择自主调休方案的员工，公司一般不扣工资，但奖金将与此挂钩；选择国家法定假日休假方案的员工，法定日期以外的事假、病假均扣日工资。

（5）不可预期的紧急情况的应急请假，须经相关上级同意后方可离开，并补写请假条。

（6）应急请假、正常请假及正常调休者，在离开前必须交接好自己的工作。因故在自己安排的天数内，不能如期返回时，须先向相关上级说明事由，得到同意后方可续假，否则视同擅自离岗。

3 婚假、产假及丧假

（1）员工请婚假、丧假时，可在法定假期前后各多加 5 天。

（2）员工请产假时，可在法定假期前后各多加一个月。

（3）员工也可以在公司规定的假期内，提前结束休假，回公司工作。

4 长假规定

任何一位员工，如果觉得公司的工作环境和要求不适合自己，可以请 1 至 3 年的长假出去闯荡，公司可为其保留公职及工龄。长假结束后想回公司工作的员工，需事先向公司提出书面申请，公司根据其以下几种表现决定是否同意其返回公司：

（1）是否完全认同公司的价值观。

（2）是否仍能胜任公司的工作。

（3）请长假后是否对公司造成伤害。

如公司同意其回公司，需要参加复训。其实际工龄将按以下原则进行计算：

（1）原工龄扣除请假时间。

（2）请假时间按年计算，不满一年的按一年计算，三个月以内的不算长假。

（3）如假期未满，要求回公司工作的，同样按以上规定处理。

（4）如员工个人确因自己的身体状况或家庭原因请长假，公司将根据情况在允许的范围内进行特殊解决。

5 因公睡眠法

从事驾驶、施工等具有一定危险性工作的员工，从事采供、售后服务的部分员工，以及无法完全按照公司统一作息时间，特别是因工作特点很难及时下班，无法保证睡眠时间和质量的员工，公司将对其实行"因公睡眠法"。

（1）原则上规定每周三上午休息，具体时间也可由其自行安排。因公睡眠时间必须用于睡眠，属于上班性质，不得逛街或参加娱乐活动。因公睡眠期间享受全额工资及其他待遇。

（2）需要因公睡眠时，要交接好自己的工作，并尽早用手机短信、微信的形式告知、委托相关同事，以公布信息及挂牌示意（示意牌上需填写睡眠起止时间）。

（3）将因公睡眠时间挪作他用，未按照以上规定办理手续而迟到、未出勤者，均按照迟到和旷工处理。

附：

德胜公司员工休假申请表

友情提示：你可以随心所欲地调休，但你的奖金将与此挂钩。

姓名		工牌号		工种		请假工地	
申请休假时间	从　年　月　日 至　年　月　日			预计上班时间		年　月　日	
联系电话				应急联系电话			
公司意见	○同意　　○等公司安排　　部门负责人签字：　　年　月　日						
申请事由	○探亲　　○办事　　○看病 其他事由：						

注：应提前15天以上申请休假。　　　　　　填表时间：　年　月　日

声音

拒绝不合格的学生入校

德胜木工学校一年多的实践，使我们深深地意识到程序化管理的重要性。有一位学生的亲戚在职业学校任职，他们多次到木工学校来找我们，要把这位学生介绍到木工学校来。但是我们按照程序坚决拒绝了他们：1. 坐姿不正；2. 喜欢埋怨其他人；3. 喜欢打架，还用不伦不类的痞子口号来为自己辩解。

德胜—鲁班（休宁）木工学校教师　姚允壮

终身员工资格规定

员工在公司工作期间，遵循"诚实、勤劳、有爱心、不走捷径"的价值观，工作认真，尽职尽责，待人友善，处事平和，经综合各项指标评审通过后，可获得公司终身员工资格和公司颁发的证书。公司终身员工每年12月评审一次。终身员工资格是公司对员工的庄严承诺，也是对该员工品德和能力的认可。获得终身员工资格的员工，有以下权利、义务和责任：

（1）享有在公司永久工作的权利；

（2）退休以后享受公司为终身员工设立、提供的福利待遇；

（3）具有辞职的权利；

（4）具有请长假的权利。但请假时间连续超过一年者，终身员工资格自动终结，终身员工证书需交回公司人力资源中心或者自动作废。销假复职后经评审，重新获得终身员工资格，颁发新的终身员工证书；

（5）获得终身员工资格后触犯国家法律者，终身员工资格自动作废；

（6）触犯公司诚实条例，撒谎三次以上并被证实者，终身员工资格自动作废。

◆ 程涛总裁为终身员工颁发终身职工证书。

提前进入终身员工行列试行条例

1 总则

通过合理、公平的程序，对具有五年以上十年以下工龄的员工提前进入终身员工行列进行提名及投票表决，以评选出本年度提前进入终身员工行列的员工。每年提前进入终身员工的名额为一名。

2 基本条件

（1）认同德胜"诚实、勤劳、有爱心、不走捷径"的价值观。

（2）具有五年以上工龄。

（3）表现出色，在工作中比其他员工更加努力，对份内工作能快乐、高效、优质地完成；对份外工作也能尽力、愉快地接受，并没有任何怨言。

（4）不夸夸其谈，时时刻刻自觉用行动维护公司的荣誉。

3 提名方法

（1）由10至15名公司正式员工提名并共同在《提前进入终身员工行列提名表》上签字，于每年12月10日前提交给公司人力资源中心，经审查后，于每年12月24日前组织投票，同意票数超过三分之二者即获得终身员工资格，工龄以十年计算。

（2）每年提前进入终身员工的名额为一名。如提名超过一名，以抽签的方式抽取供投票决定。

4 投票概述

（1）用抽签的方式，以工作划分为板块，从员工中抽取9名投票人。公司目前分为管家中心与行政服务板块和工程与施工板块。被提名人在哪个板块工作，就从哪个板块抽取。参与提名的人员和被提名的人员不得作为投票人抽取对象。

（2）投票必须在观察员、督察员的监督下进行，当场投票，当场验票，当场统计和公布投票结果，同意票数超过三分之二者即获准提前进入终身员工行列。如果投票没有通过，即在有效提名人选中重新随机抽取，以此类推。如果没有被提名人或所有提名人投票均没有通过，本年度提前进入终身员工名额空缺。

附件：

提前进入终身员工行列提名表

我们共同提名下列同事提前进入终身员工行列，请审查资格并投票表决。				
被提名人		＿＿＿＿，工牌号：＿＿＿＿		
01号提名人（签名）		07号提名人（签名）	
02号提名人（签名）		08号提名人（签名）	
03号提名人（签名）		09号提名人（签名）	
04号提名人（签名）		10号提名人（签名）	
05号提名人（签名）		11号提名人（签名）	
06号提名人（签名）		12号提名人（签名）	
人力资源中心核对被提名人资格				（填写）经核对材料，被提名人符合基本条件。 人力资源中心总经理签字：　　年　月　日
经合理、公平的程序提名、投票，＿＿＿＿先生从＿＿＿＿年＿＿月＿＿日起提前进入终身员工行列，享受终身员工一切待遇，工龄提升为10年。 会议主席签字：　　　　　　　　　　　　　　　　　　　　年　月　日				

员工出国考察规定

为拓展员工视野，提供福利，公司鼓励并全力支持员工积极报名出国参观、访问与考察。

（1）报名条件：凡在公司（包括各分支机构）工龄满5年的员工都可以报名，不限制年龄和性别。有过出国经历的人员可以再次报名。每月25日为报名时间。

（2）如果报名人数超过每批规定的人数，则公开抽签，未抽中人员顺延至下一批。被抽中的人员名单将在公司及各施工地公示7天。

（3）被抽中的出国人员名单公示结束后，公司人力资源中心将通知其安排好工作，回户口所在地办理护照及签证所需要的证件及相关文件。已经持有护照的员工需确认护照有效期。

（4）所有签证证件和文件准备好后，公司将定期统一安排为员工办理签证手续。

（5）签证没有通过的人员，可在下一个年度继续报名。

（6）除回户口所在地往返费用及办理护照的费用由个人承担外，首次出国人员的差旅费用全部由公司承担。第二次及以后出国的员工，按公司相关规定由个人承担部分费用。

◆ 德胜员工在美国惠好公司考察。

1	2
3	4

1 聂圣哲在工地上对员工说：在德胜，质量问题是不可商量的。
2 聂圣哲说：对于企业管理中玄的东西，我们绝对要把它的表面撕破。
3 聂圣哲在工地上督察施工质量。
4 聂圣哲在车间向油漆工传授最新油漆技术。

2011年5月29日，聂圣哲撰写的《美制木结构住宅导论》一书首发式在中国科学院科学会堂举行。这是我国第一部系统介绍欧美木结构住宅体系的专著，有10位院士出席了首发式。

TECSUN
Federal Tecsun, Inc.

企业文化

聂圣哲篇

诚信、实力与竞争力

1 诚信、实力与竞争力

根据公司惯例,今天我们来开会。我们会议的名称叫做"战略发展会议"。现在开会的人员一次比一次多,从人数角度来讲,说明公司在发展。到底公司是不是在发展,当然要全面地来看;现在从综合的信息和数据来看,公司是在发展,并且是在健康地发展。

公司近来做了几件大事。第一件大事是跟上海方面的合同签订。这个合同是 7 月 25 日在上海香格里拉饭店签订的。美国驻上海领事馆的商务领事、加拿大驻上海领事馆的副总领事兼商务领事、加中贸易协会主席及上海市有关方面的领导都出席了这一次极其隆重的签字仪式,这在中国和美国住房合作的过程当中是一件重大的事情。一个多亿的合同都签好了,对方也把定金打过来了。当我们在合同上签完字,拿着香槟酒互相庆贺的时候,我松了一口气,我们又向成功迈进了一步。你们知不知道,我们打败了多少家由所谓的 MBA 管理的公司,多少家美国公司,多少家加拿大公司。有的公司就是美国人直接领导的,有的公司就是美国人在里边管理的,有的公司就是加拿大人自己的。

上海人是很聪明的,通过比较,经过对多家公司的选择,最后选择了德胜公司。为什么选择了德胜?就是德胜的实力、德胜的道德水准、德胜诚信为本的精神。

我不知道在座的有没有把新的《职工守则》认真地读过一遍。估计是学了。那是我一点一滴写出来的东西,里边凝聚着我许多的汗水。对于德胜的管理,我可以说是用心良苦,是苦口婆心。也可以说是在悠久的中华民族的传统文化里边不断地思考,不断地把糟粕剔除出去,然后寻找一些我们能学会的、符合人类现代文明的东西。

总的来讲,我们第一件好事是因为我们的道德、我们的诚信、我们的实力使我们做成了。企业的实力拼到最后，就是我们这些人到底能不能保证自己的道德和诚信。实力是一步步地发展起来的。没有一批好的人怎么能够发展呢？道德，就是大家的道德观，想一想，我们德胜如果有十个小人存在，我们这个公司怎么可能发展得好呢？所以今天我们还要重复上一次会议的一些观点，我们一定要把小人清除出门。小人和懒汉，绝对不能在我们公司里出现。

今天，我要讲一句在各个部门都要贯彻的话。

今天无论你是杨振宁也好、李政道也好，无论你是陈逸飞也好、张艺谋也好，只要你在德胜工作，你每天早上一定要默读这句话：我实在没有什么大的本事，我只有认真做事的精神。

我每天早上都要在心里边默读这句话。只要你认真了，你就能够成为业内的第一名。德胜洋楼当然毫无疑问，我们已经成了第一名。

你们今天到德胜来工作，真是到了一个非常特别的机构，这个机构正在苦苦地探索。在我身边工作的人都知道，我从来不跟政府部门搞关系。我们就靠我们的实力，能做就做，不能做就不做。但是我们的道德、我们的诚信与支撑我们的实力，最终让我们战胜了对手。第一件事我们做成了，为了保证这个项目在道德、诚信这么一个状态下运作，我还是希望大家牢记那句话：我们没有什么本事，我们只有认真做事的精神。

第二件事情，就是最近有一个老总，从来没有跟我见过面，要带着一个总盘320栋的项目过来，希望见面后能够把合同签订下来。见面礼就是他们已经签好的合同，让我们签字。我们公司的许多对手想去抢这个项目，有五六家公司千里迢迢地到这个公司所在地，有的在那里一待就是一个月，天天去跑关系。我们永远不会主动出击，我们出击的是我们的品德、我们的诚信，还有我们履行诚信的能力。这是我们的长处。后来实在没办法了，我们派了王专员代表公司就去了。去了以后，该公司的决策层开着车，陪着王专员到澳门去喝早茶。他对王专员讲的一句话，很令人深思："多少家公司找我们，住在这里，一个多月啦，我们都不见。你来了，我们都要陪你到澳门来喝茶，你们德胜是了不起啊。"王专员笑了笑说："我们就是认真一点而已。那59家对手加在一起，都不是我们的对手。这就是我们的实力啊！"

我们公司外部发展得很好，下一步要抓内部活动。

千万不要把成绩归功于自己，把责任推给别人。也不要把阴谋当作智慧。

在北美、在欧洲，得到提拔的都是只知道做事的人。这都是我在每一次会议上强调的。

我们之间是一种劳资关系。你们通过努力工作，可得到更好的报酬，但我保留随时炒你鱿鱼的权力。报纸上宣传的那种大家像一家人一样的企业文化，那种像朋友一样的管理，那是极其落后的。

我始终都不会有与小人之交甜如蜜的那种状态。虎丘塔下那些搞服装的老板，他当天讲的一个月给你们五百七百的，晚上就不见人啦！

不要以为3M、摩托罗拉这些公司对谁来讲都是好公司，有些人在这里工作好像是如鱼得水，对另外一些人就好像是喝毒药一样。

德胜公司也是这样的。有一家做钢结构房屋的公司，名字不说，大家也都知道，他们公司的人就是不愿接受我们公司的价值观才走掉的。一个人进入迷途以后还是执迷不悟的话，他就没办法自拔了。

2 关于具体问题

在商量具体问题之前，先请大家记住并要在心中默念一句话：我怎么又耍小聪明了，我真的好危险。要把这句话向每个人传达下去。

职工之间的礼貌有了改观。把"诚实、勤劳、能力、学历"作为考核标准，它们的顺序不要搞错。我有一句话，就是45岁以下的，不管你是什么学历，都得从打扫卫生开始。通过打扫卫生就会知道为什么许多人连玻璃窗都擦不干净。把每一个细节都做好，把每一件事情都做到位真的不容易。

你们一定要达成一个共识：既要有开拓性，又要慎重；既要慎重，又不能保守。钱是赚不完的。根据我们的情况，下一步怎么发展，要符合鱼钩渔网的原理。

钓一条、两条鱼可以用鱼钩，钓一千条、一万条鱼，用鱼钩就不行了，就要用渔网了。

明年我们在组织结构上要进行调整。千篇一律的管理最终肯定是要失败的。

今年年底财务部门要做好几件事情。首先我们要搞一个财务动态报表，每个星期在我们的网站上对外公布我们的往来账目。一定要做到跟我们的原始账目一模一样，我们绝对不能做假账。每一个人进入我们的网站都能看到我们的财务情况。

另外一件事情也是与财务有关的，年底要把职工的信用等级评估一下，以了解我们的每一笔采购。对每一个职工的每一张单据进行检查。抽查出问题的，我们予以公布，包括打电话的诚实问题。年终发奖金前，这些东西都要予以公布。我们的个人信用等级系统要评出大家的借款额度，可以到几百万甚至于更多。一定要对人的信用给予回报。对诚实的人不加以保护，就是对他的不公平。

到明年5月份，没有一千人我们就忙不过来。几个总监都是有一定地位的人，开会时既要讲求开拓，又要有原则。太有原则，很压抑，没法开拓；太开拓了又有可能离谱，这个度希望你们把握好。太务实了，非常乏味。太务虚了，很兴奋，人家又觉得你这个人太虚，就像炒猪肝要把握好火候一样，火候不到血淋淋的，火候过了像柴禾一样不好吃！

集装箱房屋的试验是成功的。现在就是大门有一点问题，最好是铝合金的，带着盖子。集装箱房子有几个用途，一是可以用于建筑集团等一些大的施工企业，他们可能一下子就会订几百幢，他们有外籍专家来的。还可以作为礼品送给客户。再一个，就是总监以上职位的可以住这样的房子，要显示出德胜的品位。

赵建星襄理（注：副经理）这几天趁着工人都在，你多看、多了解，该你挖人的时候你就挖人。售后服务部到任何部门挖人，任何部门都必须给他，不能不买账，但你不要乱挖。挖完以后，工作一稳定下来，立即去学开车。售后服务部的人必须学开车。售后服务部的工作量会越来越大，现在就已经很忙了。

正好这几天有工人在公司，有空时，不要泡在咖啡屋，要去工地。像你们这样有经验的人，他的一招一式你都会看在眼里。回去后特别注意不要告诉他们公司现在要挖人。

我们德胜做的计划都能实施，这是我们德胜的原则。我们德胜坚决杜绝做出一些不能实施的东西来，包括规章制度。希望你们把规章制度里边不能实施的内容提出来，如果有，我们就要把它抽掉，不要叫它丢人现眼。做不到的事情就不要写进去。

姚百灵是一个非常好的职工，也是一个非常高尚的人，业务做得也很棒。

在凌副总监的领导下和在姚督察长的监督下，杭州工地顺利地做了下来，给客户留下了非常深刻的印象。要感谢凌副总监，也要感谢姚督察长。姚督察长现在还没有选一个比较满意的人，这是他的失误。到年底要提拔姚督察长为一个副总监级的督察长。要靠他选择人恐怕有点难度，我希望所有在座的副总监一个人推荐一个。跟姚百灵谈完以后，确定需要什么样素质的督察人员，然后一个人提供一个给姚百灵，不要让姚百灵选。这样的话你们就可以提供四五个出来。我们的监督队伍成立后，希望姚督察长明年就在公司办公。

材料管理上，工地浪费材料的情况需要几个总监这次也商量一下，因为我们终究还是追求降低成本的。因为现在有许多人在跟我们德胜洋楼打虚的成本仗。他们用劣质的材料跟我们打成本仗，我们不怕，所以我们成功了。如果真的遇到一家像我们这样水平的公司跟我们打成本仗，我们就害怕了。现在他们搞的都不是真东西。现在我们就要未雨绸缪，就是还没有下雨就要做好准备，修房子，把屋顶和门窗修补好，事情在没有发生的时候就开始做准备。

我们办公室搬过去后，还要进一步加强仓库的电脑化管理工作，要与财务联网。要配置一些必要的设备。要起草《仓库装卸货规则》，以我们这两个仓库为原则，把前两个大门分成 A 门和 B 门，侧门可以装哪些，一门、二门可以装哪些，倒车怎么倒，倒车的时候用什么东西垫在中间。下一次开会就要检查《仓库装卸规则》。从卸货到装货，下雨怎么办，刮风怎么办，停电怎么办，这一系列的事情都要在《仓库装卸规则》中补充进来，成为我们公司中的规则之一。特别要针对我们仓库的高度，怎么使用，要把特殊性写进去。

任工带领的下水道清理小组清理的工作都没有问题了，他上一次做的下水道盖子，我都很满意。就应该这样，看到一些事情，就应该想办法去解决，不应该熟视无睹，看到跟没看到一样。

现在有人反映我们公司油漆工的水平和素质偏差一些。几个总监去查一下。我们的木工水平和素质最好。因为德胜洋楼的油漆工作，它不像传统油漆工作只需要认真就行。我们要把木工做事的严谨风气作为我们德胜的风气。因为水电、油漆工还有其他工种，其准确性都达不到木工的水平。木工基础是最重要的。

3 回答参会人员提出的问题

洋楼面临如此好的销售形势，但公司的施工力量能否允许再接新的订单？如果可以接，工期怎么签订？这个问题是主管销售的专员和施工总监需要思考的问题。施工方面考虑问题比较保守，保守得有一点过了。但是销售这边又特别想销售出去。那怎么办？我希望双方都改一改，通过许多事情的磨合，慢慢地感觉，怎样才能谨慎地去开拓。我们要在很谨慎的情况下开拓。不开拓肯定不行，不谨慎也不行。这一点也不能怪你们，因为这件事是比较难的。公司的机构很快就要改革，不改革肯定没有前景。我们公司肯定要面临着施工管理的改革、销售的改革、施工监督的改革、采购的改革、部分布质品制作的改革、住宅设计部门的改革、财务部门的改革、监督系统的改革及其他系统的改革，这一系列改革肯定是要以全新的面貌出现。

样板房和咖啡屋有一些裂痕的地方，北京裂缝的修补做得非常好，叫那边来人做一个示范。我们肯定要把两栋房子刷新的。我建议在粉刷和修补过程中，总监们、质量督察长和其他的质量督察员，如果能到现场的都去看一下。

在施工过程中，或者售后服务中，因工程方面的问题，让甲方直接找各部门负责人，这肯定是不行的。工程施工过程中那是另外一回事，工程服务过程中如果还是建议甲方直接找部门负责人，这就会给别人造成一种推脱的印象。

千万不能受小时候对你培养的那种文化的影响：不关我的事，我根本就不管。"我不是售后服务部的，你找谁？"那样是不行的。第一句就应该这样说："对不起，我不是售后服务部的，但是我会马上帮你跟售后服务部取得联系。你能不能给我留一个电话，我立即叫售后服务部的人跟你联系。"要把这一条写进《职工守则》里。任何一个德胜的职工接到客户的电话，都要这样回答："你能不能留个电话，我马上负责帮你找到售后服务部的人，然后给你个信。"美国和日本成功的公司在本国就是这样做的。

所以在工程施工中出现问题时，他一般都会找施工总监，不会找到公司里来。找到公司里来，矛盾就很大了，除非他们有误解的地方。有人就曾讲过后面建的房子石膏板不如前面三栋的好，我就讲现在还是封石膏板的时候，你怎么能和样板房比，等做完后再说。他这个人还是比较客观的。最后他说你们的房子后十栋比样板房还要好。可见他起初是有一些误解。客户有了误解，我们就要立即反应，告诉客户，"我直接找有关部门给你一个回音。"如果发现我们的人推托，说这件事不是我管的，你找谁吧，就将作为重大错误来处理。今天把话讲到这里，希望你们传达给每一个人。这句话是要背诵下来的。背熟了就会脱口而出，因为习惯成自然。

给排水连接问题要认真对待，趁着总监们在的时候，我们要召开一个会议，把问题反映给他们，然后把一些详细的操作规程补进去。比如需要买多大扭力的扳手，这个问题不是小问题。供水管一定要有一个结论，没有结论就不能再用这个管子。现在有客户反映，供水管和石膏板之间有响声。这是因为供水管在热水来了以后会变长，变长后通过水流震动会打在石膏板上。供水管怎么固定，要想出一个好办法，是不是可以用塑料卡固定，要有结论。结论好的话，把它写到规程里边去。

刚才赵雷说了，各部门、各工地书面总结性的东西很少，工程完工后各工地在施工中发现的问题、管理经验及竣工总结等都比较少。现在我们从上海工地开始做试验，我们把文秘班子配好，把电脑、复印、交通工具配好，然后赵雷给他们设定一个表。因为凌副总监最大的优点是特别喜欢按规则办事。制定好表格以后让他去试一试，我们就在上海工地试验。还有工地管理的督察问题，我的神秘访客已经选好了，这个不能告诉你们。

我们已经有了一个神秘访客，我每个月发工资给他，他经常到我们各个工地去，我聘用他两年。因为时间长了你们就知道他了。他已经到我们公司来过两次啦。现在他最困难的就是不知道你们的名字，所以我们必须采取西方公司那样的神秘访客制度，必须从一个客户的角度对我们进行监督。这个人是好不容易才找到的。

尹道文说工地进度要靠材料来保障。现在公司材料供应方面不够理想。这个问题太大，可以逐一地把问题联系在一起解决。这里边需要资金实力，也有一些问题是比较特殊的。比如说，无锡的外墙板问题，我们最好像欧文斯·科宁公司那样有大量的库存。即使是他们科宁公司，客户要改变一种颜色也是需要时间的。所以我们具体问题具体分析，是管理问题，我们就从管理角度来解决；是资金问题，等有了资金以后再解决；是客户问题，我们就要妥善地解决。

明年，几个总监可能有助手在工地，总监要在公司总部上班。改革以后这个问题就能解决了。为什么要从一线提拔你们，而没有提拔清华大学的管理学博士？因为只有你们才能审核这些图纸能不能做。但时间长了，你们对这些东西就有可能不敏感了。我们有下工地的指标，一年要下工地多长时间。比如说，尹道文一年就要做一个星期的油漆工。尹道保就要从木工做起。只有这样，我们的队伍才能保持常胜不败。所以我们要把高层管理人员到一线干活作为一个常规的管理制度，否则都会变成一些光说不练的人。

关于加强思想沟通工作，我们能不能采取西方的共进早餐制。但不一定每天，不一定仅限于早餐。高层管理人员在一个高雅的环境里喝一喝咖啡，海阔天空地聊一聊。把工作的事情聊一聊，这种聊就是沟通。如果你把自己关闭起来，总不参加，时间长了，你就会慢慢被淘汰。这个事情就交给凌添足，一个星期一次。赵雷负责跟凌副总监安排这个事情。通知每个人来参加，因为这是工作，不是消遣。比如说今晚开车出去吃快餐，谈谈工作，在老屋咖啡、上岛咖啡呀，同时也享受一下别人的服务，看一看别人是怎么服务的。你看看，今天我们在这儿开会，今天倒茶就跟上一次不一样，底下有一个东西托着的。交给凌添足应该没问题。做得好的话，就在全公司推广开来。

上一次我讲过的施工副总监到第一线工作的这种制度，必须强制执行。像凌添足他们几个在工地的副总监，

一定要顶岗一天，否则，他们的管理水平就会退步。这一天就不要问我管理上的事，我都委托给我的助手了，这一天我就是个小兵。我就是拿着工具做我的事情。就是一定要有一天，你得做完工作，第二天恢复你的职务。这都是我们管理上很独特的地方。

刚才程工提出，为了提高工地负责人的管理水平，加强对工地的管理，公司应定期举办理论学习班，学习公司的各种制度、规定，学习项目管理的有关法规知识。这个想法很好，关键是要怎么做。一点都没错，我们公司的施工规则是不是还像以前那样都在读？这些东西是否还在执行？不执行就会退步。然后就是我们公司如何把人员安排回来进行复训。这是在办公司，不是讲你有没有兴趣。像我开这个会，我一点兴趣都没有，但这是工作。我们要挣钱啊，要打败对手啊，那就得做啊！所以一些老的制度，9月份要清理一下。一些很好的作风是不是都坚持下去了？赵雷你来负责，如果你没有专门人员，我们再配专门人员，现在反正人也多，我培训了这么多人，现在就慢慢地有些人要上岗了。

学习项目的有关法规，这也得想个办法，怎么上课，谁上课，怎么学习。

学习项目的有关管理知识，这都是很专业的东西。程工再跟赵雷商量一下，看怎么样来安排这些事情。

大家提出的问题，我就给大家过一遍。特别是我们一些规定死的东西，还有制度执行的问题，我们制度执行非常困难，所以这方面恐怕要花比较大的力量。我现在也在物色人，已经有了一些想法，专门把制度执行官抽出来，现在正在与物色的人谈话。谈好以后，我们质量督察部门、制度督察部门就会很快进入状态，试着往前推进。比如说制度督察官每一次到各个工地检查，包括我们的施工总监是不是对我们的施工规则知道得很清楚，是不是要求下属按施工要求来做事。

9号和10号，加拿大人来公司进行房屋结构的培训，工程骨干人员的碰头会推后召开，这个建议很好。你们这些副总监们一定要养成一个好习惯，就是想到什么问题，立即要把它记在本子上，然后在会议上提出来，否则的话，你就会忘掉。

姚督察刚才讲的这个问题，使我想到一个问题，像我们公司将来工地这么大，能不能专门有一个人，从总部出发，像长征一样，到每个工地轮流转。他专门负责工具的检查、调换和修理。下一步的采购工作也忙，维修工具的事情很难顾及。能不能像一些机械工厂那样，增设机械设备管理员。我们暂时维持这个体制，到时会找一个设备保障人员。比如说该报废的，上面就写上"报废"。能修理的就修理，绝对不能有待修理而未修理的东西。要找一个懂机器的人来维护和管理设备。这个人让赵建星帮我们考虑考虑。管理机器的人轮流出差，到各个工地去，保障设备正常运行，检查设备是不是处于正常的状态，是不是很好地运转，是不是很安全，下一次会议时争取把这个人找到。

阳台铁柱子的问题总是影响工程施工，发往西安工地的铁柱子没有几个能用。现在铁柱子跟不上工程的原因是什么？我是大会主席，因为我们都是执行罗伯特开会原则，所以由我来作出这个决定。第一点，我们必须走铁柱子的道路，木结构房子一定要走铁柱子的道路，木柱子肯定不好。必须是铁柱子打好水泥以后镀锌，铁柱子做好孔以后再镀锌。这是不变的，我们只用这种材料。这个问题只能是赵襄理找我们的供应商在设备上、生产进度上和备货上解决。

关于空调问题，我不允许任何人对GOODMAN的产品质量提出任何异议。

因为我已经调查了，它已经连续三年被美国评选为最受欢迎的空调，它的销售量最大。你在旋空调塑料螺丝的时候，如果用旋铁螺丝的方法来旋是不行的，什么样的材料要用什么样的工具，这是有严格规定的。不是想当然地去旋一个 ABS 螺丝。那个塑料螺丝要用专门的工具，而不是随便用一个工具。这个工具是要加工的。现在英制的和公制的旋在了一起，那胆子真大！这暴露出我们管理上的不足。我以前带徒弟的时候讲得很清楚，杜绝把英制的和公制的东西接在一起。你们居然这么长时间也没有向我汇报。英制的东西跟公制的东西绝对不能接在一起。英制的和公制的是绝对不一样的螺纹，以后维修都无法搞。怎么办？到美国采购。这个事情你能解决的话就解决，不能解决的话告诉我，我告诉你怎么解决。如果把 110V 的灯泡接在 220V 的灯座上肯定会烧掉的。

你说这手表结实吧，你拿铁锤敲敲试一试。你用正确的方法才能评价它结不结实。用公制的东西旋英制的东西肯定是不行的。这就暴露出赵建星这么一个认真的人，他的内心深处也有很糊涂的地方。

自己遇到不清楚的事情就稀里糊涂地做了。你这个时候早就应该告诉我，排水的地方公制的与英制的问题怎么办，我会告诉你怎么做。凌副总监要注意的两个问题，一个是赵建星在一个星期之内把采购的事该交接的全部交接，第二个是英制与公制的接口互换问题我告诉你们怎么处理。加工配件的事情，巴阿捌、赵建星要给我一个回复。

还有一楼和二楼的温差问题。一楼和二楼的空调肯定是有温差的。按道理夏天一楼冷，二楼热；冬天是二楼冷，一楼热。如果要解决温差的话，每一个房间都必须有回风口。这种美式建筑，一楼和二楼相差 2℃ 是允许的。

程工说，上海方面的样板楼把浴缸拆掉了，客户连接得不对，影响到一楼的吊顶。这个问题特别难。按照原理来讲，包括索尼公司、美国通用电气公司，客户自己擅自打开设备的话，他就不管了；如果管，就要另外收钱。我们也要这样，对他打开的部分，我们要加倍收钱，但不能不管。如果不管的话，他会有一个错误概念，就是德胜造的房子漏水啦。管是一定要管，但是要让他们为自己的错误操作行为付出代价。要让客户先付钱再修，比正常施工还贵一倍。先派人去现场，然后回来再传真给他们。先说明事情，然后再给客户一个价格表。

关于 PVC 塑板能否打胶的问题。该打胶时再打胶，不该打胶时不要打胶。不能一概而论，具体问题具体分析一下。哪里该打胶，等一会你们下去到咖啡厅我再告诉你们。你哪个地方有疑惑的，具体问题具体问我。我们要写到规程里边去，哪里能打胶，打什么胶都是有严格规定的。

有时我们在考虑问题的时候一定要全面，比如赵建星是一个很好的人，而且技术上是过硬的，但是有些事情他是出于好心，想帮我分担，因为他看到我很忙。现在看来这种事情就是一个教训。其实开始遇上英制和公制的时候，你问我一分钟就解决了。但是你不想问我，怕我忙。但你不能做那种感觉上的事情。我们要按正常的规则做事。赵建星为公司作出了巨大贡献。没有赵建星的聪明，就没有我们这种漂亮的铁柱子。他是个老实人，许多事情喜欢自己扛。这一点跟凌添足是有一点像的。这就需要沟通。我曾交给赵建星一个新的工作，就是把美国的不同品牌室内机与室外机对接，从原理上讲是通的。他做成功啦。我们讲话很公平，既要把赵建星的问题指出来，又要按规程做事。有些原理未搞懂时，一定不要想当然做事。

哪怕你想离开公司，哪怕你仇恨德胜公司，哪怕你要告德胜公司，你都应该希望德胜公司强大。第一，你要是在公司工作，你一辈子有靠山，有许多事情公司可以负担，你的福利待遇也会很好。第二，你如果跳槽，德胜公司像波音公司、可口可乐公司、摩托罗拉公司一样，你出去也有资本，可以宣称曾在德胜干过。第三，德胜公司欺负了你，你要告德胜公司，它很强大，你可以得到一大笔赔偿金。它如果不强大，怎么能拿出钱来赔你呢？

鱼鳞板经不起梅雨。我们一定要把鱼鳞板综合起来考虑。实践证明，美国的这种鱼鳞板在中国一些地区是不适合的，但并不一定说明西安和北京下雨少的地方也不适合。这种板经不起梅雨和酸雨。我们一定要把上海周围的地区和广州一带作为环境恶劣地区来考虑，那么就要用PVC或不锈钢的，绝对不能用其他材质。

报销上的问题，告诉他们财管自己去解决。记工的问题，必须叫他签字。每一个月对一次工，签完字，以签字为准。各个部门该怎么准备的就立即准备。赵雷要一项一项地督办，像最近要办的赵建星的事情要赶快办。

2002年8月27日

◎ 此文为聂圣哲在德胜（苏州）洋楼有限公司第四次战略会议上的讲话。根据录音整理，有删节。

爱心是工作的动力

1 爱心是工作的动力

今天我们召开第六次战略发展会议。我们邀请了一位德胜公司的朋友——詹国清教授，他是解放军 532 医院的主任医生。我们公司许多员工及员工家属都经他做过手术，或者是经他的同事做过手术。这位出色的外科大夫从小跟我一起，在那个激情燃烧的岁月，不管理解不理解，他对我的价值观都是极其认同的。因为他一直认同我的价值观，今天他正好有空，我就请他来听听，看看他曾经认同的价值观现在已经发展到什么程度，是不是走上了邪路。

在开这次战略发展会议之前，我不得不提醒大家一些事情。

作为企业的主人，我拼命地使企业发展得更好，使大家同样工作一天能够在德胜得到更多的收入，各方面条件更好，到老了，生活有一定的保障。但我绝对不会虚伪地说，我们是兄弟。我们永远不是兄弟！这个必须讲清楚。我办公司一开始就是按这个原则办的。有些人说："那不行，我要回去啦"，那你请便。我宁可不办公司，也不认同你们是公司的主人。我们之间有明确的分工。

这样我就有一个要求：你要是不好好干，或者不愿意干，那么我就请你走人。另一方面我们也会不断地主动提高我们的待遇去吸引别人。谁离开谁都不会饿死，都不会走向绝路。这对你一样，对我也一样。对我来说你走了，我会有新人；对你来说，你到别人那儿干，可能会干得更好，这是平等的。我

◆ "戴上防护镜，可以保护眼睛。劳保用品不到位，我可以带薪拒绝工作。"

92

们一定要把一些事情摆到桌面上来。德胜公司永远不存在谁走了，这个公司就不能正常运转了的情况。我记得当时陶先生走时，我就说过，有一句话听起来会不好听，你走了以后，下一个可能会比你做得更好。这就是我聂圣哲一贯做事的原则。后来就培养巴耀辉。实践证明他就是比陶先生做得更好，尽管我现在跟陶先生还是朋友。曾先生走后，以前他负责的工作现在也比以前好多了！这就是我个人的魅力，我是下这盘棋的棋手，我对每一个棋子都了如指掌。

于是我们德胜公司永远有个原则：只要提出辞职的人坚决不允许挽留。谁挽留，谁违反纪律。

今年上半年我们完成了调资。到了今年年底，我们要逐步完善养老保险的工作。现阶段是德胜公司在苏州落户五年来风气最好的时候，人与人之间最没有矛盾的时候。只要有两三个人在这里瞎搅和，公司的风气就会很糟糕。当然风气有所好转，与大家的努力是分不开的。特别是程副总指挥、虞梦，给了我鼓励，给了我做出决断的勇气。

现在，上海三林城工地109栋房屋已经盖了104栋，剩下的5栋，甲方位置还没有决定好。上海109栋房屋的建成，将掀开中国木结构别墅的新篇章——中国最大的一个木结构小区在上海浦东落户。全国，包括美国、加拿大的一些公司都知道中国有一个德胜，德胜在浦东有一个大型的木结构项目。我们再讲一讲我们的发展历程。鹰冠庄园项目还没有做完，就出现了东方苑的项目。东方苑还未完成时，出现了上海三林城。上海三林城一上马，那会带来多少个三林城？紧接着东方苑因为自己尝到了甜头，又在北京做168栋。我们手头上就有一个270多栋的项目在跟进。还有我们正在策划的一些项目，目前都在运转或进行之中。我们战略发展的线路是很清晰的。

当时我决定要在苏州建立一个样板小区。现在看来，这个样板小区建得太重要了！没有这个样板小区，就没有太湖明珠。没有太湖明珠，就没有东方苑。没有东方苑，就没有美林别墅。这些都是大的项目。还有一些小的项目，南京的项目看来30多栋做完是不成问题的。无锡也在开展。太湖之星又要开工了。德胜的成功，不仅仅是机遇。机遇当然是很重要的。有了机遇后，我们如何把握好这个机遇，使这个机遇变成我们的有效资源，这就是我们的管理。明年像上海这样的工地一定要有三个到五个同时施工。这是我们必须做到的。所以我们要选出一批总监来。从战略上来讲，我们的工地管理就是我们销售部的一扇窗子。当我们销售部门带着新客户去参观我们工地的时候,一定要给我们的新客户或即将成为我们客户的单位或个人一个震撼。

现在的工牌上有一句话,就是"我首先是个出色的员工"。一旦遇到重大考验的时候,我就看一看你凌添足总监到底过不过硬,先叫你扫两天厕所。你说那我不干啦。对不起,你就回去做农村油漆工去吧!我不知道吴教官有没有体会到,现在你讲话,听的人更多啦。因为你首先是一个出色的员工,别人不得不服你。你如果不是一个出色的员工,叫谁服你呀?你口才又不行,讲理论又不如大学生,你最大的长处就是默默无闻地做给他们看,三下五除二就做好了。

在谈战略工作的时候,我们一定要谈一些人类灵魂深处的东西,就是公司里职工的平等。我们的关系是合作者的关系,我们的经济关系就是雇用与被雇用的关系。这不影响我们的和平相处。我在公司里还没有过多地伤害过谁吧?我作为一个企业领导者,对大家都很平等,给大家以尊重。人格上的平等并不排斥雇用和被雇用关系,雇用和被雇用关系也不排斥人格上的平等,这是一种平等关系。这是我们中国企业最容易搞错的地方。

◆ 管理人员必须对新工艺亲自示范到位。

我今天要特别地提出:雇用和被雇用关系与人格的平等这两点不矛盾,而且都是必须重视的,而且把这个贯穿到我们工作当中会使大家都觉得更融洽。

比如说,你凌添足总监如果对王晓文牛哄哄的,王晓文知道,一是我们俩在人格上都是平等的;另外我们俩都是被雇用的,你牛什么?!但是你要抓不好工作,你要是把工作搞砸了,置工作于不顾,那对不起,你伤害了公司的利益,你就要受到处罚。我觉得我们的领导层里面一定要搞清楚这些东西。一切为了工作,一切为了我们的战斗。

德胜公司品德的力量,最重要的一个动力就是爱心。我每天都看到我们的职工很辛苦,我就不断地跟财务上商量,能不能渐渐地提高职工的工资待遇。我们这次调资是主动的,不是被动的,不是劳动局、人事局叫我们调资,工人调资一共是六个档次,行政人员都已调资,大家都知道了。

对员工来说，都出生在平民家庭，只有靠自己的双手劳动才能够在社会上立足。我们又不是高干子弟，家里边又没有万贯财产。其实，那种祖上留下遗产、腰缠万贯的人过得并不一定都幸福。

我们每一个管理人员对职工都要有爱，我对每一个管理人员要有爱，职工对每一件事情要有爱。

今天看到一棵树又被救活了心里就高兴。一个生命没有夭折，这里边就有快乐。

每次吃饭的时候，三个厨师那么辛苦，汗流满面，但是你看到了没有，三位厨师的脸上是有微笑的，那么快乐，是因为有爱。其实像张利奇厨师长，我们如果把他提拔到一个管理岗位，他也会干得很好。暂时趁着他还算年轻，在厨师岗位上再为公司服务几年。等慢慢地年纪大啦，我们再想其他办法。要对一个职工的一生做很好的规划安排，因为我们是一个接受国际上健康、先进、人道的价值观的公司。

为什么我们德胜公司能够立于不败之地？就是因为我们的爱。日本有家公司占有日本70%的木地板市场，但是他们在中国分公司的办公室就让人待不下去，那种效果不好的空调，那种用原来的仓库改造成的不伦不类的办公室，那种喝起来带有泥腥味的水——最后硬是用浓咖啡才把那种腥味给冲下去了。我就觉得他们对职工缺乏爱，尽管他们见了我们点头哈腰，但我不舒服啊，因为这里没有爱！

美国一家世界五百强之一的公司派高级管理人员来和我们签订战略合作伙伴关系合同。我对他们说，

德胜的成功就是永远面对现实，永远尊重事实。对于很玄的东西，我们绝对要把它的表面撕破；对于好的东西、对于务实的事情，我们绝对要把它表述清楚。

我们公司最近所处的状态都告诉我，每一个职工都要提高自己的修养水平，一定要有爱心。到了最后，只有爱心才是唯一的动力。制度就像法律一样。但犯法的人毕竟是少数，法制和品德保障是两个概念，如果靠法制来提高老百姓的品德和素质，那完全是无稽之谈。因为法律是底线，对我们公司来说制度就是底线，你应该做得比制度规定的更好。还有，语言的表述要有亲和力。郑爱民负责的接待工作做得还是挺认真的，但他的表述就有问题，

很生硬，这就会让对方感觉到不亲切。所以我们的培训要跟上，我们的爱心要跟上。一提到训练，我觉得还是要有爱心，要想一想对方。比如说，那一次我接到过一个电话，对方是一个农村妇女，要找她在德胜工作的老公。她老公我肯定不认识，在哪个工地也不知道。那么我怎么办呢？一般人会说：对不起，你不要打这个电话。这样回答，她那边肯定很失望，也许她的孩子正在生病，也许有其他困难。那我告诉她，请你告诉我你老公叫什么名字，你有什么事情，我找到他以后马上叫他和你联系或叫他马上请假回家。我为一般职工留的这种条子不下十几张。为什么要这样做呢？因为我有爱心。

当然这十多个电话中也许有一个是那种泼妇，也有可能叫她老公回去帮她打架，但你不能因为有一个泼妇而把九个女人的请求都给拒绝了。所以人一定要有爱心。想想你们各个总监从工地回来后住的像五星级宾馆一样的地方，还有你们各个总监的待遇。你们在全国各地都搞过施工，你们可以比较一下，有没有这么好的待遇的？没有吧。为什么？是因为我有爱心。

◆ 质量追求是爱心的具体体现。

今年天气这么热，我就想着给女职工宿舍装上空调，因为女孩子有女孩子的特殊性。男职工的宿舍没法装，因为我们的电力不够。那就得增容，以后我们会慢慢地去想办法。

我们心里一定要有爱。最可恨的就是自私。你们不信的话，可以看一看你们的周围，从小学到中学，那些在班里最自私的人是不是混得最不好的，你们可以去检验一下。这一次我们在休宁木工学校的课程里，有个作业，就是调查村里边最自私的两个人和最有爱心的两个人的生活状况。德胜一定要创造老实人享天下的气氛，刁钻的人让他永远见鬼去。最近我看到美国杂志上的一篇文章，说这个世界很奇怪，从古至今，这个世界基本上是掌握在老实人的手里。当时提出一个论点，如果这世界掌握在刁钻人的手里，那就太可怕了。基本上世界上所有的国家，哪怕它再荒唐，那些伦理的东西、道德的东西基本上都是按老实人的价值趋向走的。所以我今天要花一个多小时讲我们的价值趋向和爱心。因为以前诚实、勤劳讲得够多了。

做人一定要有爱心，有爱心才不会伤害别人，你才会尊重别人，你才会把事情做好。一个公司职工最后的品德的提高，最后的修养的提高就落实在爱心上。当一个职工生病的时候，他跟你一点亲缘关系都没有，但你要照顾他、关心他、爱护他。爱心需要勤劳、诚实做基础，爱心同样也要求不走捷径。

爱心最后可以成为许多事情的动力。窨井盖没被盖上，因为有爱心，我就会把它盖起来，以免别人掉下去。爱心是管理到了最高境界的时候所不可缺少的东西。

德胜是有爱心的，但还要提高。下一步我们各个部门要从有爱心抓起。诚实、勤劳基本上有了根基，现在要上层次，要高一个档次，必须有爱心。看到王晓文蹲在地上装订120本课本，他辛苦不辛苦？是不是应该及早把工作台做好，让他能坐在转椅上很舒服地工作？爱心要贯穿全局。詹国清医生在给病人动手术时，每一个手术刀口是不会测量的，明明要割5厘米，我就割出10厘米来，反正方便。没有爱心他就乱来，他就会变得荒唐。反正在肚子上别人看不到。有的人的肚皮缝得跟一只蚯蚓一样。但是一个好的外科医生，他首先就有爱心，就会很认真，就能把事做好，詹医生就是这样的一位好大夫。

有一位职工的一个手指断了以后，我们花了一万块钱来接，这是值得的。你要想一想，他断了一根手指，他会是多么难过、多么痛苦。你应该站在他的角度去体验他的心境，要爱他。当我知道代波是从深圳骑自行车来德胜求职的时候，一个是佩服他的毅力，另一个就是他对生活的爱。我觉得任何人跟你交流时，你都要有一份爱心。没有爱心的人，严格地讲，就不是严格意义上的人。当看到客人可能要在这里吃饭，因为他没有开车来，而且，坐在我们公司谈到11点钟的时候——他并不是为了吃一顿饭而来的，你就问他：面条或蛋炒饭是不是需要准备一碗？这就是爱心。我们德胜公司利用我们的环境能够改变一些人。许多客人到了我们公司就变得很有礼貌。有些人感到很拘谨，走到我们公司里战战兢兢的。

拘谨有两种：两边全是刀枪，上的是酷刑，那是恐怖状态的拘谨；还有一种是修养造成的拘谨。我们给客人的是修养造成的拘谨。

年初我们公司变革时，就有许多人说会不会怎么样，翟工当时就有许多担心，我说只会变得更好，因为这是一个吐故纳新的过程，它会使得更多有爱心的人留下，没有爱心的人离开。一个公司只要管理有效了，会使大家越来越团结，使大家的工作越来越协调。

各个部门必须做到：出口就是爱心，因为有爱心，我才知道怎么做。我们通过三至五年的时间，使德胜有了一支由三四百人组成的内核队伍。这支内核队伍就是诚实、勤劳、有爱心、不走捷径的队伍。有了这支内核队伍，影响外围的几千人甚至几万人就更没有问题了。

◆ 圣诞晚宴上，刚领到年终奖的员工们踊跃捐款，支持平民教育事业。

2 具体事情安排

先阅读两封刘先生的检讨信。一封是 8 月 15 日写的，一封是 8 月 22 日写的（编者按：原信略）。我们制度规定得很简单，公司永远不能容忍职工之间的争吵，不管你们有什么恩恩怨怨。我们员工手册《同事关系法则》中有一条关于血缘关系的条款，我早就教会了你们怎么做事。首先，处理最重的就是跟你有血缘关系的人，这没什么好说的。我们在《同事关系法则》中要加一条：在你有权力处理下级职工所犯错误的时候，处理得最严重的一个必须是与你有血缘关系或是从你家乡来的人，否则你就算是违规。这样实际上是在保护你，不然你就会失去全体职工对你的信任。在实际管理之中我们发现，有些制度还要完善。以前只是讲提拔，现在还要讲处罚。在你管理的过程中，你的亲戚好友他不但不敢胡作非为，反而会更加谨慎，因为你处理他会更加严重。要么他就走人，要么就调往其他工地。所以在处罚方面，我们就要有一个新规定了。

从这些来信中可以看出，绝大部分都是失去工作之后写的，体会由浅入深，头几天写检查不深刻，待了两个月以后就越来越深刻了。我们公司不能容忍一个连同事关系都处理不好的人做我们的职工。

关于第五次战略发展会议的落实情况，我在这里要说一下。金色降落伞计划我们一定要执行。该计划是美国惠好公司和美国一些大公司使退休的人能够有一个非常好的晚年计划。金色降落伞计划等姚德平、张永琴他们有空以后再做。

调查部由王中亚再兼任一段时间，调查部以后升级为调查公司，公司的调查不做好，就会使很多职工胡作非为，特别是管理者，所以调查部是我们管理中最重要的部门之一，它会使我们收集很多反面意见，一定要保证职工跟上面反映问题的渠道畅通。每一个工地的职工直接给我打电话，我都会不厌其烦地问他们的情况，他们要给一个老总打电话是要鼓足勇气的，所以说话时总会很激动。

《德胜公司员工读本（手册）》这次由赵雷来校对。校对、版式及新的内容的增加，现在就着手安排。

这个读本是很好的礼物，很多人都很喜欢读。这就可以看出我们的策划同别人是不一样的。一般来说，公司的职工手册是没有人愿意读的，很枯燥的，可我们公司的制度手册却被别人当做小说一样来读。

有些公司策划的楼书，别人根本就看不懂。一本书没有可读性你还谈什么？别人都懒得看，翻了后就扔掉了，还有什么用？别人没见过的才叫创新！这就是我们的东西设计得好，很多人喜欢。现在就给詹国清医生一本我们公司的制度读本，他已经拿过很多本了，都让别人要走了。

男职工的自动洗衣机好像少了，洗不过来了。蔡利萍先调查一下，洗不过来就再买。

任何职工家属到工地去探亲都不能超过 5 天。如果你需要住下来，那么就在工地以外的地方去租房子住。各个工地的家属在允许的 5 天之内可以在工地吃饭。因为要建立一个好的工地不容易啊！绝不允许家属在工地里边走来走去的，否则将严重影响我们用昂贵的代价树立的德胜形象。

我们可以提供一定的条件，但是公司不能办成像职工自己私人公司一样。所以我们可形成一个规定，职工的家属探亲我们是允许的，甚至每个工地布置出几间探亲房，探完就走人。探完不走的，那你就到其他地方去。9 月 1 日起实施。这个要写个制度出来。正式职工我们有明确规定的，夫妻俩是绝对不能在一个公司工作的，兄弟俩是可以的。我们一定要学习美国的这个做法，它肯定是有道理的。在公司里恋爱以后结婚的，那也不能在一个部门工作，否则他们肯定是一个团体。这两个人一起工作的话，夫妻两人团队的力量肯定会超过别人一个人，这对别人不公平。我们现在不能做到完全公正，但要做到公平。公正和公平是两个概念。在美国大学里有一个规定，就是老师不能跟学生谈恋爱，否则，要么学生转学，要么老师调走。因为一谈恋爱，对其他学生的成绩就会不公平。

我们在职工手册中规定，进公司以前已结为夫妻的绝对不能两人都在德胜公司工作。至于我们将来要成立一个什么部门来解决这个问题，那也是我们将来再想办法的事情。

还有工程材料预算的问题。比如说2593这栋房子，工地上3寸的L型弯头计划3个，结果你用了5个，那你就一定要写出理由来。各个工地的材料管理要加强，人力、细致程度都要加强。对于那些做事做不好的，人浮于事的，我们执行"1855原则"，请他走人。公司到了这个时候就要调整人了，不吐故就不能纳新。不呼怎么能吸啊？先呼出来，再吸进去。

到今年年底会调整一些车，然后我就特别需要知道哪些人开车开得一塌糊涂，想做一个评估，要把交通事故反馈过来。一次车祸多麻烦啊！像尹道文的车祸就花掉六万三千多。所以人一定不能自私，你想一想，尹道文如果是一个自私的人，那就麻烦了。公司正是考虑到他平时做事很认真，才把他的赔偿费报掉了。从尹道文这件事情可以看出，人一定要做一个老实的人。不要以为自己聪明而算计别人，我们公司绝对不允许算计别人的事发生。

我们的水电预算还有一个问题，首先是我们的水电图的走向的合理性，水电设计图是不是合理，需要在工作当中做一定的调整。希望水电工能够及时地把实际的水电图反馈到住宅设计中心来，把住宅设计中心一些纸上谈兵的成分删掉，修改掉。有些东西在图纸上走得通，却在实际中走不通。走不通的原因一定要写明白。

我们特别要让员工形成一种风气，做错事了，主动承认的诚实之人不仅不会受到处罚，还应该受到一定的表扬，对那种掩盖错误真相的一定要惩罚。要让德胜形成一个诚实人的天下。

人与人之间一定要沟通。我一般是不会安排下级的下级去做事的。一般是我找你的主管说一下，能不能调整一下对你的安排。或者，让你跟主管说一下，你就应当说："聂总想安排我一件事，他叫我问你能不能调整一下我的安排。"要用这种口吻说话，而不能说："聂总马上叫我干什么事，你这个事情马上安排别人。"我最看不得牛皮哄哄的人。你哪一天开始牛皮哄哄了，你距离离开公司的时间也就不太远了。只有诚实、勤劳、有爱心、不走捷径，才能够取得成就。我们一定要形成一个共识，就是你们每一个人都是一个监视器，看到牛皮哄哄的人就要立即把他记录下来。对牛皮哄哄的人我们一定要立即叫他走人。我们不能容忍这种人存在。而且牛皮哄哄的习惯是改不了的，也是最难改的。我不能容忍上级对下级牛皮哄哄，更不能容忍下级对上级牛皮哄哄——就是顶撞，坚决不能容忍。

职工身体不好可以请假休息，累了可以在办公室喝一杯咖啡，也可以在办公室外面抽烟。但绝对不允许在办公室磨洋工，在办公室磨洋工就带有欺骗性，既然上班，你就好好工作。

出勤记录有错误的地方由公司给记错的员工写一份道歉信表示歉意。弄错的部分，不仅把原来的补给他，还给他赔偿10%的罚金。比如说弄错了1000元钱，除给他补1000元外，还要多付给他100元的赔偿金。我们要惩罚自己。

对主动提出错给自己多记工的，要给这样的员工奖励工资多计部分的20%。这是很高尚的品德。这个要形成一个制度。对这种人要予以表扬，要一步一步地把他调到更重要的岗位上去，比如管理材料，因为这种人是可靠的。我们坚决要跟不可靠的小人做斗争。

生产调度指挥中心做的进度表很好，到时候我们还要做一些东西。各个工地的总监要注意，对经常问一些不该问的问题的职工要提高警惕。到你的桌子上翻翻你的记录，翻翻你的笔记，这都是很恶劣的行为。遇到这种人，第一次谈话，第二次就要处罚啦！

现在把几个调查的事情公布一下：

姚百灵的调查中有对×××的调查，也有对北京工地的调查。×××把药摔出去，对工人很不好。这两点是我最不能容忍的事情。第一，叫你去就是为工人服务的，你不是为管理者服务的。按理说，你该开三天药的就开三天，我们都是这样的，三天药你吃了不够再来领药。给每个人要写处方，要写病历，把事情做好。什么你都做不好，那要你干什么？第二，把药扔到门口。第三，好大的口气。凌添足很高兴地告诉他大家都要加工资，但他却说："最多加一千块钱嘛，有什么了不起的！"好大的口气！从此我对这个人的品德有了清晰的认识。摔药的事情要进行处罚，处罚的细节要列出来。

周雪彬的事情，只要发现你处理你家乡湖南宁乡的人比别的地方的人处理得轻（一定要重10%左右），就立即免去你总监的职务。所以姚百灵关于北京的情况调查我就不说了，写到新规定里去。各位总监处理家乡人不是偏重的话，立即告诉我，立即免职。这是这次战略会上定下来的。

×××要重新回到公司工作，要重新申请，重新从头做起，从实习生做起。这个人的历史只能在德胜公司重写了。再给她一次机会，再不行就永久性地与德胜公司解除关系。我们不能容许调皮、取闹的人在公司弄名堂，投机取巧。

关于曹副总监用安全帽打工人的事。这个事情其实已经调查得很清楚了。第一，曹发火是可以理解的。我如果教一个人这么多遍他都不会做，确实肚子里会窝火的。但是用安全帽打人是不对的。所以对曹要做一个处罚，因为你是高级管理人员。把×××调到上海工地，以免曹副总监对他进行报复。然后对他进行严格观察，看他这个人到底怎么样。如果老是做错，我们就请他走人。对这件事，说清楚，曹发火是不对的，你应该耐心地指出这位工人的错误，并且对一个讲了三次还不改的人要向公司报告。

北京工地我去过一次，管理得井井有条，在北京地区来说应该是管理得最好的工地。周雪彬有缺点，也有优点。优点是做事很认真，执行制度很到位；缺点是心很软。心再软下去的话就会付出代价。我记得最清楚的，黄山有一个人前一天犯了什么错误，我们公司办事很迅速，叫这个人立即回家，就是解聘他。结果又是周雪彬打电话来给他说情，能不能不解聘他。通过这件事情，你们工地总监以后要在员工面前形成一个说一不二的作风，善良归善良，原则是原则。像曹这件事可以先拟好一个东西，然后对他说，"××，你这件事做错了三遍，对不起，你在这儿签个字，你就没什么事了。"在管理中千万不要带有情绪。曹可能会想：为什么我跟大家的关系相处得这么好？就是因为平常心，这是西方人掌握的东西，不要带情绪。我曹某人是在工地当副总监的，这个事情你为什么三遍搞错？首先把三遍的事实记下来传到公司，然后王中亚再去调查，看是不是故意的还是别的原因。其实我这些办法都是为你们开脱，省得你们去得罪人，把焦点集中在我这里。

到今年年底各个工地要提出一批要提拔人的名单。要多给年轻人机会，你们现在已经都三十多岁了，要多给二十多岁的人一些机会。公司是要往下办的，要形成一个梯队。还要对一些有培养前途的人进行激情培训。我发现我们公司有一批人已经没有激情了，要导入激情概念。

2003 年 8 月 28 日

此文为聂圣哲在德胜（苏州）洋楼有限公司第六次战略会议上的讲话。根据录音整理，有删节。

声音

是德胜公司让我知道世界上还有爱心

明天我就要回家过年了，本想在公司多待几天，可是家里的妹妹要结婚，房子又要装修，非要我回去不可。在公司里待了这么多年，每次离开都有些失落，都不想走，习惯了公司的一切，回家确实有些不习惯。在公司的六年是我快乐的六年，是我值得怀念的六年，是最让我安心的六年。以前在外面做事的时候，学到的总是先下手为强，谁的拳头硬、谁够狠谁就有资格说话，这个道理很长时间都困扰着我：像我这样一个人，以后怎么办？是德胜公司，让我知道世界上还有爱心，还有许多好人，让我对以后的生活充满了信心……

德胜（苏州）洋楼有限公司工人　吴奇峰

蔑视程序的人永远是德胜的敌人

1 为什么要启动程序化工作

第七次战略发展会议按照原计划如期进行。我力求使这次会议开得有效一点、开得活泼一点、开得使大家印象深一点。德胜公司没有什么可保密的，确实是因为条件所限，要是条件好的话，我们把万人会议场租下来，社会上想来听的都可以来听。本身我们也是在"布道"，在传导我对先进管理理念的认识。

上午的会议是关于最近我们要执行的战略与管理。上午的会议开得比较务虚一点，开得比较宏观一点。下午是具体的事务与细节管理，有工程上的、行政上的一些琐事。

我们的战略总是力求做到宏观与微观一起上，这也是我们跟其他公司不一样的地方。有些公司的宏观总是谈出奇制胜啊，志在必得啊，力争完成什么什么任务啊这些词，像郑州××公司，力争在一年内开100个分店，都是很宏观的战略。我记得最生动的一个例子，就是郑州××公司的老总跟上海一个老总在谈合作的事情，上海这家公司很认真，从香港请来了战略投资的顾问，这个顾问不断地跟郑州××公司在谈，怎么计算、怎么投资、怎么分析，谈了一个小时以后，郑州××公司的老总就很不耐烦了，他说"你就告诉我中还是不中？"这是当时在我们这个年龄的人看来最牛的一个百货店。我们中国人受压抑的时间太长，因为近一百五十年来始终都想出人头地，但始终都没有做到。现在二十多年改革开放，经济条件是提高了，可科技发展为什么没跟上呢？是什么原因呢？其实是心态。这种心态其实在我们每一个人的心中都埋藏着的：都想走捷径。我们德胜公司就一定要针对这种有百害而无一益的状态不断地剖析，不断地分析它对管理所带来的危害，然后提高我们的管理水平，使我们的公司争取迟几年倒闭。

我经常劝告我们的一些职工，公司一旦提前倒闭，我们有些人是没有地方去的，像姚百灵他就可能没有地方去。他在其他地方会找不到工作，但是在这里他却能作为一个质量督察长；在德胜他是一个很重要的职工。程桂林、赵建星在外面都可能找不到工作。这些人都是一些被我们现在所谓的精明人要淘汰的人，而在德胜却是顶梁柱。所以关于前一阶段管理上出现的一些浮躁和一些加速德胜倒闭的苗头我们今天要分析一下。

我们今年的战略，就是我今年年初开会时所讲的一句话：市场调整与公司整顿。公司的整顿就是不断地使我们的制度精确化，使不适合这些制度的人及早离开，不要耽误了他们的青春。我这个人的包容性特别强，你真的是一个不想踏实干事情的、想夸夸其谈的、想瞎混的人，你可以告诉我："聂总，你帮我参谋一下，我这个人打内心就是想骗人的。"我可以告诉你，你可以先到某某公司，去找谁。人各有志，你该怎么做就怎么做。但是我们德胜不会是这样的公司。市场调整与公司整顿都围绕着人的问题来做文章。

德胜历来都是有储备金的。我是一个活得比较累的老板。大不了德胜放一年的假，大家还能够生活，这一点我是能够做到的。所以我们是放下包袱来进行市场调整。现实中的变化总比计划来得快，市场的许多变化总是来得那么不尽如人意。但是识时务者为俊杰，你没有办法不合时代的节拍，没有办法不去跟时代发生共鸣。时代是什么？时代是一个浅薄之徒，只要你不顺着他的性子，你就会被无情地抛弃。

德胜目前的市场不调整、公司不整顿那也叫不识时务。你如果不研究今天的变化，不做出适当的调整，自然就行不通。所以我们市场调整迫在眉睫。我们是一个洋楼建筑安装企业，我认为我就是包工头，只不过我这个包工头是品德高尚的，是充满智慧与同情心的。但是我还是包工头中的一员啊！人要有勇气承认你是干什么的。连我自己是干什么的都没有搞清楚，都不敢承认，我还怎么能面对公司、面对社会的一切呢？

今天讲市场调整的时候，我要讲一下利益拥有的合法性。当我们讲到管理的时候，要着重提出这个产品的合理性与合法性。以前我从来没有提出这个概念，前几天我想明白了，我这一次在会议上一定要讲明白。以前我们提出一定要把一个合格的、质量最好的洋楼交给客户，我们以前提这样的口号，这是肤浅的。我们现在不能这样了。现在，我们应该这么说：你给我这笔钱，我一定会把合格的、质量最好的洋楼交给你。并且这幢洋楼是用合格的方法、合格的过程建出来的。你们想一想我这个自认为对西方文化理解得这么透彻的人，也有忽视过程的时候。到今天才作出这样的表述。我们必须要求过程合格，这甚至比结果合格还重要。你取得利益的手段不合理，你也不会有好结果，无论这个结果在表面上有多么光彩照人。我们在讲细节时，必须附加过程，必须按过程做事，这样对施工程序化管理、对销售都有好处。

我们目前的任务是如何搞好复训工作，如何把隐藏在我们中间与我们的价值观不一样的、喜欢高谈阔论的"说客"清除出我们的队伍，不要耽误了他们的前程，不要耽误了他们的时光。只要他们对公司的制度不是发自内心地拥护，就尽快离开德胜。这个世界正因为是多姿多彩的，才有可能产生市场经济。谁离开了谁都可以过得很好。你认为很好的，别人却不一定认为好。

现在不要以为德胜是你唯一的选择，当你不认可德胜的价值观的时候，千万不要久留，除非你可以彻底改变自己。现代社会不要只有一个概念，不要用一种价值观约束每一个人，社会是多样性的。

我们德胜讲求"诚实、勤劳、有爱心、不走捷径"，讲究在本职工作上总是忙得不可开交。

你再高级别的人都要去顶岗，除非你的年龄已经超过了 45 岁。我们公司坚决抵制脱产干部。把你们当做劳动力使用，我不会花这么高的代价。

我为什么始终在各地的工地转来转去，就是在不断地发现问题，解决问题。

我们坚决反对脱产干部，脱产会毁了我们的管理，脱产会使你失去发现问题的能力。

现在再讲管理问题。我终于遇到了知音。《细节决定成败》的确是一本好书。松下幸之助曾经是一位神秘访客——服务监督管理员，他每天悄悄地去超市看东西摆放好了没有。他在管理中不断地发现问题，解决问题。

我讲对你们的爱，你们该对我如何进行报答？你们不可能给我很多的钱，你们唯一能够回报我的就是认真工作。在工作中一定要帮助我们的同事。刁难我们的供应商就是刁难我们自己。

很多公司太需要我们的帮助了，外地有两家公司我们就曾给予了大力的帮助。给我们供应地板的一个公司，他的手下人就在我们质量监督员吃饭时偷换了地板，以次充好。结果地板出了问题。工厂里边的流水线上，我们的质量监督人员一分钟都不能离开。

青岛一家公司为什么要更换与我们合作的管理人员？就是因为他对质量问题不认真对待。后来还是我们帮助了他们，继续与我们合作。

人活在世上不是为了发泄的，要永远鼓励那些需要帮助的人。责一赏三，批评一次，鼓励三次。

2 细节管理与程序化管理工作

《细节决定成败》讲的是如何保证细节到位，也就是程序化管理的问题。书中有一个很有意思的广告，好像科学可以主宰一切。不能把科学说成是一切东西。人类社会发展至今，科学起了多少作用？非科学起了多少作用？这需要我的思考。

从科学的角度讲，上帝不存在，但信仰不能用科学去分析。信仰是非科学的东西，但它的力量是无穷的。信仰给人的力量比一百个科学道理还要伟大。平时并不是事事都要讲科学你才能长大。从科学上讲，人不能接触细菌，从科学角度讲，人们不能接吻。科学对人的行为在一定程度上会带来一定的障碍。我们喝的纯净水里边都有细菌。

《细节决定成败》这本书，只要识字的人都能看得懂。但德胜的人会领悟到这里边的深刻道理。Gary 早晨 4 点钟就起床来上班了，他认为公司好了对他总是有好处的。

一个人只要没有恶劣的表现，一两年可以成为一个君子。德胜与其说是管理一个公司，不如说在实践一个管理理念。我们有的快餐企业虽然有"一定要打败肯德基"的豪情壮志，但就是缺乏肯德基认真做事的精神。

我给木工学校的学生讲程序重要性的时候说，我们规定 6 寸钉一个钉子，就不能在 6 寸半和 7 寸处钉钉子。6 寸半和 7 寸其实在效果上并没有什么区别，所以有人说德胜是在浪费。如果我们的质量不能保证，我们不按程序化进行管理，公司的生存都会受到影响，哪还能讲节约！

我还给同学们讲，工地上是按 8 个小时工作时间计算的，钉一个烂板到墙壁上与更换一块新板并没有工作时间上的差别，但是你把烂板钉上，你就是一个懒惰的人，你就是一个昧着良心的人。你为什么要这样做？你可以轻而易举地把烂板丢掉，把好板钉上后展示给别人看。

我还对赵建星讲，一定要让客户满意，把旧空调更换掉，否则客户要退租。房子如果没有人住，你还要省一台空调干什么？

我们要成立程序化中心。八角形的办公台，每一个工地都能看得到。包括上厕所的问题。上厕所也得按程序办事。甚至我们德胜公司就命名为执行了程序以后再销售洋楼的公司。

这一次做假山时，王仰春在贴瓷砖，我就发现他一是工作充满热情，二是注意细节，三是他总是与有关人员交流一下，问这样做符不符合设计。结果问明情况后才知道他原来是一个生产队的会计。为了治疗他受伤的耳朵，我特批他住进了高干病房。这就是爱与爱的沟通。通过综合考虑，以后还应给他更多的权力，让他做更重要的事情。我们这个民族太需要这样认真做事的人了。

认真做事就是按程序做事。一件事即使做成了，但如果不按程序做，也等于没有成功。

有一个法国人给我烧回锅肉，做出来后很差，但还算是回锅肉。过了六个月后他再次为我烧回锅肉，做出的与上一次是一样的，因为他做事的机械性、可重复性与上一次一样。也许有人会认为有些西方人太蠢了。但我们不禁要问：为什么他们中间出了那么多卓越的人？我们的聪明是不是真正的聪明？我们的品德是不是现代的品德？可以这样讲，蔡利萍的工作都是按程序执行的。她在每一处客人可能到达的地方都挂上了欢迎词，尽管客人并不一定都会到达这些地方。

欢迎词各处都进行张贴，这叫合理的浪费。这种浪费是必须的浪费，是给自己上紧箍咒的浪费。

我们的油漆工漆一个东西，值20元钱。一处不值钱的地方必须要按洋楼的程序进行油漆。这个东西和地方是不值钱，但如果油漆得不好，坏掉的是你的手艺。

我一生都这样按照规范和程序做事。我一定要物归原主。我曾经借过程桂林一支笔，用完后我亲手还给了他，他用一种异样的目光看着我，好像觉得有点不适应。我说这是我一生做事的原则，因为我这一生有许多事情是这样做的，并不是因为你程桂林是我的下级，我借了你的东西，我就觉得无所谓了。我一定要收好，这东西是谁的，要物归原主。哪些事情可以开玩笑，哪些事情不可以开玩笑，都是有原则的。

我们德胜的人为什么相处得这么好？我想就是因为我们有原则、有程序。两三块钱一支笔很便宜，但因为是程桂林借给我的，那就不一样了，说不定那笔很有纪念意义。你借给我的东西，我要还给你的，这是对你的尊重。所以昨天我还程桂林的东西时，程桂林觉得不好意思，我说不要不好意思。我就是这样做事，我要让德胜人都这样做事。

你只有不断地执行程序，才能消除误解，才会使人与人之间相处得更简单。修改程序不是我一个人说了算，是大家一起同意后才修改的。而且我最看不惯的就是，"你的意思我基本上理解了，基本上都是按你说的做了"，那肯定要出大问题。

举一个跳伞运动员的故事为例。上飞机之前要少喝水；要穿上防风的紧身衣；上飞机要把该准备的东西准备好；到了高空看看外面有没有雷电；打开舱门，看看有没有雨；然后头朝下往下跳；然后跳了之后不断地看高度；这时要检查一下左边的抽气阀是不是正常工作，到了800米时要注意把右边的阀用劲一拉伞就打开了……前边这些他都记住了，但到了800米时他没有把右边的阀拉开，他就是这一点没有记住，结果可想而知。

这就是为什么要执行程序！

现在我认为我们的程序管理已经到了非抓不可的时候了，所以提出一个口号：蔑视程序的人永远是德胜的敌人！

张永琴当时就我们仓库的材料管理提出了一些问题，我就告诉她不要着急，你要给我时间，因为这个库存不像糖烟酒公司盘点那样，我们的库存流动性很大，你给我半年到一年的时间，然后我把德胜的建材仓库的管理跟财务上作一个动态的衔接，然后也走这么个程序。现在就好了，那时候与现在的情形简直有天壤之别。

现在仓储部的管理就是一个程序化的管理。

什么时候执行了程序，什么时候我们的管理就到位了；什么时候执行了程序，什么时候我们就没有了腐败。我们公司没有腐败，不敢拿回扣，一方面是高尚，一方面是制度保障，当然要综合管理。

所以现在我们在行政管理、工程管理、营销管理、人力资源管理等方面，都要走程序化管理之路。有些辅助的程序，我们的先人们都给我们提出来了，都给我们总结了，我们就是不去执行。比如说曾国藩，当有人说另外的人怎么样怎么样的时候，他就说，你为什么不用你的耳朵、你的眼睛和他进行一次接触呢？你用你的眼睛对他作出判断，这就是沟通。如果你们两个人不是仇人，在发生矛盾的时候，这个程序就很简单，就是花半个小时两个人聊一聊。我们可以把一些先辈们总结出来的东西变成程序。比如说误解比恶意更可怕，猜测总是不准确的。

当两个人有矛盾的时候，我就问你们是否执行了程序，两人有没有进行沟通。

我们要在公司成立一个程序化运转中心。这一群人不做什么事情，天天就管你是不是按程序做事。因为中国人太需要这个了，不像西方有些国家的人在小学就已经受过这方面的教育。教育不能随意性太大，随意性太大，就会水准降低，并且成本加大。

你们装排水管，凌添足有最大的体会，给排水的安装是我亲自传授给凌添足的，我讲的程序是每一次要预装，每一次要做记号，最后一次再上胶。不执行程序，果然出了问题吧？不执行程序，90%的房子不会出现问题，但10%的房子肯定会出现问题。

上了车系安全带就是程序，也许你一生当中安全带都用不上，都是浪费。我那部车配的安全带是4万元钱，90%的人都认为配备这么贵的安全带没有必要。但一旦安全带派上用场了，那就是生命攸关的事。所以执行程序肯定要有一些浪费。

下半年我们程序运转与细节管理结合在一起，那就非常有意思了，而且我觉得管理上肯定能出成果。执行了程序，我们将来检讨我们的工作，重新回过头来，检查我们的工作，我们也好操作，因为有程序在那里。

像我们钉的石膏板，按照程序我们要在上面写上名字的，那查起来就方便了。所以根据程序的扩展，每一栋外墙、每一栋内墙的框架都要写上名字。名字写在哪里，现在就要有规定：石膏板必须写在角落上，上下的应该是南北东边的角落上，左右的应该是下边的那个角上。我们只有这样才能取得成功。

多少美国人到我们这儿来，看到我们建造的房子，建得这么好，觉得不可思议。我们应该按照两个标准来衡量自己，按照国家的标准，甚至于按照外国的标准，我们的房子都是不错的，都是质量上乘的，但是按我的标准，没有一栋房子是合格的，总是有这样那样的问题，这就要求我们程序化管理、细节管理，反对脱产干部，这些都是联系在一起的。没有在第一线工作，你就发现不了细节，就不可能对程序的运转做到极致的程度。然后我们不断总结，不断地对老的程序进行修改。我就是因为走程序，才不会冤枉你们，才会发现我对你们的误解。比如说亮漆，当我发现第三处有问题的时候，我就想，尹道文、李伦志他们都是非常好的职工，他们绝对不会在亮漆这个问题上一而再、再而三地出现问题，那我就启动了程序，是不是漆有问题？结果发现是油漆的问题。

低级程序是你做每一件事指导你怎么做，高级程序是指导你思考问题。我发现了一位做游泳池的高手，游泳池做得特别好。跟我一谈，我就觉得这个人是专家。他说在江浙一带做游泳池，砌砖是不行的，必须用弯型钢筋。而且贴什么样的马赛克、水泥的含量及水泥如何调配，他都说得一清二楚。贴不好了掉落，贴得太紧了容易爆裂。他已经做了三四百个游泳池了。因为他有长期的积累，他做游泳池也有四五万元的收入。这时候就要思考这个问题，美林别墅就是德胜的一个门面。现在一切都别说了，德胜再拿出个一两百万，只要保证它美丽，只要保证它有风采，那都得拿出来。所以这就是思考问题的程序，这就是不因小失大。

我把一个讲过的故事再讲给你们听一下。一个盛大的晚会上，有一个哲学教授身边的水瓶爆了，大家都看着他。他说："女士们，先生们，非常抱歉，我把水瓶弄倒了，影响了你们的兴致，向你们表示深深的歉意。"事后他的学生对他说："我明明看到水瓶是自己倒的，为什么你要承认是自己弄倒的？"他回答说："如果当时我说'这不是我碰倒的，这跟我无关'，那我将失去我的声誉。没有一个人会相信这不是我碰的，因为这个水瓶距离我最近。水瓶怎么可能自己倒呢？"这种在特定环境中思考和处理问题的方法要深入到你们的内心里边去。

我为什么要给你们的待遇好一点呢？因为我需要你们为我工作。我希望我们的纪律更严格一点，那就必须有所补偿。那么你们干工作就要认真，你在我这儿工作一天跟在别的地方工作一天是不一样的。别的老板只看到了8个小时的工作时间，没有看到工作的有效程度。我心里始终在考虑一些问题，全部都是按照一套惯有的程序来执行的，这是高级程序。初级程序是很简单的，今天开工必须有开工交底会议，必须有开工通知，必须对工程特点有一些说明……我记得我当时把每一个工地上午几点钟巡视、下午几点钟巡视的程序都规定好了。巡视的时候连你抬头看窗户我都给规定了。美国木制洋楼做好以后是不能让暴风雨灌进去的，洋楼什么时候开窗、什么时候关窗、应急关窗怎么关都是我亲笔写的。执行长、值班长怎么巡逻，我都给你们定好了。我记得小陶在小区工作的时候，连他几点钟起床、什么时候打开收音机、什么时候泡一杯茶自己喝、什么时候自己可以休息一下，我都写得很详细。于是他一个人就把小区的物业管理了起来。因为你不断地重复，就会使许多事情和麻烦不断地减少。我希望姚德平把我当时写的一日工作程序拿出来给你们看看。我作为管理者，这些东西是我凭空想出来的吗？那都是我头一天自己专门实践了以后做的一个流程笔记，经过多次修改以后再让我的同事执行的。

工作就是这样，有时是枯燥的，有时候是不尽如人意的。你工作快乐不快乐只能跟在别的公司快乐不快乐相比。你要跟别的公司比一比，你在这种待遇下开不开心？你要综合比较的。在这样的环境里开会，在这样的淋浴间洗澡，在吃这样伙食的条件下工作你开不开心？你不能跟你作为独生子和父母在一起开不开心比较。我们的程序就是这样的。为什么不允许你三五成群地加餐呢？三五个人一起喝酒并没有花公司的钱，为什么不行？因为你们三五个人天天在一起吃饭，无形当中就伤害其他人了，就形成一个小团体，那你们就会想办法整别人了。所以我们规定一个月互相加餐不能超过一次。你跟外面人加餐没有什么，但你跟同事之间只能是一次。这在西方是很忌讳的。天天三五个人抱成一团，不抱成一团的人就会受到伤害。我们就不要讲新程序了，老程序能够执行就是一件非常好的事情。

所以，程序运转中心把老的程序先一条一条地拿来检查。我那时候也不是像现在这么忙，公司也没有像现在这么大，每天程序执行员就是我自己。那时候天晴时开哪几盏灯、下雨时开哪几盏灯，都是规定好的，并不是讲电费问题，它是一个人坐在咖啡厅感觉到温馨的问题。太阳照着时开什么灯、太阳不照时开什么灯，那都是我去第一线体验以后才拟定的程序。你只有不断地到第一线工作，才能够学到知识。像我们小区绿化的病虫害问题，问来问去都问不出一个名堂来，因为那些人都不敬业。我这次碰到一个很敬业的人，他说很简单，你以后就懂得了，病虫害只有两种：一种是像蚕一样地吃叶子，叫食叶类虫子；另外一种像蚊子吸汁的，叫食汁类虫子。一般就这两种，食叶类虫子用"敌杀死"就管用了，"敌杀死"是阻止虫子呼吸的，而食汁类虫子只能用另外一种东西使它们的神经麻痹。于是我终于明白了，就把具体操作告诉了吴海军。那个人很认真，还带我去做实验：找了一大群食汁类虫子，他先用"敌杀死"一喷，根本就不管用，再用"绿叶通"药物一喷，虫子就全掉下来了。

碰到一个高人，一下子就给我讲清楚了。食汁类和食叶类的辨别很简单，看一看叶子是否有洞，有洞的，赶快用"敌杀死"喷就行了。如果看到叶子枯黄了，那是吸汁的，就赶快用"绿叶通"。

从劳动力成本来讲，我希望你们不在第一线工作，因为第一线工作的人劳动力成本相对较低。但是不在第一线，你就永远发现不了问题。

杜维是平时跟我在一起工作时间比较多的一个职工，在杜维身上我就有许多体会。一个上级既要关心下级，还要做到不能误解下级。坦率地讲，杜维也做错了不少事情。但是我总是在仔细观察她，冷静地分析她做错的原因是什么。慢慢地我们不断地沟通，同时我也在不断地帮助她。比如说我们做"美林别墅"的牌子，其实杜维是出于一片好心，就请那家广告公司做了。第一次做的牌子简直不像个样子。后来我们发现，这种东西叫别人做是肯定要出问题的，因为他们没有像我们德胜公司一样敬业的员工。然后就叫从来没有做过广告牌的占纪冬来做，结果做出来的东西好多了。后来杜维在第一线工作也提高了自己的水平。由此可见，在第一线工作是多么重要。

德胜还有一个程序，对配套公司的高度警惕。千万不要以为广告公司来做一个灯箱就能做好。那天我们用望远镜看"好东客栈二号"灯箱的效果，结果发现是漏光。我就叫杜维提醒他，他的公司快倒闭了，因为他们的东西一次比一次做得差。蒋永生打电话告诉他们说灯箱做歪了，他居然说，"我眼睛老花了，看不清楚了"。

一个公司如果不时时刻刻地提高警惕，就会一天比一天退化。

我始终赞同职工可以给我写信，给我发短信息。最近就有一个职工给我写了一封信，说他再给自己两个月的时间："如果我改不过来，聂总你一定要开除我。因为我不怪你，我只怪我父母及小时候所处的环境。但我不能辞职，我辞职是伤害了德胜。我这样难以改变自己的人只有让德胜开除掉。我一直痛苦地改变着自己，可惜我年龄偏大。但是我再做最后两个月的冲刺。"这封信读了后很感人，说明我们的一些价值观深入到了他的灵魂。最近我在关注这位先生。他说："最后我给德胜做的贡献就是你把我当做反面教材，把我开除了。"

实践告诉我们，要放弃小聪明，做一个实在的人，做一个厚道的人，做一个执行程序的人。自从看见杜维在空调房里穿着厚衣服上班，我就有点安慰。她在22℃的条件下感觉到冷——我们的程序就是在22℃条件下感觉到冷的人可以穿衣服，但是23℃或24℃条件下感到热的人就不能扒皮了。以前总是我不在时把空调调高了，怎么可以这样不执行程序呢？有的人就说可以省一点电费，我就告诉他们，我这个公司不是省电费的公司，说白了，我们不开这样的公司。

其实我们专门买的法国制造的油漆枪就是因为不执行程序才坏掉的。这就要求我们做事一定要讲原则。

这一次美林别墅的问题，宋总和潘经理他们，确实是在对德胜公司不是很熟悉的情况下开始工作的，很令人敬佩，但是我们希望把美林别墅的教训带到任何一个新开设的物业公司。以后做一个项目，我们的配套问题，全部以市场上同样产品价格的一半来配套，我宁肯吃亏也比到时候全部重新做要好，比客户退租要好。这些东西都是在管理上总结出来的东西。这都可以进入我们的程序。我就利用我的主项目赚来的钱打垮这些不法商人。这样使得我们接更多的项目，赚更多的利润。

今天我们请宋总他们来参加这个会，也是想利用这个机会，让他们更多地了解德胜。不管他们认不认同德胜这种价值观，起码能够了解我们是怎样运作的，我们是怎样沟通的。

3 程序化管理工作的具体布置及安排

开会是很枯燥的。特别是吃了午饭以后开会，开会与开车一样。吃了午饭以后就容易打瞌睡，人觉得很疲倦。上午我们讲了市场调整、公司整顿、细节决定成败和程序化管理，泛泛而谈。谈宏观的目的是什么呢？就是要跟大家讲一个道理，为什么要搞程序化管理，为什么会细节取胜，我讲了很多。等《细节决定成败》这本书购买回来以后，再商量一下看怎么样让在座的把这本书读完，我们准备组织专门时间想办法把这三本书灌输下去，这是绝对不能够松手和妥协的。

时间过得真快。当姚德平把我亲手写的这一份《行政物业及财务工作流水作业方案》拿出来的时候，想一想时间又过去了五年。当时的行政物业及财务就一个人，我就专门为这一个人写了作业方案。所以今天你们在座的对我要从内心里真正地尊敬，为了我们公司能够走向正确的道路，我花了多少时间。我读一些程序给你们听，你们就会觉得我是怎样拟定这个程序的，执行这个程序又会使许多工作变得多么简单。

同事们，这就是我，一个教授，一个本来可以过很舒服的日子的专家，就不服中国人的管理所做的管理试验。你们凭着我这种精神，也应该知道要程序化做事。德胜今天有这么好的形象，都是用心血换来的。这些东西我自己去体验，自己去记录，记录好再整理成文，还要让执行程序的人做一遍，然后再调整。你们每天看到我乐呵呵的，都看到我很简单，但是我们所付出的心血和智慧，只有过去这些历史资料才能见证，也才能证明德胜公司是怎么走出来的。现在有哪一个公司能拿得出这样一份东西？这是 1999 年写的资料。任何成功都不是轻而易举取得的。所以古语说得好，成功之人必有可取之处，可怜之人必有可恨之处。一个人很可怜，他肯定有可恨之处，他绝对不会无缘无故很可怜的。今天下午我们就从这件事情开始，谈具体细节。

最近《读者》杂志上有一篇有关感恩的文章。我记得第一次把感恩带回我们公司的是代波，那是很感人的。感恩里边有别人对你付出努力的一种感激之情，你要跟你以前比比看，因为德胜公司只有这个能力。我不可能让你们都去做百万富翁。我只能让你的今天比昨天好一点。人要设身处地地去想一想这个问题。当然我们大部分的人都会这么想。

珍惜是一种善良，珍惜是一种修养，珍惜是一种朴素的知恩图报。

我就是为了追求秩序，为了使我们这个民族能够符合现代人的准则而追求民主、自由，追求法制，我绝对不能容忍我熟悉的人、我曾帮助过的人蔑视制度，绝对不可以，百分之百不可以。

那天我对程工和凌添足说，我们对违反制度的、对违反程序的人严惩不贷，坚决予以清除。

今天我对程序化问题再三地强调，程序化问题就是制度问题，到时候不要怪我翻脸不认人。在座的很多是我的老乡，是黄山人，你也知道我是一个黄山农民的儿子，还不是一个完整的农民家庭出来的孩子，是一个非常苦寒的农民家庭出来的孩子，我没有什么靠山，我只有坚强的信念、高尚的品德、勤劳的秉性和待人的真诚。

你们仔细想想看，我们德胜有多好的管理程序。办公室那边每天上班都在打扫卫生,你是不是觉得每天的生活都是那么美好!如果按照某些公司的做法,上班时先泡杯茶,然后就是聊天,这一天是多么无聊!

人总是要干活的,职业是你的天职,是上苍的召唤。我曾经在某些人还在公司的时候就说,当你要在公司挑起事端的时候,你要检查一下,这个事端给公司带来的是好处还是坏处,对公司有利还是不利。只要对公司不利或者对公司有利而是违法的、违背伦理道德的,那都是对公司极大的名誉损害和对我极大的伤害。我们总是努力让大家过得好一点,这是一个人应该具备的爱心,是一个现代品德的准则。

你们到这里来,除了要把程序的事情做好,其他事情根本就不需要你考虑了。我曾记得安徽有家公司,底下的员工都是老总的评论员。为什么不准议论呢?议论里边许多事情来自于猜测,猜测再进行渲染,再进行以讹传讹,这样就会加速公司的垮台。所以本公司杜绝议论。这个不好的风气现在基本上煞住了。你们在公司有的工作五六年了,现在没有人觉得这一条是不重要的。不允许议论,使得人与人的关系变得简单起来。

刚才我讲了这么多,是为了再一次唤起你们灵魂深处一些美好的东西,再一次激发你们善良的内心,使得它们得以张扬。也希望你们有空的时候能够好好地想一想许多工作如何去做好。

当你把工作作为一项任务去完成的时候,那仅仅是完成任务,并不能把一项工作做好。只有充满激情的时候,才有可能把工作做得出色。所以我们的程序化工作要开始,要执行,还需要唤起你们的热情。被动地执行程序也就是如此地完成任务而已。只有充满热情地去工作,才会取得很大的成果。

当然公司也化解了很多矛盾。我们德胜公司要是摆在社会上来评价,那是一个很出类拔萃的公司,是一个非常好的公司。我们为什么要定期来开会?是因为我要给你们敲敲警钟,我要把我的许多价值观拿来跟你们共享。

下午我花了40多分钟时间再一次比较严厉地,也推心置腹地跟你们交流交流,也是提醒你们,不管你们过去怎么样,从今天做君子都来得及,我希望你们成为君子,我希望你们不要耍小聪明。希望大家把人生短短的时光有效地、健康地度过。

下面说一说具体事务与细节管理。

财务部的程序化管理文件要拟出来,每一个部门的程序化管理文件拟出来后汇总，汇总以后再搞程序拼接。报销时，杜艳艳还在坚持读那段话就很好，我要站起来向你鞠躬，谢谢你。真的，我现在没有别的办法，我对始终坚持执行我们程序的人表示深深的敬意！

　　也许你们觉得可笑，每次报销的时候都要说出这段话，但问题是发达国家都是这么做的，问题是这样我们避免了繁琐的审批手续。

　　财务部门就把以前的程序再进行增加、减少、优化，把任何整人、刁难人的想法，把家庭里边的生活不愉快的发泄全部消除，变成一个最好运转的PROFESSIONAL XP，而不是HOME EDITION（注：意译为专业程序，而不是家庭版程序）。有些人奇怪得很，自己不愉快的事要向别人发泄。

　　采购程序、咖啡厅运转程序、交接班程序都要写好汇总到王晓文这里。王晓文等一会儿还要讲一些问题的，王晓文现在正在招兵买马。他有两个任务，一个是当凌总监的助手，这也是为了把程序化工作恢复起来，有一大堆程序化工作需要做；然后把全公司的程序化给抓起来。可能你们这里边的一些人慢慢地要离开一线的工作，进入程序化工作的领域。

　　首先就要把员工读本中的程序找出来，一个部门一个部门地深入学习。永远记住，不按程序办事的人将永远是德胜的敌人。我会无比地鄙视和仇恨不遵守程序的人。通过你们自己熟悉程序、整理程序，你会发现有些程序难免有些纸上谈兵，也有些不足，你们就会提出一些修改意见。工地管理程序多么重要，天气预报程序原来都有的，每天晚上拨打121，了解第二天天气的情况。现在都没有啦！公司如果再不抓下去，很快就会进入生产队的状态。

　　西方的成功就在于大量事情都有程序的支撑。

　　我们有些程序是多么的好：工具不合格，可以拒绝工作；工地安全设施不到位，可以拒绝工作。

　　工程管理一大块、行政管理一大块、后勤一大块、教学一大块，我们程序中心将来的运转模式是24小时值班，8小时运转。将来我们公司办得好的话，程序中心需要十几个到二十个人的。遇到程序的反馈，你必须24小时值班。程序的问题必须有人气，一个人是很难形成气候的。比如说，一个人生活，有时候是不会洗碗的，衣服堆着也不洗。有一个人的家里边，垃圾堆得像个小坟包似的。但如果家里再多一个人就不会是这样子的了。程序化的东西必须是一个集体的东西，离开了集体化的工作，程序化会大大地减弱。所以程序中心就是人要偏多一些的。有效不有效，像这时候就必须有一定的浪费。程序化运作中心必须四个人同时上班，而且要有四个非常不健谈的人，要是四个侃大山的人就麻烦了。

所以我们用人一定要选择清楚。那四个人要像王晓文、姚百灵这种不爱讲话的。我相信他们坐在那里几十个月，也不会聊到你家的猪下小崽了没有。就是需要这么一群人坐在一起研究程序问题。这就叫管理的艺术。我就跟凌总监说赶快选那些不好说话的人，选那些不太好商量、不好沟通的人。什么事情都不好商量的人，这就是程序化工作最好的人选。你选择很开朗的人、很喜欢与别人谈感情的人，那程序化中心就变成一个交易会或者是夜总会了。

程序化运作中心要把各个部门的日计划、月计划都收集过来。比如说小区，到今年1月1日的时候，就要报过来化粪池是多长时间吸一次粪。吴教官给你报过来，王晓文就要提醒她，根据程序，什么时候该吸粪了，车子联系好了没有，吸的时候有没有重大任务，怎么避开等等。程序化运作多好，程序化运作就不会出现非得要粪冒出来才捂着鼻子去清理的状况。

每一个部门的周计划、月计划甚至于有些大的年计划都要全部做好，所以现在你们感觉到程序化中心的重要性了。

财务部门到了1月1日该支付哪笔款了，王晓文就要提醒他们，就要有预警系统。王晓文你应该不仅有电脑，还要有图表。程序化中心将是一间很大的办公室，而且是保密的，因为它里边有许多内部业务上的东西，所以需要各方面都靠得住的人来做这项工作。

这些程序现在我们都没有，一没有就会出现问题。吴教官很有体会，就因为一个星期滤网没有清理，空调就出现了问题。这就是周计划出了问题。

程序化中心就是一本活着的日历，它将会把我们公司大量的工作正规化起来。当你晚上八点钟看不到中央台的天气预报的时候，你就打电话给程序化中心，它就会告诉你明天天气如何如何。

接待程序、接待计划、周计划，程序化工作不仅仅是一个固定程序的运转，还有一些已定计划的执行。我想大胆地改革一次。

企业如果不搞程序化运作，只会是死路一条，只会使各个部门的经理变得越来越牛哄哄，牛到最后就彻底完蛋。在德胜公司的职务只不过是你的一个工作范围，你牛到哪里去？我对此有充分的认识，我才会这样管理德胜公司。

巴耀辉那天对我发出感慨，凭空安排一件事情，不如自己去走一圈，所有的东西都会出来。所有的经验都来源于实践，每一个工地做下来，你就会积累很多东西。

赵建星这一次这么快就装好了这栋展览的房子，靠的就是平时经验的积累。

这一次工地瓷砖出现问题，就是因为我们的程序不明朗化，没有准确地执行，没有示范到位，没有监督到位。这有两种情况，一种是干活的人必须提出自己会不会贴瓷砖，你不要怕他是你的主管，不会贴也去贴，一贴就会闯祸。所以这一次孙松根专门带领四个人的检讨团，到各个地方去做检讨，一个一个地在每一个地方读自己写的检讨。这个我是不会饶你的。公司不这么搞就会完蛋。另一种是示范要到位，就是我作为主管做给你看，然后问对方懂了没有，如果对方说懂了，那好，你把这两块做给我看，直到满意，主管人员再走。示范到位、监督到位，这个公司才有前途。你动动嘴就行了，你指挥指挥就行了，有哪一件事情没有动手去做，动动嘴就能做好的？这就是示范到位的重要性，所以你们首先是一流的员工。否则我用得着你们当执行长吗？你们业务都不懂，口才也差远了，我找一批学文的、学秘书的来当执行长会比你好得多，讲话还幽默。你们的职能就是示范到位、监督到位，二者缺一不可。

要做一个高尚的商人，做一个高尚的劳动者，你只有自己给自己树立信心。

都喜欢动嘴，其实动嘴对你有百害而无一利。我是对洋楼这么熟悉的人，经常在赵建星打来电话时我都会说："这个事情我在电话里不能说，我要到现场来。"这样的事情有几十次。这里没有人比我对洋楼更熟悉的了。

包括川沙工地，祝社全知道我就去了四五次。我也是一位跨国公司的总裁啊，我也有很多事情要干啊，我就为了那座房子跑了好几回。为什么？这就是一种敬业精神，就是一种对劳动的敬畏，对劳动的尊敬。

有许多智慧都是从劳动中反馈回来的。赵建星大量的事情是不是在工作中积累的？两台同芯化的空调，一台坏的，一台好的，我说你把零件一个一个地拆下来，把好空调的零件换到坏空调上，结果这个工作做好以后，坏的空调也修好了，他对空调业务也很熟悉了。这就是劳动带来的收获。我要是给你讲制冷原理、爱因斯坦节能原理等等，你听了也不懂。

你们要掌握这样的规律：越讲需要重视某个东西的时候肯定是因为不够重视才强调的。它从来就没有重视过劳动人民才说要重视劳动人民。因为都重视劳动人民的话，哪儿需要去喊重视劳动人民呢？所以我们一定要注意，那些蔑视劳动的人都是奉行不劳而获的。我希望这样的人从不劳而获的思维方式当中走出来，变成一个劳动的敬畏者。

4 同与会者交流

刚才尹道保就擅自离开开能工地向大家表示了郑重的道歉，他非常后悔。他这种精神还是难能可贵的，一个人能面对这么多人流下后悔的泪水，这就是一种"知耻近乎勇"的表现，知道自己错了这是一种勇气。他现在还年轻，有的是机会。自己的未来由自己来写。

工地需要的资料一定要发传真。这在国外已经形成了一个习惯。一定要有书面的东西进行交流。现在工地不分大小都要配一个传真机。没有传真机的发短信息，但还是配传真机为好。

还有，要有公众电脑，有可能的话大家都有一个 e-mail 地址，最后有些通知要主发给一些人。还有餐厅有一个透明的信箱，所有的东西都要通知到每一个人，程序化工作一定要做到。所以各个部门只要是在这儿工作的，我们肯定相信你，肯定要通知到你。德胜也无密可泄，我们的项目别人也竞争不过。程序化管理使得大家都能知道公司正在干什么，公司将要干什么。

大家也请注意收集一些不按程序做事的例子。有一天我对周总监讲，我就看不惯我们的泥瓦工做的水泥跑沙。孙松根、任明宝你们注意，不管怎样，在德胜做的东西，哪怕今天做的踏步（台阶）明天被敲掉了，都不能跑沙。今天不适于施工就不要去施工。我到现在都喜欢你们，A 厂房的斜坡施工时，任工看到我的表情不对，就主动提出打掉重做。我就是不怕花这个钱，但是我不能看着它质量不过关，我看到后就生气。就是要制定出泥瓦工做路面的程序、批灰的程序。这些程序必须严格执行。到时候出一本书——《德胜公司不执行程序受到的一百次惩罚》。我们必须把这个教训永远记牢。

伙食费补贴的事，其实姚会计刚才只是小算了一下，我当时算了一下，800 人满负荷运转，一个人伙食费每天节约 2 元钱，一年就 240 万。也就是公司得掏出 240 万才能给大家补贴进去。近几年来，我们一直在想办法提高大家的待遇。有人曾帮我算过一笔账,在德胜公司实际的收入要比他在别的公司每月起码高五百到八百元,实惠程度甚至还会更高。你在其他地方住房补贴、伙食补贴都没有。公司其实把你所有的要开销的都开销了。我始终不想讲我们有多好,但是我要求你们有一个回报,就是执行程序,认真做事,敬业。这是你们必须给我的回报,这是我所求的,我一定要得到的,我必须得到的!

北京市建委今年追求的事情是:要使建筑工人达到不睡通铺的标准,每个房间不得多于20人;做到每个星期能洗一次澡;做到有厕所。这些要求我们公司所有的工地早已做到了。一定要告诉工人,他要是不珍惜,特别是那些没有在别的公司工地干过的,一定要他请一年假出去闯一闯,否则他们给我的伤害我真的受不了。一方面我们拿出最诚挚的感情对待他,另一方面他以漠视的态度对待我们,那是很难受的。然后冒出来一个"大不了我不干了"。这就是德胜为什么当有人说"大不了我不干了"立即就叫他走人的原因。这是德胜坚决要做到的。只要你提出"不干了",德胜坚决不留。你离开我会照样生活,我离开你德胜会照样运转。

有些职工对我这种爱心的蔑视我是有感觉的。所以我必须讲透。当你们到了欧洲后,德国公司认为你们是贵宾,要为你们全部付旅馆费的时候,你们是什么感觉?他们为什么重视我们德胜的人呢?靠的是什么?不就是靠我们的双手吗?所以我要求你们回报,不是回报我一个人,也是回报你们自己啊!这种回报是为了荣誉而回报,为了中国人而回报。

希望你们都成为一个管理理念的传播者,将其传达到每一个员工中去。请大家有话会上说,会后禁止乱说。

2004 年 8 月 22 日

◎ 此文为聂圣哲在德胜(苏州)洋楼有限公司第七次战略会议上的讲话。根据录音整理,有删节。

敬业与心态

对本次会议我也做了些准备。今天我要讲的题目是：做一个敬业的真君子，共同建立德胜心态年。这也是今年德胜公司的目标。我们最终的目的是，能感化的感化，能教育的教育，要让大家明白一些简单的道理。为什么要提出心态年？公司存在哪些问题？面对这些问题我们应该采取什么样的办法？

今天我大概要讲十四点，这十四点我不一定按条理来说，我既有提纲，也有一些临时的变动。我争取讲得生动一点。

第一，针对公司存在的问题所采取的措施

德胜的几年发展或者讲德胜的几年营业，出现了一些问题，这些问题不解决，就会使一个有较好基础的公司破产。破产有多种：自己支撑不下去了，破产；还有一种广义的破产，就是公司的拥有者不愿意继续开办这个公司了。

这里面是有心态问题的。前几天，某机构公布了一个报告，欧洲70%的人是不愿意当老板的。为什么呢？太没有名堂，虽然开公司挣了些钱，但是对他来说，不铺张的人，不去洗桑拿的人，没多少意思。还很辛苦，有很大的风险。在美国有50%到60%的人不愿意去当老板。所以在欧洲和美国，只要你办一个企业，能雇3个人，政府就对你肃然起敬。他对你讲一句很朴实的话，你帮助政府解决了3个人的就业问题，帮助政府分担了困难，然后政府会对你有一系列的尊重，有的是表现在行动上的。在美国和欧洲的一些国家，你某某某60岁，一下子无依无靠了，有关部门就会给你算一笔账，你一生交了1000万美元的税，那么有一个3%到4%的指标可以返还给你，你不仅可以自己用，你还可以有条件来接济4个人来用这笔钱，国家给你记在那里，永远不会忘记你。

我为什么要开办公司呢？我要是随便写写东西搞搞策划，也比现在要轻松。所以今天我想，心态问题不仅仅是你们的心态问题，你们的心态问题还会影响到我的心态。照理讲，我要不是一个心态很好的人，我管你几个保安是死是活。我总觉得他们穿得单薄了，总觉得他们辛苦了，因为他们才参加工作，积累得太少，过年想买个像样的东西都没有钱，我总是跟财务商量，在不违背原则的情况下，能不能给他们补助一点。看到他们一张张诚实的脸，我们就要关爱他们。这是心态问题。

还有一个我插进来讲的，因为我叫金建峰今天一定听完我表扬他以后再走，因为我怕蔡利萍（编者注：金建峰的爱人）传话传不准，会把我的"表扬经"给念歪了，反而起不到效果。应该讲金建峰、蔡利萍、傅玉珍几个人开始到德胜来，跟德胜的文化是有距离的，也应该讲这几个人进步是比较慢的。但我今天回过来看他们几个人，我惊奇地发现，特别是那天金建峰让我很感动，一件不经意的小事，他已经从以前办事情慢步走，到后来快步走，到现在跑步。他始终在进步，不像有的人一时冲动，豪言壮语，然后过几天就没戏了。这种始终的进步是最难能可贵的，始终的进步就是一种性格的形成。这个进步叫一步一个脚印的进步，而且豪言壮语我从来都不听的，我就从一件小事来观察你。交给金建峰做的其他事情，他总是想办法做得很准确。

我想，一举一动归结到最后都是心态问题。我们德胜一方面发展自身的文化建设，同时也要使心态不好的人显露出来，显露出来以后我们再作相应的处理。要使坏的心态随时可以冒出来。

我在一本管理书上看到，有两个人，其中一个对老板说，"你为什么给他一个月加了1000块钱却没给我加？"老板说，"我把你们两个都叫来，明天我就告诉你为什么给他加了而没给你加。"老板让那个有意见的人去镇上看看土豆是多少钱一斤。结果这个人去了，去了一会儿就回来了，说，"哎呀，那个卖土豆的说价格他暂时定不下来，他是帮别人运土豆的。"老板说，"你坐着，我叫他去。"他去了，过一会儿回来了，他说，"那个人是运土豆的，他后来又告诉我他是帮谁运土豆的，我又跟土豆拥有者联系了，土豆拥有者说家里还有几吨的库存，如果我们一起要的话他能给我们优惠。他还说最近西红柿也不错，也可以批量给我们供应，如果要在明天下午之前和他联系的话，他可以从产地直接给我们运过来，路上也不会破损。老板，这是我调查的情况。"老板就对另外那个人讲，"为什么你不能加工资，他能加工资，你明白了吧？"这就是敬业的人跟不敬业的人工作的最终表现。

现在有太多不敬业的人，太多敷衍了事的人。你们的内心里得有一道防线，你得有一个时时刻刻提醒自己的东西。

第二，坚持我们的价值观：诚实、勤劳、有爱心、不走捷径

如果你具备诚实、勤劳、有爱心、不走捷径的品行，时时刻刻地提醒自己，你就能够在一个君子组成的公司里健康地、愉快地工作。

第一个常识问题，你永远不要利用工作之便或者利用工作去占便宜，千万要注意。你讲我今天上街去买瓶可乐，我非得跟他讲，本来他可以打九折的，你不要跟我打九折了，你另外送给我四听可乐，我拿回家去喝。你想想看，能值多少钱呢？你想想看我最后对那些勤劳的人、诚实的人的奖励是不是远远超过了这些？但是你如果有了这个污点，你便永远让我不相信你。前两天，我和程总一起到张仁仁（编者注：美国惠好中国有限公司总经理）那里去拜访他。他说，"有一个女士，我们试用她三个月，觉得还行，就准备要用她了。我们有两部电话，其中一部是给她打纯业务电话的，给她100%报销的，规定必须是为公司业务才可以打。她以为三个月过后就正式聘用她了，三个月后的第二天，结果发现她居然有一个电话打了半个小时，是打到海外去的私人电话。然后我下午就通知她，你走人。"那女士说，"我真的是一时冲动，你能不能再给我一次机会？"张仁仁说，根据惠好公司的规定，没有第二次机会。所以我今天把话严厉地讲在这里，德胜很快就会告诉有些人没有第二次机会，为什么？因为惠好公司有两个原则：要管理好自己的员工，它有六万员工，一是公司为了健康发展，一定要每个员工不能腐败；第二是他要代表政府把这六万人管好，也为政府分担了一些管理公民和贪民的担子。

刚才我说的需要大家记下两点：第一点是心态决定一切；第二点就是你的一切利益，只要不是从奖励和工资中以及公司正常的福利表上出现的，你的任何一次占便宜，都是你的一个污点，一定会受到惩罚。

一切收入来源于光明正大的途径。对德胜来说，对于一些领导干部来说，对于一些管理者来说，甚至对每一个老员工来说，你都要做到这些。你不能谋私利，因为你谋利的渠道，公司已经给你规定死了，哪些是给你谋利的渠道，哪些是不能谋利的，你一旦谋利了就麻烦了，公司就会变成一个个体户联盟了。这当然是不可以的，世界上任何一个公司都没有这样管理的。你作为一个管理者，你不能让其他员工产生一种你似乎在谋私利的嫌疑。

腐败问题没有小事，你讲我拿一张纸就是小事情，那是不可能的。你不能够通过光明正大的渠道以外的手段去做事。你上网去跟某某聊天，那绝对是不可以的。你要上网聊天，你就到家里去上网，但还不能影响你休息。你第二天无精打采的，时间长了，那对不起，我们是要采取措施的。

切不可通过非正常途径获得一点利益，绝不可以。你讲我今天为公司买了一瓶茅台酒，发现里面赠送了打火机我就拿回家，这是不可以的。你讲我就是喜欢贪便宜，那你到其他公司去，在德胜是不可以的。

第三，It's good for company（编者译：这样对公司有好处）

这句话要成为公司上下的口头禅。

我们在美国的一个员工，是联邦德胜的一个员工，在美国开车，美国白人，很强壮。头天晚上他把货装好，第二天早上 5 点他就开始送货了。结果这个小伙子从圣地亚哥到洛杉矶一圈跑下来，大概跑了 800 公里，甚至于 1000 公里，后来他临时知道那个地方又要货，他车上正好有货，他就又跑了 200 公里，回来后人坐在那儿都瘫掉了。我就问他：你这么累干吗呢？你明天送不就行了吗？他说正好我离得也很近，客人要货要得急，然后他就来了个口头禅："It's good for company."

要开始讲这句话，"这样对公司有好处"，我们一定要在国内第一个推广这句话。这句话在欧美国家是经常被员工挂在嘴边的。

也有些事情是很感人的。我跟王中亚聊天，我说："中亚，你这个办法太愚蠢了，天天敲字，这多辛苦啊？现在有个尚书系统，一扫描就进去了。"中亚说："我一天敲得也不多，敲了以后，我的打字速度比以前提高了很多，这样的话正好也可以练练打字速度。"人啊，总是有所失有所得，这就是勤劳付出后的报答。如果你反思一下，在这次战略会议以前，如果你的灵魂还有一些肮脏的事情，我们就既往不咎了。从今天开始，很多事情就不会像原来那样，你说"那我不愿意干"，那你马上就到于苗那里去登记，立即办理你不愿意干的一切手续。

我大事小事都抓，有人讲我不懂管理。我以前讲过一段话：一个中小型公司就是一个天才带领一群傻帽的公司。你讲那我有才华怎么办？那你等到积累了一点钱，你有基础了到其他地方当老板，你就用得着了。你不要"呀，我才华横溢，我怀才不遇"，那你就赶快走呀，我并没有求你："来给我德胜做事吧，求求你！"没这个事！所以说在德胜公司就简单得很，老老实实做事，清清白白做人，做到敬业。所以，"这样对公司有好处"，如果深入到你的灵魂，它就会指导你的一些行为。

第四，要建立正常化的"收入付出比"的宣传与公告体系

有些爱说话的人，要多宣讲，你要为德胜公司作贡献，有多种办法可以作贡献，你维持德胜提倡的一种正常心态就是一种贡献。

我跟程总是前天去同济大学的，有几个小女孩是我们安徽人，在一家宾馆当服务员，我们就问候她们，她们可能也看出我们是安徽人，对我们也特别好，就说，过年没回去，马上就可以回家过年了。我讲为什么马上就回家过年呢？她们说，因为这里要装修了，装修后就换老板了，能不能再来工作也不知道。我看到这个女孩子这么勤劳，就问了她一个月挣多少钱。她说："在上海，我们这个职业都是八百，我家里靠我一个人也足够了，我可以帮家里分担许多。"

你想想看，我们这几个保安拿的什么收入，当然收入我们是保密的，但比人家多得多。钱不是那么好挣的。然后我们要把许多故事采集过来，要建立一个收入、付出与回报的正常宣传与公告告知制度。凌添足现在摄影也不错，你可以把招商中心边上那个工地的人吃的饭菜拍下来，然后与我们员工吃的饭菜进行对比。有的员工计算过，在德胜给他一块钱，在外面就是一块七。你跟别人比工资，那个地方如何如何，我们可以一项项来比较，现在就比收入与付出：别人一天做了多少时间；别人一个月洗多少次澡；别人的洗衣粉是不是自己买的；别人的伙食费是多少；别人遇到重大病情的时候，能不能从公司借钱，我们重大疾病几乎都给他报完了。你计算后就会知道的。你在德胜的一千块钱就相当于外面的一千七，别人算过这笔账，有的还算出两千一来。洗衣粉、卫生纸、洗热水澡、洗衣服、一天工作多少小时，这个我想我们要专门进行核算，这件事情要在半个月内落实。

要多几个宣传专员。高工，给你个任务，你也可以配个相机，去照相，别的企业的工地是什么样子，你这个工地是什么样子。你正好是工会的管理人员，工会要了解生活状态。我们的员工结婚，给你补助；你家里老人去世了，给你补助，这是一种关爱啊！需要你报答的，需要你用情感来报答的，就是敬业、认真和对别人的爱呀！

我们一定要建立一个"收入付出比"的告示程序。最近，上海有一个非常著名的企业家、新兴的企业家，是安徽歙县人。干了十七年以后，他在上海搞了一次改制，非常成功。他也想帮我们运输——上海有八个码头被他包了下来。他这次回到歙县招工，一个没招着。上海的码头工人工资是一千到一千四，现在没人干了。他这个还算高的。然后他又到望江县招工，也没招到。他就不理解，他说这是现在正常的工资待遇。我说你现在知道安徽一些人思想落后的原因了，他宁肯闲着也不愿意去外面做事。

  我们要有一个公告栏，在每个工地都要有个公告栏。别的工地是什么收入、别的工地怎么生活、别的工地吃什么，这些一定要一一告知，甚至要建立面对面的告知体系。要让大家知道，公司对大家的关心是需要大家回报的。这就是心态问题。回报我不需要你拿钱给我，不需要拍马屁，只需要你一点一滴把事情做好。你认真做事总是有回报的。所以我们的巡查制度、高级人员的巡查制度、交朋友制度一点点地都要建立起来。

  我们要成立"君子团"，君子团有我们特别的活动，唱君子唱的歌，朗诵君子朗诵的诗，做君子该做的事。能不能进君子团，必须有两个君子像推荐院士一样提议，由君子团评议才能进入君子团。我就不信一些恶劣的行为改变不过来！

  看到别人休假你没休假你或许就有想法。但是想想看，春节你哪一个假不比别人长，起码来说德胜的休假比别人的假更有自主性。你到别的公司去请个假多困难。德胜的假起码掌握在你自己手里。然后，你就讲你的吃亏与付出。想想看，你的奖金相当于多少个月的工资，你的工资又相当于别人多少倍的工资；算算看，你的工资是别人两倍的时候，公司有没有叫你一年干两年的活？这个账你自己要算。还有财务上，哪些是属于补贴的，哪些是属于不应该的，比如说你到公司吃了三百天的饭，德胜就要跟你算出来三百天的饭，公司给你的伙食费补助每天是八元钱，但你要说"我不愿意这么吃，我要拿现钱"，对不起，你到别的公司去。你愿意过低下的生活，那是你的事情。这是一种我们愿意的福利。平时休假与集中休假的关系就是这样的。有哪一个公司能够这样自主休假！任何付出与得到总是要有一个关系的，你不可能挖一个坑，丢个石头下去一定要种出个丝瓜来，你总是要投个丝瓜子，还要有养分和阳光才能生长出来。

第五，自以为是也是自私

  自私不仅仅是钱的问题，还有自以为是也是自私。你提出个建议告诉我了，我说我会做出决定的，然后就很简单，你还可以提醒我。但是在我没作出决定之前，你一定要按照没有决定之前的老规定去执行，切不可心想：我都提出这么好的建议了，你怎么还不执行？你不执行我就有情绪。请问：是你对德胜的未来看得远还是我看得远？

所有的人都要把心态调整好，这就是管理。你提出的建议我们会考虑的。一个清醒的公司，总是把大家提出的建议都集中起来，根据事态程度、根据公司层面的客观情况再作出决定。

如果你的建议很好，作出决定后，我们会予以表扬，甚至你的职务会得到升迁。那么我对公司的战略与社会资源的协调考虑成熟了，知道你提的这个建议，可能正好弥补了我一个思维的不足，正好就会采用。也许你提的建议是很幼稚的，那我出于礼貌，也不会说你提的建议太幼稚了。所以你千万要调整心态，你的建议到我这儿来了就来了，但是否采纳则另当别论。比如说有的员工心里想：我回家探亲报销才两个小时的短途车票，他到哈尔滨还坐的卧铺，就觉得特别不公平。这就要求你要调整心态。如果你觉得不公平，你就搬到哈尔滨去住，然后你也报销卧铺票。

还有人提出来，干脆把车票报销制度取消算了！我说不行。德胜取消了车票报销，等于说公司就不讲信用了！讲好报销单程车票的。但也有人提出来，如果报销双向车票，大家就更能增强自豪感。我告诉他们德胜能增加自豪感的地方很多，不在于双向车票报销这一点，我要通盘考虑。

你们要特别注意，内心的自私是多方面的表现，你要我按照你的意图办事你就是自私的。

第六，修改有关规定，一切围绕解决员工心态问题开展工作

有些不适合于心态变好的规定要删掉，而且每个人都要调整好心态。我讲一句话，希望××不要生气。很多人都喜欢来搞CAD，因为我们的大学里面都把CAD当做学问来崇尚了。我要告诉你们，CAD在我心目中是最没有学问的东西。CAD是工具，CAD就是把原来画图纸的画法变成电脑画法，快一点、直一点、漂亮一点，你对房子不懂，你还是不懂。到清华大学找一个研究CAD的人来画我们的图纸没有用，倒是他可以把CAD的程序改变一下，改得比较好用。那用不着他，我们德胜还不存在CAD程序对我们不好用的问题，有新版的，就买个正版的，不要买盗版的东西。

所以这也是心态问题，不要人云亦云，你这一生要学点真本事。

在德胜一定要知道，要树立一个观念：在德胜是不可能发横财的！这一点要宣讲，要深入到每个人的灵魂。你在德胜是不可能发横财的，只能在现在的条件下比别的公司好一点，过得小康一点，这个必须深入人心，这是对大家负责。一定要把在德胜发不了大财的这个事情告诉大家，要大家搞清楚，只能比别人过得好一点。

经过这么一段时间的运转，程序中心取得了一些成果，也暴露出了一些问题。程序中心，应该说这段时间的运转是有成效的，有成绩的，但是也到了该总结的时候了。程序中心的人员必须向公司公布自己的流水工作，你每天做什么，要求是公开的。程序人员从早上到晚上做了什么，你每天要有个程序。

程序中心的人员必须有较长的时间要到一线工作，让其他员工看到你的风范，也让你看到基层工作的不容易。比如说×××慢慢地脱离了本色，因为你原来是个出色的工人才叫你做程序中心工作的，结果最后你变成了一个高高在上的人了，你连油漆活都不会干了，还在那里指手画脚，这在德胜是不允许的。德胜的任何人员都来源于基层。这时候×××你下去一个月看看，你再做油漆工一个月，看是不是严格按程序做的。

每次德胜对人的提拔，对被提拔人来说都是要求比以前更高了。这就是德胜的管理。

正常的工程进展程序制定出来后，要委托程序中心进行跟踪和监督。我要知道最近工作是怎么进展的。

考虑到不是每个人都有电脑，所以一些重要的东西，要以最快的速度告示到各个工地、各个点的告示栏。年计划、月计划、周计划、日计划必须一如既往地做好。包括你工作踏不踏实，你是不是有表率作用，你是不是一切都按程序做事，我们都要反过来监督你了。总的来讲，要建立一种透明化、公开化、多只眼睛办事情的体系。那你说可不可以在财务上也多只眼睛，对不起，那不是你管的事，全世界都没有让财务上多只眼睛的。

程序中心的工作计划一定要做好，半年或一年，这个我们再制定一个规定，决不可以把一批人搞到管理岗位上后，就变成工人贵族，各个部门都是这样。要号召大家对公司的规章制度中不合理的予以提出，可以写信给我，也可以在公司的公开邮箱里发东西。不要怕，对制度不合理的地方，你可以提出来；再一个，对制度执行不严的地方，没有按制度执行的，更要提出来，这样便于制度的执行和优化；还有对某些人的行为，只要你有看法，你提出来，然后我们都会让君子团定期地做听证。君子团确定几个人，举行听证会。星期天上午你们有的人去教堂，下午就可以搞听证会。听证会的结论就是处理结果，无所谓对错的。

在美国，对一些小案子，陪审团作出的决定，不能说是对是错的，但是它就是处理方案。就像董事会决议一样，你能讲它是对是错吗？反正就是一致通过的东西。对某些个人行为，以听证会的方法处理。所以第六点这个工作是需要大家来配合的，修改有关规定，一切围绕解决员工心态问题开展各方面的工作。

第七，大家一起反击惰性

这一点与前面几点是有关联的。

惰性有很多种：一是懒惰，这是惰性；二是拨一下动一下，这是一种显而易见的惰性；第三是一项工作干的时间长了，就开始牛哄哄了，这也是一种惰性。

×××最近给我发了不少短信，他有许多感悟。他说钱也还完了，一定要努力工作。我就给他回了个短信：你好！来信收到。现代社会人的成功一定是要通过敬业才能实现的，勤劳、诚实、有爱心、不走捷径是永恒的道理，耍小聪明迟早是要露马脚的，你年纪轻轻一定要做一个诚实的君子，这样才能得到别人的尊重。我希望你吸取教训，痛下决心，做一个合格的德胜人，重新得到别人的尊重，只要你付出努力，你的一切都会得到改变。

反对惰性，我们要做一个特别工程，叫清醒工程。德胜一定要建立一个清醒工程。比如有的员工，他到德胜来了四年，他可能就不珍惜德胜的优越性了，于是小人之心往上冒。我这里就不举例子了，举了有些人会很不好意思，你们都扪心自问一下是不是这种情况。

我建议，我们要建立一个工作四年休假一年的制度。三到四年，每年管理部门综合评估出哪些人心态有点冒了，就开始让他休假。今年我就对×××说："你必须到别的企业，打了工以后才有可能在德胜工作。我离开了你，照样可以运转。"×××就是因为这个问题，他谁的话都可以不听了，只听凌添足和我的，那是不可以的。也有可能几年后×××当了大老板回来了，我们一起合作，我来给你盖房子。这也不是没有可能的。一个人的命运很难说。但有一点不可以，你三四年下来觉得一切都习以为常了，怎么可以呢？我们定的制度对每一个人员都是一盏明灯，都是一把高悬的剑，你必须执行。

对习以为常的惰性，我们要采取措施；对有些人不珍惜的，不遵守规矩的，不遵守规章制度的，我们让他做"吃一年苦工程"。

今年做"吃一年苦工程"的有两个人，因为你不珍惜。你不得不承认忆苦思甜的时候，吃苦与吃甜的感觉确实不一样。我小时候吃的那个苦那可是真苦。不过只是忆苦思甜没有意义，我们这个活动才是有意义的。你不珍惜就走人。你不回来了，也好，你不回来了，你干成功了，那正好说明了问题，更多的人都可以去试一试。

还有一个惰性就是对制度的习以为常。这都表现在慢慢地对制度的威严、对执行制度的人不尊重上。"姚百灵你算什么呀？你不就是塘园村的一个木工嘛！"问题是今天他代表德胜来督察，代表的是公司的理念，代表的是一群有品德的德胜人，是为了德胜明天能够正常生存而做这项工作的。姚百灵怎么监督，那不是你评头论足的事情，我有我的办法。所以反击惰性是要有些措施的。×××表现应该讲也不错，手艺也不错，就是因为我们看出了他内心的无所谓。那好，你到外面去看看，而且你还必须到外面干一年，你讲"我在家里等，我不愿意干，"那不行，那再延长一年。你必须到别的公司干一年，你就会有比较，这叫清醒工程。

第八，主持正义、坚持正义，同不良习气做坚决彻底的斗争

我是很孝顺的，但在一些原则问题上，我是不让步的。我妈妈今年过年小心翼翼地对我说，"你外婆现在很糊涂了，都不知道过年了，但她一上牌桌马上就恢复思维了，今年初一上午我能不能陪外婆在我们家打一圈麻将？"我当时绷着脸说，"绝对不可能的！"我当时跟我妈妈有一段精彩的对话。我妈说，"如果我们家发生了打麻将的事情，你怎么处理？"我说，"妈妈，我不会说你的，但你在哪儿打过麻将，我就在哪儿用斧子把桌子劈了！"

赌博就是不诚实、不勤劳、爱走捷径、没有爱心和最懒惰的表现。赌博是反德胜的行为，是反人类文明的行为。西方的赌博是有严格规定和区分的。所有参与私赌的人都要受到严厉的处罚，甚至于判刑。但在公共赌场进行赌博的人还为你提供路费及一定的食宿，并且欢迎你下次再来参赌。美国所开设的赌场，是变相的捐款基金会。你在公共赌场参赌，你的钱就可以流到国会里来。我们坚决反对私赌，坚决抵制私赌行为，如果发现立即开除。

要坚持正义，坚守正义。在这里我要着重提出姚百灵的权威性，在我没有解除姚百灵的职务之前，你反对姚百灵就是反对德胜；反对一个执行规章制度的人，你就是反对德胜。

姚百灵地位的巩固，也是以姚百灵为代表的在德胜主持正义的人的地位的巩固。然后要马上设计出委托单，委托必须有记录，拒绝与不拒绝都予以公布。凌添足你们一起，各个部门都要这样。姚百灵必须对每一件事情进行记录和落实，否则你将受到严惩。你讲话是谨慎的，但只要你讲了一句话，如果别人装作若无其事的、觉得可以置之不理的，你要把这种行为公告出来，否则，这将被视为你的失职，这是不可以的。

有些事情能公告的就公告。今年是德胜心态年，必须通过一些具体措施把它扭过来，否则公司正在走向小人欢乐的一种状态。

每个部门的员工都要看到同事的变化，哪怕是短暂的，都要予以肯定。只要是朝好的方面变，都应该对他们予以鼓励；耍小聪明、搞名堂的行为要坚决杜绝。一定要让德胜成为一个主持正义的公司，公司里面必须充满正义感，充满民主和自由，当然同时也充满对小人的约束。

第九，完善"委托责任人与请求协助"的制度

我们要建立和完善一种制度——"委托责任人与请求协助"的制度。很简单，比如说我今天做不完事了，我委托你，我出示了委托单。我委托了你以后，你说你没时间，但你要给我签个字。你讲如果这样他会不会天天来妨碍我，那我告诉你，我如果看到你这个人专门委托×××，你委托人就有问题。如果委托你的话，我的眼睛是雪亮的，一看的话，你并不这么忙，你天天拒绝，你这人就有问题了。委托必须有记录，某年某月某日，把委托内容写下。

第十，付出才能得到

德胜是一家随时准备关门的公司，这是大家应该知道的公司的一个状态。德胜并不希望永远办下去，德胜会不会关门，有赖于员工的行为能不能给我这样一个追求高尚的人以信心。所以大家一定要明确，德胜公司随时关门，有时候并不是它经营不下去，是因为不想经营它了。员工都好的话它最好不要关门，那就要靠大家。我是需要鼓励的，我需要精神支柱。

　　大家应该看得出来，一家小小的德胜公司肯定不是我终生的追求。你们要不想把我拖死在这里，靠什么？靠的是真情，靠的是你们的品德。我是看不得懒惰的人，我是一个追求正义的人，我是一个追求高尚的人。你要的任何一次小聪明，都有可能增加了我停办公司的砝码。再一个，算一笔账给你们听，波特兰小街大概在一年后能全部建设完，一年的租金是1000万。如果我就带领10个人，随着这边的土地不断增值，投资项目不断地回报，我一年除了各项正常开支外，几千万收入是没有问题的。想一想这10个人的日子有多好过；100个人就差一点了，100个人我要张罗你们的开支，张罗业务；1000个人，每年到了12月份，我的日子就难过了，还要为发奖金想一想，为你们家里面的事情操心。

　　对我来说，公司规模越大对我越不利，因为我没有把实业作为我的终生追求。所以，我也不会像一些老板一样，赚了第一桶金就忘乎所以——西方对第一桶金是有严格概念的，第一桶金来的时候可能不是很正规，可能第一桶金里面有点违法，但西方对第一桶金是可以原谅的。然后你有了第一桶金以后，你就要做个正人君子，你就应该做个好人。但我们周围的许多企业为什么搞不好呢？这中间的许多老板赚了第一桶金后，他永远都异想天开，所以很多企业都搞不好。

　　在美国，你要付出劳动，你要表现超群，你才能得到你应该得到的报酬。在美国街上，你说我送你1万美金，没有几个人会要的。不像我们有些人拿上揣了就走，还骂你傻帽。美国人会问："你为什么送钱，你说清楚；你这钱哪里来的？你送我钱的原因是什么？你为什么送我？"问完后，他会告诉你："这个东西不符合常理，我不能要你的钱。"这是一种健康的表现。

　　我昨天到美林别墅，我真的没有任何批评的意思，我问起了门牌的事。我们当时为了赶时间做这个门牌，可到现在门牌还没装上去。我当时赶着设计这个门牌，就是想赶在过年前把门牌装上去。后来还到处找，找了半天，才知道门牌到了何忠宇那里了。何忠宇又是个很好的员工，他想抽出两天来装门牌，始终抽不出来。我就告诉他，零碎工作零碎安排，你今天有1个小时的空，你装3个；明天有1个小时的空，再装3个；慢慢就把它装完了，你不要非像其他工作那样抽出几天时间来做，那不可能。这也不能怪何忠宇，他是个好员工,是因为他在安排工作上没有跟着我学习过。他不清楚大工作怎么安排,小工作怎么安排。那我就有操不完的心了。我又要问祝社全这个台阶怎么那么破,为什么样板房的台阶还没填充空隙?他讲了些理由,但他看得出我很着急,因为这些地方总会让别人看到一些破绽,看到我们工作的缺陷。

我不是一个稀里糊涂一天到晚游手好闲的老板,这就是我跟别人不一样的地方。你越是邪恶的人,我越要跟你战斗到底;如果你是君子,我比谁都尊敬你。大家在一起是缘分,我并不是向你们显示我什么,而是要告诉你们,什么都别考虑了,认真工作,愉快地工作,把每件事情做好,然后我想办法给你们提高待遇,让你们都能够在一种非常健康的文化中生活,能够向前面走,把路走好。

你如果感觉到你在德胜不舒服,请你立即到于苗那儿办手续。不要被一些谎言所迷惑,要做个真正清醒的人;不要认为自己重要,重要得离不开你。你如果把事情做得很出众,你有点重要;如果你把事情做得一般,你不重要;你如果把事情做得不好,你是一个起反面作用的人,哪有重要可言呢?所以对自己重要不重要的问题,你一定要有清醒的认识。我曾经对一个辞职的人说:"你辞职,明天就开始有新人代替你。"

这就是我的原则,我早就想到后面的事情了。不要把自己看错了,以为自己很重要。不要糊涂,对有些事情要清醒,对有些利益的问题要糊涂,这样的话你就好办了。

昨天桂总告诉我,现在"两棵树"物业的人员这么好,要不要普遍地来一次加薪?我说要加薪,连保安一起都要加薪。他说好的,争取下半年加薪,要搞个大幅度的加薪。不要把账算得太精,算得太精对自己不利。所以关于自己重要不重要的问题,你要明白:事情做得很出色,你有一点点重要;完成了本职工作,你不重要;如果工作做得不好,简直是要你走人了!

第十一,成立中国第一个企业君子团

王中亚作为君子团的负责人,又是工会主席,更应该起表率作用。要维护员工的利益,维护君子员工的利益,维护做事诚实的员工的利益。

那天有一位著名的经济学家打电话找我,想听听我的见解。我说工会应当维护君子的利益。当那些君子只会工作而不会维护自己利益的时候,当那

些人没有能力保护自己利益的时候，那么成立工会才有意义。

今天下午要专门讲讲质量问题，质量控制问题。质量是道德，质量是修养，质量是对客户的尊重。君子团要建立，建立起来是一种荣耀。

我们要将德胜的"星级"制改为工龄制。星级已没有意义了。现在美国已普遍改过来了，上面就写工龄几年，从你的工龄里面就可以看出名堂。一看工龄九年了，呦，这人不简单，在德胜干了九年！被我们请出去的，像××工龄能连续的，他没犯什么大错误，那么他回来以后，工龄可续接上。那种解聘后再要回到公司的，以后面的工龄来计算。

第十二，员工之间一定要保持距离

关于我与员工之间的问题，希望所有的员工都要跟我保持距离。跟我搞得很亲密是很危险的，因为我这个人太敏感，如果你在我这里搞得很甜蜜很巴结，突然间发现背着我你干了件坏事，本来这件坏事还不至于我这么严肃地处理你，正是因为你在我面前表现得这么好，结果背着我干了件坏事，性质就不一样了。

不要跟我搞得很亲密，把所有的一切花在敬业上，花在做君子上。争取不要送我礼物。你觉得很好玩的小礼物，比如你家乡的土特产一点点，让我尝个鲜，看个样子，就够了。不可给你们带来经济负担、体力负担或精神负担。不仅对我，对程总，对所有管理人员都要保持距离。员工之间一定要保持距离。君子之交淡如水，小人之交甘若醴，这是永恒的。

第十三，永远服从德胜的管理，清醒认识自己

每个员工要时时刻刻明白另外一个大道理，我单独抽出来讲，你选择了德胜，你就应该有一种"嫁鸡随鸡，嫁狗随狗"的精神，就应该对德胜有一种服从的精神。这里有一点需要说明，你觉得德胜公司太不是你待的地方了，你随时可以辞职；决不容许你选择了德胜而工作又三心二意！容许你三心二意，那就是立即辞职！这是我们严肃的纪律！你选择了德胜，你在德胜干，领德胜的工资，你就要对德胜尊重。不要把你今天所拥有的一切脱离了德胜这样一个环境来考虑。不然觉得自己的本领就大了，慢慢地自己就开始变牛了。要这么认为是可以的，立即辞职，或者立即请假，"海阔凭鱼跃，天高任鸟飞"。我们决不会因为德胜的私利而拖了一些人的后腿。只有谦虚做人，才能得到别人的尊重。我对有真才实学、有礼貌的人，历来是尊敬有加的。

| TECSUN | 德胜员工守则 |

| 1 | 3 |
| 2 | 4 |

1. 每年都有上万来自全国各地和海外的客人前来德胜公司参观考察这里的管理模式，德胜公司热情接待和介绍。
2. 来访的客人详细了解德胜公司的产品质量。
3. 德胜公告栏，表彰诚实勤劳的员工，批评与德胜价值观相悖的行为。
4. 来访客人参观德胜公司员工食堂的管理。

	2
1	3
	4

1 在德胜公司，员工只需要投币一元，就可以得到远远低于市价的饮料。
2 公司有专业理发师，员工每次理发5元钱。
3 德胜程序运转中心是一本活着的日历，将公司大量的工作安排得井井有条。
4 德胜公司下属的苏州工业园区塞奇影视文化有限公司是江苏省著名商标，主要生产创作文化和艺术品。

第十四，调整心态，净化德胜

今天上午就讲这些，主题就是"做一个敬业的真君子，共同建立德胜心态年"。

以上讲到的都是心态问题，我们追求的是："调整心态，愉快工作，健康快乐"，采取的措施是："清理小人，引进君子，净化德胜"。这是我们要做到的。

我们今年把队伍净化好，工作抓到位，规章制度修改好，把大家的身体保养好，让今年一年非常好地、健康地、快乐地、勤劳地度过。我的良苦用心就是让一群君子一样的德胜人能够过得更轻松，过得更愉快，过得更有尊严。我要讲的就是这些。

2005 年 2 月 26 日

◎ 此文为聂圣哲在德胜（苏州）洋楼有限公司第八次战略会议上的讲话。根据录音整理，有删节。

声音

我真的非常牵挂公司的战友们

我真的非常牵挂公司的战友们，他们在那里好吗？工作顺利吗？需要我为他们做一点什么吗？想到他们一张张可爱、可敬的脸，我总是为我心中的那个小人而流泪（给纯水机换水的事情，我经历了要不要换水的思想斗争，后来还是主动换好了桶装水，说明了防小人还不如说是小人就在我们每个人的心中。它总是在我们心中激起一层又一层的邪念，让我们把持不住心态）。每当我打败了那个小人之后，我会发觉傍晚的夕阳是那么美丽，太阳在乌云背后那充满生命力的光线是那么的伟大，我是多么希望大家能够分享我此时此刻心底的这份宁静与安详啊！

德胜（苏州）洋楼有限公司销售中心经理助理、客户专员　金孟裔

拥有一份职业，一定要拥有一种荣耀感

这一次我去美国是领一个电影奖。我导演的电影《为奴隶的母亲》，获得了好莱坞2004年电视电影最佳故事片"星光奖"。领奖只用了三个小时。在美国剩下的时间里，与一些朋友进行了交流。

你们注意到没有，中国很少有百年的老公司。而我这次到美国去，看到随便一个公司都是一八零几年、一九零几年创办的。我以前讲错了，这一次我才知道，美国有92％的人信基督教。我在思考，如果没有一个正确的文化、没有一个正确的信仰在支撑着我们，我们能往前走多远？我想今天就着重地讲一讲这个事情，时间不会太长。要讲明白一个基本道理，就是敬业精神。然后我们在管理上做一些基本配合。我觉得我应该有勇气说出来，一般的老板没有勇气说出来，因为我觉得我平时没有亏待大家。我们要在公司里边理直气壮地说，包括你们作为管理人员也要对手下的人说清楚一个最基本的道理：你是拿了工资的，你就得认真工作，不是来做客的，所以工作不是你可做可不做的。我想作为一个对得起员工的老板，这一句话一定要理直气壮地讲出来。再一个，作为一名干部，你要尽量地做到不要脱产。脱产害死人。如果脱产，你马上工作就做不到位，马上你的工作就浮于表面。特别是在有些部门更不能脱产。然后再提高一点，就是一定要对职业有一份荣耀感。

在座的，我也给你们讲一讲你们的压力，木工学校这批学生可不得了，而且我们公司木工的手艺可以说有一大半不如他们。他们做人那就更不用说了。我就是要让他们来给大家形成压力的。我不是讲你们老了，就把你们赶走，但是你们懒惰、搞名堂就得赶快走。我办这个木工学校是用心良苦的，就是要给大家形成压力。木工学校的学生里有的英语还蛮好的，木工手艺也好，出来的全会打八仙桌和太师椅。所以我想现在要给大家形成压力了，反正每一年都有木工学校毕业的学生。这一次可以看一看这些木工学校出来的学生。就目前木工学校这批学生的水平，我们公司有许多人都赶不上。当然有些人的所作所为我很感动。昨天晚上一点多我打了几个人的手机，大家的手机都开着，那就说明这几个人有这种责任心，这就是从一点一滴去做事、去敬业。

我们以前做什么总是与经济利益挂钩，与奖金挂钩，一切都是为了经济利益。看来一切为了经济利益绝对是没有生命力的。要不要为了经济利益？要啊！要不要对员工关心？要啊！那天王仰春耳朵有了问题。我要带着一种很尊敬的态度来批评他。这个人做事很认真，做事的水平蛮高。听说他不是学泥瓦工的，是一个会计，是一个很敬业的人。有一天他的耳朵搞了一个大洞，他捂着耳朵，脸都已经发白了，还给我说"没事的，没事的，用不着到医院去了"。其实这种大局意识所得到的回报是更多的爱。结果让他住高干病房，住得他很害怕。当时护士打电话给我，问他能不能住高干病房，我说照住。这就是德胜。这在有的企业是做不到的。这样好的公司你不维护它，还说你很忙？所以今年我们到年终要调整掉一批人。调整掉一批人，我们德胜的代价是很大的。把一个人培养出来多不容易啊，所以我们要本着好好教育的原则。

但也有一些人是天生的。我发现姚百灵就是天生的。我也没有面对面地教育过他认真做事。对天生认真做事的，我们要把他的地位巩固，要把他的精神弘扬。有天生的姚百灵这样的人，也有天生的×××不敬业的人。那些不敬业的人，只要他想往好的方向发展，我们一定要好好地去引导他、好好地帮助他。还有一些人属于怪人状态的，但我们特别需要他们，这些怪人好像是木头，是花岗岩脑袋，但他很可爱。比如说×××，他就很可爱。你给他讲许多东西，他也不一定能听得进去。但他爱好木头，见到木头他就想一点点做下去，做出许多好东西来。他做事的荣耀感很强。他做错一件事情就很着急，然后就使劲向我作解释。我说，你用不着解释，事情做错不是你造成的，我也经常做错事情。对于这些人，我们也要向他们讲一些新的理论、新的价值观，让他们变成既很专业，又能在管理上发挥才能的人。其实在美国微软公司，就有很多这样的怪人，一天到晚钻到软件里边。×××搞木头的精神其实我真的很佩服，什么事情叫他去做，他就会想办法把它弄成功。他的责任心很强，什么事情都想弄好，当然，也有些事情并不是你想弄好就能弄好的。木头的材质问题、木头的性能问题，你并不是都能掌握的。

虞梦讲了一句话，讲完了之后，我说，"你只讲对了一半，另外一半是错误的。"她说，德胜公司的风气真像微软公司。我说，"你只说对了一半。"我们的风气是像微软公司，但是我们没有微软公司那么有钱。其实每天我们的开支都是捉襟见肘的。你别看德胜从来没有限制你们花钱，财务上是知道的。德胜没有那么多钱的。但是我总是在想办法，不要把财务压力弄在你们头上。你们到财务中心去从来就没有遇到过没有钱报销的情况吧？但是你们要知道，为了避免出现这种事情，为了让你们挺直腰杆做人，我费了多少力气。我觉得我是一个非常合格的老板。2004年7月1日要给一部分人提一提工资，因为这些人的工作让我感动。

虞梦那篇文章写得好，公司里边大家都是演员，有一个最细心的观众坐在台下在认真地观察着你们的表演，这个人就是聂圣哲。我为什么谈虞梦呢？因为她经常跟我交流。她这半年来有很多认识，其中包括对巴耀辉进步的认识，她说要不是这一次跟他一起工作，真想象不到，他已经变化成这样一个人。所以我就对她讲："你不能用老眼光去看待一个人。"她说要是不和巴耀辉一起工作，她想象不到他在物业管理方面达到了这样好的水平。虞梦敢于说一个人不行，但是她认识和了解到这个人以后还会跟我们说是她自己错了。

在这里，我就给大家讲两点：

第一，误解比恶意更可怕。

第二，对一个人的观察，你一定要看他持之以恒、始终如一的东西。来说是非者，必是是非人。我读了《华盛顿传》后很受震撼。华盛顿20岁时是很苦的，为了帮朋友完成一件测量的事情，差一点连命都丢了。你们需要看《华盛顿传》的话可以到我这儿来借，那也是对人类灵魂的洗涤。我从一个农民的孩子变成今天这样的人，我感到很庆幸，但是我自己付出了很大的努力。我对我的员工是非常喜欢的。但是爱得越深的员工，看到你们出一次差错，我的心里边就越痛。

我就看不得员工吃饭的时候有苍蝇。其实对一般的公司来讲，这关我什么事情！我又不到你们那里吃饭。我就看不得员工洗澡不方便。甚至再过一两年，如果电容量问题解决了，男员工的宿舍里也都装上空调，那夏天睡得多舒服啊！当我在上海工地听到傅国明医生说员工宿舍里的蚊子很多的时候，我感到很羞愧，我觉得很对不起员工。大家都是有家庭有孩子的人，都是血肉之躯。但是你们有没有想过员工是否也为我这样考虑问题呢？我这样的老板，总是舍得为员工花钱，从来没有用任何理由来辩解过和克扣过员工一分钱。在钱的问题上我从来不找理由的。我也不管你们怎么报销，但是查到不诚实的，严惩不贷。财务稽查工作最近好像没有什么声音了，到底谁在管，怎么个管法。我们一定要有一个好的制度。像程桂林这样好的小伙子、这样好的公民，不能因为制度的疏忽使他变成了坏人。我就跟张仁仁（编者注：美国惠好中国有限公司总经理）说，程桂林26个英文字母都写不全，可你拿两三个博士来交换我都不会换的。这里，你们在座的很多人，拿博士来换的话，我也是不会换的。

如果没有灵魂信仰的东西存在，这个公司迟早是会倒闭的。以前我们只抓公司总部这边，现在看来在工人当中也要这样，起码我们把条件送到，我们绝对不会强迫你去信仰什么东西，但条件要送到。

×××有几天经常去巴耀辉家吃饭，喝得醉醺醺的。我们规章制度写得清楚得很，你一个月能吃几次你很清楚。这就说明你这么高级别的员工还有不自觉的时候。巴耀辉要是你真的按照公司的制度办，你会说："这个月的指标吃完了，下个月再吃吧！"

×××是一位非常好的员工，大家一直对你评价很高，但是你把杭州房子的油漆搞得一塌糊涂，而且你是搞油漆出身，一摸就感觉到不对。你要给我当面说清楚。这一点不影响我对你的这种爱，对你的尊重，但是你这一次让我很难受，尽管你在南京、在无锡做得很好。

当我在外地出差的时候，傅玉珍打电话告诉我说树叶子掉了。我心里就很高兴。说明这树叶掉了她认为是重大的事情。确实这在公司里是重大事情。你的环境里有一棵树的叶子全光了，那怎么对客人进行展示啊！

你们讲话要负责任，像×××这么好的员工，昨天给我讲了一句话，说湖里的水放了，很深了，不是一般的深。你去看看水的高度，就不对了。你讲一句话很随便，可我是要来看的。一看，他胡说八道。那水不是一般的浅，很浅。说明那个坝就没有挖开，是雨水积的。你不要不服气，待会儿你去看一看。这个季节的水从来没有这么浅过。我举这样一个例子，是要求你们讲每一句话都要负责任，一定要把它搞得很清楚。我们员工当中没有人认为×××会撒谎吧？他犯的是什么错误呢？就是想当然。

每一天，当张利奇把一份烧好的菜端到我面前，我吃完的时候，都要说

| 企业文化 | TecsOn

一声"谢谢"。而张利奇总是说:"不用谢,你觉得还有哪些地方需要调整的?"这是两个男人之间的对话,这是两个男人之间一种平等的尊敬。

有一个员工说他刚刚从公司里拿了一个小小的东西,钱怎么付。我说这一点东西还需要你付钱吗!弄来弄去账还不知道怎么结呢!我说你这么需要这个东西,就算我作为一个小礼物送给你吧。这是人与人之间的尊敬!

7月5日木工学校三位老师要来公司。我们木工学校的学生现在品德好到什么程度呢?他们回到村里去,要跟村里的不良势力做斗争。我就知道有这么一个孩子,在品德言行上认真得别人都以为这孩子是神经病。他就认为你不该懒懒散散做事,就认为人要勤劳,懒惰会有不良的结局。这是我们教育的成功!

我其实是用心良苦的。我为什么要养扁扁?我就看我们公司能不能把一条狗养好。应该讲这条狗养得不太好。因为狗不能断水,光有狗食不行,大家总是对它不太关爱;它的饭也不可口。扁扁也是一个上了年纪的"大娘"啊!也是一个生了几个孩子的"母亲"了!照讲它在英文里是 senior,是一条资深的母狗。我希望大家能够爱护它。我们不是拿钱来开玩笑的,我们曾经送了一只三条腿的猫到医院去做手术,做了三个小时,花了一千多块钱。我不是钱多得没有地方花了,我是要告诉你们人要有一种爱心。为什么这条狗我们一定要养?我就是看公司的管理能不能把一条狗养好。我从这里可以发现一些做事很细心的员工和有爱心的员工。

总的来讲,公司是靠大家来运转的,要靠我们一起来维护集体的荣誉,要靠大家一点一滴的工作。说得最直白、最基本一点就是你是拿着工资的,你就得认真工作,这是最基本的。但是如果真想成为一个德胜好的员工,一定要有爱心,一定要把工作做得更好。没有这种精神,你迟早跟我们不是同路人。

下面我讲一讲公司价值观的深化问题。我那天给赵雷讲了几个大标题:

1. 管理干部不能脱产。一定要在第一线做一个合格的员工,一定要制度化地在第一线工作。这是我们德胜的传家宝。

2. 拥有一份职业一定要拥有一种荣耀感。

3. 工作要作为一种爱好去完成。

4. 判断一个好下属的一个很重要的标准。一个下属不断地、不厌其烦地向管理人员提出问题，问你他不懂的问题，你千万不要不耐烦，他可能是一个非常好的下属，他这样不会把事情做错。我记得我的朋友里边，德国人问我的问题总是问得我感觉到很烦，但是你一次性告诉他们，他们也就会了。不像我们某些人总觉得这个问题简单，但最后什么东西都没有学好，什么事情都没有做好。

5. 你们在公司做事是拿工资的，你们要想着为公司做事。

6. 我们养扁扁，就是出于爱心，就是对我们的管理工作进行一个鉴定。如果扁扁没有被养活，也就是说我们的管理是失败的，公司会对相应的责任人进行处罚。养扁扁就是检验我们责任心的一个标尺。

7. 员工之间的关系问题。在我们德胜，员工之间不能互相猜忌，对别人有什么看法就要直截了当地说出来，要讲明为什么。

既然公司要越冬了，我们就要做点越冬的事情。不要着急，有冬天就有春天。

2004年6月28日

◎ 此文为聂圣哲在第五届工程例会上的讲话。根据录音整理，有删节。

彻底地反对公司官僚文化

今天我想从反对官僚文化开始讲。

德胜发生了许多事情，都跟我们的官僚文化有关系。

不反官僚文化不行啊！要么你就成功不了——散兵游勇、三五成群的游击战，过动荡的生活；要么你富足了，成功了——过着人浮于事、腐败的生活，你很少能够进入一种健康的状态。我们对下属的命令和沟通已经不是健康状态，已经没有耐心跟下属沟通了。

这个事情难不难？很难。今天呢，我无心也无意批评任何人。我只是想跟大家谈一谈要让下属讲话是多么的困难！让下属讲话就是反对公司官僚主义的一个最重要的手段。让下属跟你讲话，跟你讲真话，你才能掌握第一手资料。我不讲别的，就讲坐在离我最近的占纪冬。这是一个不善言辞的人。要让占纪冬把自己内心的话讲出来，你要鼓励他，跟他慢慢地交流。他放松了以后，会把难处跟你说，否则他会自己扛着。

设想一下，我跟占纪冬的交流可以分两种情况。一种是健康的交流：占纪冬啊，你最近做事情怎么这么慢呢？他跟你瞎讲"我加快，我加快"。这种慢肯定是有原因的，因为从这么多年的工作中我知道他是一个勤劳的人。然后你慢慢地跟他交流。他说："我们这里出了这样的问题：张三昨天跟我发了火，事情不做了；李四又怎么样怎么样。我这两天也顾不得到上海去采购原料了，只有我自己上岗做这些事情。材料采购交给程桂林后，程桂林判断又不准，采购工作不很顺利，我也很着急。"哦，我说："我知道了。"然后我会跟凌总监想办法来解决他的问题。这是一种办法，这是非官僚的。

而官僚的情形会是这样的："占纪冬，怎么搞的啊？怎么这么慢啊？那批东西都等着呢，快点！快点！"这大概是在许多企业中最常见的，这就叫"傻瓜文化"。所以一个上级对待下级的时候，一定要跟他沟通。

第一句话是：官僚文化是"傻瓜文化"。

第二句话是：官僚文化是人类灵魂和血液深处的垃圾。

第三句话是：官僚文化使得时代需要巨人，而上来的都是侏儒。

这是中山大学袁伟时教授讲的："时代需要巨人，而上来的都是侏儒。"一个好端端的公司，如果不反对官僚文化绝对会走向衰亡。你的生命、你的生活保障都将成为泡影。比如说，我平时尽力做到让大家感到非常轻松。但是呢，你们总是有官僚文化，使得你们自作聪明地对我有一种恐惧感，而这种恐惧感并不来源于我的本意，我的内心。平时我跟任何一个员工接触，我都喜欢用女士和先生来称呼。我觉得女士和先生这两个称呼是最公平、最平等的，也想使你们感觉到很轻松。

什么是官僚文化？你有了权力时摆架子就是官僚文化；你有了权力时对别人漠视就是官僚文化；你有了权力时对别人不尊重就是官僚文化；你很多的事情不想亲自去做，就是官僚文化。

所以我要求我们的发言、我们的判断要力求准确。

今天我们把反对官僚文化提到一个高度上来，叫做"彻底地反对公司官僚文化"。非官僚文化是不唱高调的，健康文化是不唱高调的，健康文化是能够沟通的。

官僚文化就是虚伪、伪装、人浮于事啊！德胜文化一定要成为健康的文化，一定是健康的、非官僚的文化，就是平和的、平民化的、平等的、真实的、非伪装的。

你们想想看，我们公司始终没有设总经理办公室，这就少掉了多少官僚文化！你想想看，如果我们现在有一个总经理办公室，那还得了啊！盖章找他、开条子找他，然后他俨然成了权威的化身。反官僚文化是每一个人都要行动起来的事情。

为什么大家都喜欢现在的尹道保呢？就是因为他现在工作不带官僚文化。大家就能接受你，而且觉得你工作做得很细，非常细，给我提供的任何情报，都是一手的，都是我一看就知道你是用心去做的。所以德胜下一阶段就是在反官僚文化的基础上完善我们的管理、完善我们的程序。

德胜公司要不进入一种现代文明的管理状态，迟早会出事。于是乎，所有的东西都变得不严肃，所有的东西都变成有制约权的人来管你才去做。比如说，我们的客厅里面，我们大堂里，说好了值班人员不能看电视的，就是有人要看。不要看别的，就看那遥控器，从上面的按钮的干净程度就知道晚上多少人在看电视。要是认识到官僚文化的危害，就应该知道去按制度办事。而事实上是，老板人不在，没有看见，我就悄悄地收看电视。如果是非官僚文化，就可以向公司有关部门提出来：我在仓库里值夜班，晚上比较枯燥，因为公司里不允许在大堂看电视，特申请19寸彩电一台摆在我值班的台子上，我一边值班一边欣赏节目。如果是健康文化就应该是这样。非健康文化则是我怕你。

如果在大堂收看电视属于正常要求，你提出来的话，公司会考虑解决的。值班的人一方面怕我，一方面偷偷干。到时候变得班也值不好，电视也看了，这个规章制度也不执行，**整个公司也瘫痪了**。其实这个事情蛮好调整的，给你一台电视机又值不了几个钱。

马上我就把先进的管理的东西发给你们看。电视是作为门面的东西，怎么能作为你晚上娱乐用呢？大堂晚上怎么能作休闲用呢？官僚文化损坏的是公司规章制度的执行。比如说，如果按照非官僚文化，我的权威肯定是百分之百，但是因为官僚文化，我的权威也受损了。

若是在其他公司，就是一个中层部门的领导来了，都得围拢一群人不断地点头哈腰。而我下基层去后，工人们照样自己做自己的事情。所以我要求你们积极行动起来，一定要开展一次反官僚文化的持久战。官僚文化会毁掉人与人之间的真实；官僚文化会使公司的运转效率低下；官僚文化会使人的尊严丧失；官僚文化会使人们去花费许多不该花费的时间；官僚文化会使很多健康的人受到不应该受到的委屈。

我再举个例子，凌添足、周雪彬你们说说看，××的问题是不是官僚文化的问题？他最本质的问题就是官僚文化的问题。我想我们不仅仅在内容上要行动起来，在实际上行动起来，我们还要做些形式，到处粘贴上反官僚文化的标语，时时刻刻提醒我们的员工绝对不允许官僚文化在公司蔓延。官僚文化要是远离了我们，很多事情就变得简单了。

作为一个老板，我一定要做个高尚的人。然后其他在座的人都是分工不同的同事，都不是企业的主人，都是企业的一个零件，我是一个推动器，你是火花塞，我们把事情做好，我把油供上，你点火，保证不要迟到，不要早0.1秒，也不要迟0.1秒。

我们在一起是一种缘分，因为有了德胜公司，所以我们在一起成了同事，那么互相之间就变得简单起来了，互相之间也变得平等起来了。除了从资本角度来讲我们不平等，从雇佣角度来讲不平等外，人格上都是平等的。就像我以前所讲的，人格平等绝不可能排除雇佣和被雇佣的关系。雇佣和被雇佣的关系也不排斥人格的平等。你看看，这么多年来，在这里面有老的同事，已经有六七年、七八年、八九年地跟我一起工作的，我对任何一个员工都是充分尊重，不仅是从人格上尊重，而且从情感上尊重，而且还有人文关怀。

占纪冬曾出了一次车祸，我就跟巴阿捌老爷子讲，占纪冬这次出了车祸我真的很高兴，因为这小子肯定要出车祸，出了一根毫毛没掉的、吓死了他的车祸，这太好了！因为我知道占纪冬肯定要出一次车祸的，你对他讲没有用。果然他出了一次事故，差点死掉但又没死掉，一根毫毛没掉，同时他旁边的人也没有受什么伤害。后来保险公司赔钱了。这个车祸最主要的目的达到了，就是占纪冬从此以后开车小心了。

这就是生命权的不可代替。

人一定要有平和的心态，这就是反官僚文化。就像今年是心态年一样，今天最重要的一点从文化上来讲，就是反官僚文化的问题。

周总监已经把可燃性气体安装的程序、可燃性气体安装人员的培训、考核与上岗程序初稿，还有防止可燃性气体泄漏的程序的初稿做出来了。从此以后，防止可燃性气体出现泄漏问题，我们就有程序了。要向航空人员学习，飞机在空中飞行，一旦抖动，一旦出问题了，你会发现空姐、乘务长第一件事就是按照应急手册的要求叫你干什么。而在每天飞机起飞之前，要把全部的规章制度看一遍才能出发。

如果我们把官僚文化反掉，如果我们这一套程序能够在非官僚文化状态下得以实施，那就没事了。

在我们公司内部，我提倡称呼同事姓名，不提倡称呼其职务。同事见面问候或者交谈时，请直接称呼名字。比如，赵雷先生的职务是公司调度与指挥中心副总指挥，正确的称呼有"赵雷""赵先生""老赵"，不可以叫"赵总""赵指挥"，或者叫他的英文名字"Buddy"也可以。大家可以给自己取一个英文名字，或者取一个有趣的外号，以供同事们称呼自己。比如，见到金孟裔时可以叫"Mark"，称呼尹道保时可以叫"大保"。给同事发送手机短信、电子邮件，或者书信往来时，也提倡称呼名字。只有出差办事、与外部人员交流，或者有外单位人员在场的情况下，才可以称呼职务。

反官僚文化这件事一定要落实，在每个人心目中形成高度的警惕性。反官僚文化要很自觉地执行。要让你的下属学会给你出难题，因为，你的下属信任你，尊重你，他会要你帮他解决难题。很简单，周雪彬是我的得力助手，他把北京的炊事员给开除了。他开除人就是对的，这就是我一贯的原则。

这就是一个人尊重规律、反官僚文化的表现，这样就能把事情做好。只要你真正从内心反官僚文化，对每一个下属都能平和对待，对每一件事都谨慎对待，你的公司就能够比别的企业更有竞争力，你的状态就比别人更好。

现在，我们日常的规章制度执行出了问题。这些问题的具体内容我就不说了，我就把准备好的题目说出来。一会儿，程序中心的王晓文、赵素梅你们可以提出来。

大家都忙，一忙就显得乱。我们一定要把忙和乱区分开来，忙并不是乱的理由，忙和乱一定要通过我们的能力把它们区分开来。忙也要走程序，闲也要走程序。只要你按程序走，你忙就不会乱。比如说，塞奇工作室围墙门上的锁，已不是德胜状态下的锁了。开始是关不了，锈住了。后来大概一个多月以后，有人弄了一下，又关得了了，但是锁把又斜下来了。德胜是不会用这种锁的，那么我们对锁的检查、更换都有程序。很有意思的是，这次我为什么没有批评大家呢，我就是想让大家做得完美一点。

现在遗漏的问题，还有我们一些园林管理的状态。这个要规定一些东西出来。巴耀辉通过这么长时间的摸索，应该来讲也是国内比较权威的西式园林专家了。要定状态，这里该有什么树，该没有什么树，都是要定好的。有是什么样个有法，没有到什么状态，定状态才能走程序。

定点，包括大堂的电视、晚间值班人员的状态，都要定好。坚决不行的，不行就走人。你说这个人还不错，就是不按程序，那还行吗？人品不错在前面，有令不行绝对不行。

我们商务小区的宠物，要把喂养的科学化程序理出来。给它们吃狗食，喝纯净水；定点喂，定时喂养，定时把狗食盆拿走。要练一练我们工作的耐性。

把宠物管理列在花园管理范畴中。我们跟西方人交流越来越多，狗是家庭成员了，对狗的管理现在都松懈了，那是不可以的。

请大家放心，我们只要把程序抓好了，只要把反官僚文化抓好了，公司

149

就会很健康地发展。公司现在的生意好得不得了，好得很有压力，好得我许多电话都不敢接！

　　下午开会时我再讲一讲我们对不能推掉的70栋工程开工的新设想。因为一共150栋，先开70栋，一次性付款，这是再也推不掉的。那么我们如何把这项目做好，下午如有时间打电话给我，我们再讨论。

2005年7月28日

◎ 此文为聂圣哲在德胜（苏州）洋楼有限公司2005年第六届工程例会上的讲话。根据录音整理，有删节。

◆ 2011年5月29日，聂圣哲撰写的《美制木结构住宅导论》一书首发式在中国科学院科学会堂举行。有10位院士出席了首发式。

◆ 向部分高校赠送《美制木结构住宅导论》。

人为了什么而活着

随着新年钟声的敲响，2009年成为了过去，也意味着二十一世纪的头十年永远地变成了历史。

这十年，有激动人心的喜悦；也有痛心疾首的悲伤。对中国来说，新世纪的头十年，是改革开放三十年最后的一个单元，也是变化最大的十年。从物质的角度来看，确实是钱多了、路宽了、楼新了、车快了……但是，如果从心灵的尺度来衡量，我们有哪些变化呢？是向人类应有的文明更加进步了，还是远离了？这个问题不能回避。因为人类不同于其他动物，有思想、有灵魂，充满着情感和精神追求。

讨论这些问题似乎非常沉重和复杂。其实，也很简单，一句话就能概括——人为了什么而活着？大家甚至会觉得，现在还讨论这样的问题，太可笑了，答案是明摆着的，不就是挣更多的钱，为了生活得更加幸福！那么，什么是幸福的生活呢？还得回到"人为了什么而活着？"这个问题上来。

不同的人日常工作的目的不一样。工人的目的是努力生产出质量上乘的产品；农民的目的就是种出安全的粮食和蔬菜；军人的目的是苦练本领，随时听从人民的召唤；教师的目的就是言传身教，让孩子将来成为合格的、有一定知识的公民（其中，教授除了传授知识以外，还要发现真理和批判现实）；商人的目的，就是把合格的商品奉献给消费者；官员的目的就是维持社会的公平和公正……大家会说，这都是常识，谁不知道啊！可是，只要你留意看一看，我们的社会变了，变得非常功利。

其实，普通百姓的要求相当低，他们回答"人为了什么而活着"这一问题也相当朴实：人活着，就是凭勤劳的双手就可衣食无忧；人活着，就是量力而行；人活着，就是怨有诉处；人活着，就是老有所养、病有所医；人活着，就是心中有信仰、灵魂有归宿；人活着，就是盼着社会的基本公平、公正；人活着，就是年老了，在外面不慎摔倒时有人敢搀扶；人活着，就是自己能代表自己；人活着，就是无论是小学、中学、大学、硕士、博士毕业，都有一份适合自己的工作且得到基本合理的报酬；人活着，就是战士有希望成为将军，工人、农民有可能成为官员；人活着，就是在法律面前和皇帝老子也敢叫板……其实，真要做到这些，不是一件容易的事情。当人们找到"人为了什么而活着"真正的答案，才会在这个正确的答案里不断努力和进步，寻找生命的归宿。

2012 年 11 月 29 日

◎ 此文为聂圣哲在德胜苏州（洋楼）有限公司战略会议（18）暨2012 年第六届工作例会上的讲话，根据录音整理，有删节。

声音

农民的脸庞　白领的气质

来到德胜实习的第一天，给我印象最深的，除了那漂亮干净的洋楼和独具匠心的小区布局外，更令我感到惊讶的，是公司里的工人。公司员工据说百分之七十以上来自安徽黄山的农村。看到他们黝黑的脸庞，朴素的衣着，就知道他们并非都市白领。但是，他们的言谈举止又让你觉得他们是白领，因为你能看到他们经常嚼着口香糖，见面就主动问好，他们的热情倒是让我显得有点腼腆。当然，生命的脱胎换骨意味着我们要放弃以前的自我，放弃自己早已养成的生活习惯，也只有这样，才能从本质上由一个农民转变成一名产业工人，甚至白领！不夸张地说，德胜公司为大家的改变提供了一个良好的大环境。86 页的员工手册是大家的行为规范，其中有对每个人大到奖金、升迁，小到刷牙洗脸的规定。如果说，这是硬性的规定，那么公司里还有许多软性的环境来帮助大家成为一个君子。比方说，三餐的费用靠自己投币，无人监督，饭菜均为明码标价，打多少饭，自动投多少硬币；储藏间的物品为厨房、洗衣处、洗澡间公用，不允许挪为私用，但是储藏间并不上锁；木工车间里有一部公用电话，可以免费打外线、长途，但是请自觉控制好时间（原则上不超过 15 分钟）。诸如此类，不胜枚举。员工可以通过这些小事情，在做君子还是做小人上自由选择……

上海同济大学学生　董　哲

优秀是教出来的

对于平民教育，我首先想纠正大家包括我自己以前的一个错误认识，我们以前认为平民教育就是对社会底层百姓子弟的教育，教育对象就是打工子弟。其实不是这样，今天我向大家汇报的平民教育有两个定义。

第一个定义是指平常百姓，特别是社会底层家庭的子女都可以享受的教育，这是从教育政策角度来定义的。第二，教育人们做一个寻常的人，也就是：读平民的书，说平民的话，长大做一个遵纪守法、勤劳、诚实、有爱心、不走捷径、有正义感的合格公民，这是从教育哲学、价值观的角度出发的。以前我们往往是从第一个角度来说的，而从第二个角度来说的很少。

开世界现代教育先河的国家，总的来说应该是美国。我觉得从美国教育消费者的角度看，美国教育的基本特征，那就是平民教育。

美国教育有三个基本理念：

第一，一个国家可以没有历史，也可以没有文化，但不能没有有效的教育。这是美国最重要的教育理念，我们一些人总觉得美国这个国家没有多长的历史，但是各位知道美国教育部成立于哪一年呢？成立于1867年。我刚去美国留学时，和国内很多"愤青"一样，觉得自己来自五千年文明之邦，觉得美国人都是土暴发户。但我去的斯坦福大学，却是一所古老的学校，1891年建校，而中国最有名的北京大学，建校在1898年。美国抓有效的教育，抓得早、抓得实在。

第二，智力有时是天生的，但优秀是教出来的。

第三，不论出身，每一个6~16岁的少儿都必须受到有效的教育，这是无条件的。否则对国家与政府来说，就有可能多一个不合格的公民，多一个社会问题，从而削减国家整体实力。不能说农民工的孩子就不是孩子，他们如果受到不好的教育，那么这个国家就存在着问题。教育在西方一些国家，又称为"人生重新洗牌的过程"，人生之所以能够重新洗牌，就是说教育面前人人平等，所以平民教育就是教育面前人人平等。

我认为，美国教育给予学生的是两张文凭。第一张是显性文凭，即一般意义上的文凭，大家容易理解。隐性文凭则是我本人的一个重大发现。

美国孩子读完书之后，身上获得的还有一张隐性文凭，这就是具有平民意识的公民文凭，即我刚才说的做一个诚实、勤劳、有爱心、不走捷径的谦卑公民。这种价值观的形成，是由家庭、社会、学校的互动来完成的。

我觉得美国这张隐性文凭的质量是比较高的，这张隐性文凭也将在一个人的一生中发挥作用。一个国家给公民一张什么样的隐性文凭，或者不给隐性文凭，这是非常重要的问题。

与平民教育相对的是精英教育。美国人认为，平民教育和精英教育并不矛盾，平民教育是精英教育的基础，没有平民教育的精英教育是不存在的。只要平民教育做好了，精英教育就是水到渠成的事情，只抓精英教育而忽视平民教育，只有惨败的结局。多数情况下，精英是很难被提早发现或选择的，也很难从小就被指定并通过人为主观拟定培养方案培养而成。真正伟大的天才不是一般的平庸教授可以发现的，爱因斯坦就申请过两次博士学位。一个国家要把教育办好，就要把平民教育做好，没有平民教育的精英教育都是旁门左道。

一个国家不能把所有的学生都培养成爱因斯坦，更不能都用培养爱因斯坦的方法来培养所有的学生。教育的目的就是使学生将来能够准确地找到自己的位置。

"因材施教，人尽其才"这句话在美国教育界是这样解释的：

（1）把一个只适合做木匠的人培养成博士和把一个只适合读博士的人培养成木匠都是教育的失误。把只适合做木匠的人培养成木匠和只适合读博士搞理论的人培养成博士，这样的教育才叫成功。

（2）把孩子的真实情况告诉家长是美国教育的重要部分，这一点学校里的老师有着不可磨灭的功劳。从一年级起，老师就和家长开始沟通、交流，使得到了孩子高中毕业时家长基本上能够知道孩子未来适合于做什么。

（3）地位平等，绝不可能认为教授比一个优秀的工匠地位高。美国一个木匠的收入跟一个正教授的收入应该说差别不大，现在美国一个木匠一天的收入大概是200到400美元。

（4）客观对待辍学，认同最优秀孩子是不会去读硕士或博士的价值观，这样会给孩子，特别是那些能在历史上留下痕迹的孩子一个自由发展的空间。他们认为绝顶聪明的孩子，在平民教育阶段完成之后，有时候通过辍学来变成精英。尤其是商界的人士，比如说比尔·盖茨、戴尔等等。客观对待辍学就是一个平民教育的观念。

在美国，并非学历越高越好。在一个法治的市场经济社会，政治家、商人的地位肯定是很高的，他们不需要高学历。在美国，如果市长、州长的名片上印有一个博士学位，会被别人视为怪物。这是我切身的体会。在美国人看来，市长更多应该是体察民情，应该20多岁到社区服务、社区演讲，了解平民百姓的疾苦，读完博士应该去做研究。我们往往把学位当做是地位高低的代表。我的一位同学，在美国某制药公司研发中心担任首席科学家，向我抱怨说，他很想回国，可如果回去，因为没有博士学位，可能三本的学校都不会要他。

孩子从六七岁开始上学，那时的孩子对自己的命运是不具备完全主宰的能力的。特别是6~12岁的孩子，基本上只是家长想让他读什么就读什么。很多家长喜欢跟风，不管有没有天赋，都逼着孩子学钢琴就是一个例子。

将来尽量少花力气多挣钱或当大官，是很多人在对待孩子教育问题上的基本出发点。而美国人读书的目的就是各种各样的，有为兴趣而读书，有为工作而读书等等。

美国人是从灵魂深处认同"一分耕耘一分收获"的价值观，并认真传承这种价值观的。美国人读书的功利性不强。比如有一个精神病患者，拿着一千美元到街上去送人，十个美国人有八个是不敢要的。因为他们从小接受的平民教育告诉他们，没有理由接受这个钱，他就会问你这个钱是怎么来的、为什么要送给我。这样有效的教育使每一个公民都具有理性思考的能力，我没有付出劳动，怎么能够拿你的钱呢？我们的教育，离现代教育有很大的距离，这方面要补的课程太多了。

许多家长经常说"再穷不能穷孩子"，其实原话不是这样的，原话是"对国家来说再穷不能穷教育，对家庭来说再富也要穷孩子"，也就是说，国家再穷，教育预算也应该是最高的，家庭再富裕，也绝对不能让孩子挥霍。在美国是看不到富豪的孩子开跑车的。只有对孩子非常节俭，他才能够去接受平民教育，否则后代就一代一代退化，最后变成了纨绔子弟。比尔·盖茨把财产全部捐出来，一方面是品德的高尚，还有一个方面是比尔·盖茨受到平民教育文化的熏陶，有一张良好的隐性文凭，他认为必须这么做。

我们德胜很有意思，我们永远不用学历来衡量人，你能干什么，这个才是最重要的。比如，我们的华西牙科，张春旭他学牙科，学了八年，这八年的投资我们要给他算进去，因为你学擦玻璃就学三个月，那你只投资了三个月的学习成本，他投资了八年，在投资的层面上，要给他回报。但是如果张春旭学牙科学了二十年，我就不会用他，学了二十年说明你不行，简直就是一个蠢蛋。原来的手工业者，三年学出来的裁缝，你学了四年，人家叫你裁缝屎；木匠三年能学出来的，你学了四年，叫木匠屎。像裁缝、木工，其实这套体系完全可以作为学术评价体系。我解释一下学历。学历是人生旅途上的一把小雨伞，平时用不着，揣在口袋里；风雨很大的时候，你可以拿出来抵挡一下。所以我们号召你们业余时间搞点学历，但是最重要的能力是解决问题。

到我这里你会觉得很奇怪，研究生到我这里来工作可以，但要经过重新评估。我做了一个新的体系，我的这个体系也吸引了一批人。我的评价体系一点点评价下去，你可以从初中一年级慢慢地升到研究生。德胜可以说开创了一个评估人的新标准。什么标准？就是劳动是平等的。

美国的教育教给孩子的基本原则是，无论任何理由都不可以侵害他人的利益与权利，由于教育的有效，优良的价值观不断重复，形成一种条件反射似的对公共秩序的遵守。

我举一个亲眼看到的例子。我女儿在美国就读的学校，校长是一个50多岁的老奶奶，有一天突然接到通知，让家长把车子开到学校一英里之外的地方待命——学校发生了重大危机。我到了学校，看到学校上空有六架直升机，校长拿着一个大话筒站在学校的楼顶上，说劫持人质发生在附近另外一个学校，枪声也来自那里，希望同学们不要惊慌。

这位校长站在最不安全的地方，拿着话筒讲话，这就是一个示范，让孩子们都知道有秩序地去做某件事。

平民教育就是要教育学生从潜意识里去遵守秩序，最后公众是最大的获益者。比如美国9·11恐怖袭击发生时，世贸中心大楼内的楼梯自动分成三条道，一条残疾人道，一条正常人道，一条是消防员往上走的道，于是才有4000多人顺利的撤退。如果像某些学者说的资源紧缺，这时候的楼梯过道是最紧缺的，大家都去挤，我估计800人也挤不出来。当遵守秩序成为一种习惯，整个民族的素质就提高了一步，这都是靠教育来完成的，而且是靠平民教育来完成的。

在美国，所有中小学是不能开除学生的学籍的，但大学是可以的。在大学里，只要有确凿的证据证明你撒了三次谎，肯定就被开除，没有任何商量的余地，谁帮你出面，也解决不了问题，可见诚实在美国教育中的重要性。

公平、公正的观念也是美国教育必须确立的观念。如果我讲话语气里流露出一点点对某个国家学生的歧视，我的女儿就会指责我。她的潜意识当中，这种平等、公平意识已经成为一种习惯。

平民教育，要求所有人都平等，对于民主最大的好处，就是让孩子从小就知道隐私的重要性。现在美国百分之百的学校不会公布成绩，所以在美国，成绩比较差的学生，也能够昂头挺胸，因为别人不知道他的成绩是多少。克林顿当时成绩总是60多分，他可以在讲堂里演讲，如果在我们这里，可能就不是这样了。

美国学校，有一个不需要写进校训的校训——"人生六诫"，这是我这个平庸人的第二个发现。这些都是美国学生从小学一年级就开始警惕的高压线：

一诫，不许把人作为偶像拜；

二诫，不许随意发誓起赌咒；

三诫，不许贪恋别人的财物；

四诫，不许懒惰不孝不感恩；

五诫，不许偷盗奸淫谋杀人；

六诫，不许撒谎害人作假证。

下面讲几个美国教育的小故事。

有一天，我女儿找到我，说要跟我商量一个重大的事情，说准备花一美元参加俱乐部，我问，是什么俱乐部呢？她回答说是"帮助俱乐部"。俱乐部的成员是三年级的学生，总共有三十人参加，专门帮助社会上需要帮助的人。我开始也没有太在意，过了几个月，有一天我翻《洛杉矶时报》，发现了一则报道，就是报道他们的"帮助俱乐部"的。我女儿说，"帮助俱乐部"总经理和报社签了合同，他们提供的报道，稿费比其他报道贵三倍。他们就是通过这些方式赚钱，去帮助盲人看橄榄球赛、给社区穷人家的小朋友发巧克力等等。最后还盈利了一千多美元。"帮助俱乐部"里有富家子弟，也有官员的孩子。他们都是在一个平台上接受平民教育的理念，做一些大人看起来似乎没有意义，但是对孩子的成长却极有利的事情。

第二个故事是"美国新生上哈佛"。我的一个同事的孩子，考上了哈佛大学，家里准备庆贺，他父亲说请同事吃一顿饭吧。我们表示祝贺之后，就问孩子什么时候去哈佛，他回答说大概提前一个月，准备骑自行车去，从洛杉矶骑自行车到新泽西州。这一顿饭后，孩子就上路了，过了一个多月，他父亲就把孩子一路去上学的照片拿给我们看。他一路上骑着自行车，或是搭便车，在沿途的饭馆打工，并做社会调查，比如客人数量、客人消费状况，到了学校就把厚厚一本资料交给学校。出发前，孩子的父亲给了他三百美元，结果他到学校之后，还给父亲这三百美元，还赚到了钱。美国人的教育充满危机意识，如果不往前走，可能就会退步。

| 企业文化 | Tecsun

◎ 此文根据聂圣哲2008年7月26日在中共广东省委宣传部、广东省社会科学界联合会举办的"岭南大讲坛·公众论坛"上的讲话和聂圣哲在德胜苏州（洋楼）有限公司工作例会上的讲话整理，有删节。

◆ 文化输出——《德胜员工守则》规章制度部分被翻译成英文向国外发行。

我们离合格的公民有多远

欢迎各路神仙来参会。今天还有我们诧楷酒店管理班的学生在听。我们今天谈的问题非常有意思，什么是合格公民。

在任何地方讲课，我现在都争取不用 PPT，绝不用讲稿，就是讲我能随口而出的东西，讲我心中印象最深的东西，也是我觉得我和你们可以分享的东西。这个房间，如果就我聂圣哲一个人，这是我一个人的世界，这时候我可以做什么事情呢？写作、读书、吃饭，干什么都行，因为是我一个人的世界，这个时候就不存在"公民"一说。这时来了一个其他人，这个房间就成了两个人的了。你对他讲话声音很大，他听到后不舒服；你吃饭也在这里，大小便也在这里，他很不舒服。这个时候怎么办？你就不可以随便。为什么？因为你们俩共有这个世界。这个世界叫什么？叫社会。

只有两个人以上同时存在，社会才出现。社会出现以后，就有意思了，你的行为就不是你个人的行为了。很小的事也可能不行了。你说人梳头有错吗？没错。你在一个人的世界里面可以梳，但是不可以在美国国会上梳，如果所有的人都在梳头，这还是一个政治场合吗？

作为一个合格的公民，他最重要的一点是什么呢？是要在意别人的存在。在意别人的存在非常重要。我举个例子。我每次回到黄山，都会给驾驶员在我家安排一个很好的房间让他好好休息。我很爱我的妈妈，但我妈妈讲话声音很大，改不了。她声音大就会影响驾驶员休息。在公共场合声音大，本身就是一个不合格的公民。改变一个七十岁的人是很困难的，要有些招儿。我妈妈接电话的故事，我以前说过许多次，这里再说一下。我在美国时，我妈觉得我这个儿子有出息，所以电话也不好好接。那时电话没有来电显示，我妈妈一抓起电话就大声说，"谁呀？"我和妈说，"你接电话应该是这样的：'您好，这是哪里，请问你找谁。'"我妈说做不到。那我就说，"你这样就接不到我的电话。"她一接电话说谁呀，我就把电话挂掉。后来，她为了能接到我的电话，就不得不按照我说的去做。一个接电话的合格公民就这样诞生了。这是我母亲。第二个，我的驾驶员在睡觉的时候，我的母亲一定要在楼上大声说话，跟她讲过多少回，妈你换个地方聊天，或者你声音小些，因为驾驶员在楼上睡觉。她不听。这个都是有证人的。她不听我就和她讲，妈你小声一点讲话，你换个地方讲，你不会死；但是你大声讲话，你儿子会死。为什么？因为我的驾驶员血糖比较高，万一他在路上打一个瞌睡的话，他和你儿子就会一起车毁人亡。这是一个死和不死的问题，妈你选择哪一个？她一听儿子要死，马上就去另外一个地方去了。见过我妈妈的人，都知道她讲话的时候不需要话筒，哒哒哒，周围的人全部都听得到。你能怪她？不能怪她，因为她从小没有受到公民教育。所以我们讲，做一个合格公民，我们要付出多少艰辛的劳动，想出多少办法。

你到国外去，看到国外井井有条，在咖啡店，明明这个位子空着，他也要问有没有人坐，因为他在意你的存在和不在的那个人的存在。所以，合格的公民，总是在意别人的存在。比如我刚才说，坐在（会议室）喇叭边上的人受罪了。为什么？因为它声音偏大。工作人员说以前没有这么大的会，所以只装了一个喇叭。将来要搞两个大的喇叭，这样声音才会均匀。这也是在意别人的存在。

做一个合格的公民，从纸上的规定，到行为中的一点一滴，这是一个非常有趣的过程。如果合格的公民做好了，一个机构、一个学校、一个公司都好管理了。就是一定要做无阻尼振动。今天我吊了一个东西在这里，你们看，如果对这个振动系统不断补充损耗的能量，使振动的振幅保持不变，就成了无阻尼振动。如果不去补充损耗的能量，开始它在振动，到最后就会停下来，就是它一点点衰退。所以，做一个合格的公民，不是每天衰退一点点，而是每天一点点增加能量。最好是你自己在振动的同时，给周围的人也增加一点能量。我们公司有一些职工，尽管有的已经做到管理高层了，像金建峰、巴耀辉，可是，多少年来，他们都使我心里很纠结，因为他们进步得很慢。但是最伟大的一点，他们像学习英语一样，每天都在进步。阿拉伯有句谚语，爬到金字塔塔顶的，往往不是雄鹰，而是蜗牛。那么如果你像这个吊摆一样，非阻尼，开始这样振，便永远都是这样振，这就厉害了。永动机是永远实现不了的，但是在人生当中是实现得了的。

作为一个公民，你一定要在意别人的存在。然后在这个基础上和别人一起再在意别的人的存在。其实在意别人的存在，在我们生活当中是很难做到的。我再讲讲我和我妈妈的故事。南方人喜欢吃火腿，我母亲看谁来了，就用火腿炖石鸡，火腿烧个丝瓜，那是我们家的好菜。遇上北方人很直率的，就会悄悄地告诉我，圣哲你们家肉变质了，不过味道还行，没臭。我妈妈知道了很生气，为什么我们家这么好的火腿给他吃，他还说变质了。我妈妈真的很无辜。

韩再芬（编者注：著名黄梅戏艺术家）一行到美国国会图书馆访问，当她看到安徽省安庆市怀宁县志摆在那里让他们随便看的时候，她感到很震惊。这些清朝的县志在国内都找不到了，但是美国国会图书馆全摆出来给他们看。这是什么？这是在意你们的存在。因为你们来了，这个平时也没多少人看的，但作为美国国会图书馆，一个有七千多政府雇员的图书馆，他要在意你的存在。所以在意别人的存在这件事情，做到了就可不得了啦。那你的人品、人格，你的各个方面就有了很大的提升。

所以在意别人的存在，我再三地跟大家讲，特别是跟我们这些学酒店管理的同学讲。在意别人的存在，你有哪些行动呢？待会儿上洗手间的时候，就可以看出来了。你认为那个人比你还急，你就请他在先。或许他年纪大，有前列腺炎，或许他早上喝多了憋不住了，你能忍一忍就忍。这些都是在意别人的存在。

你别小看"自己能做的事情绝不让别人做"，这里面有许许多多的内容，做到绝不容易。待会儿我延伸一点讲。如果这点做到的话，我们这个民族的精神面貌就会发生根本的变化。好多年前的一天，一个著名演员打电话来，她简直要哭了。为什么要哭了？因为演出服在车上搞丢了；为什么搞丢？是别人帮她拿的行李，放到另外的一个出租车上了，这个出租车联系不上，马上就要演出了。我说，那是因为你自己能做的事情你自己没有去做。你说我多少次提醒德胜的员工，大家可以证明吧，我绝不让你们给我拿包的。经常有些人出于好心，我说用不着。我目前还能提，等我拿不动了你们再帮我不迟。自己能干的事情绝不让别人干，这里面有两层含义，首先最基本的，自己能上厕所你不会让别人帮你上，你自己能吃饭你不会让别人帮你吃，这是基本生理上的事情。还有一个，除了平时的衣食住行，你还能不能练出一些自己能干的事情。这文章我自己能改的，我把它改好，那你能改得多好，那就看你的文字功底了。我们时时刻刻把自己当做敌人，你才能够在意别人的存在；时时刻刻把自己当做坏人，你才可以做到在意别人的存在。

自己能做的事情绝不让别人做，特别是让下属去做。比如我写的书，我是绝不让别人给我改的，包括标点符号。所有的一切我能做的，都自己做。图能画的，我画，不能画的我请别人画。连画图的每个竖纹我都有规定。我也希望各级管理者养成一个习惯，出差时，自己大包小包的，尤其不能让别人给你拎包。很多包都很像的，结果弄不清楚就丢了。有很多这样的教训。一定要注意什么？我们自己能做的事情，不能让下属做。出于礼貌，往往会有这样的对话："老聂要不要帮你拎包？""不用了，谢谢！"这个时候你不要再强行客气。如果老聂拎不动，另当别论。前天晚上我拎的东西很重，有四十斤，吴海军看到我，停下问我是不是拎不动，我说是的，他说帮我拎一下，我说可以。我们自己能做到的必须做到。所以特别要谨慎，不要让下属给你做事情，做了事情你就开始衰退了，你的能力衰退，你的激情衰退，你的一切都在衰减，慢慢地，你就变成一个无用的人。

有一次我们在安庆出差，有一个人，人家因为他在桌子那边不好盛饭，给他盛了饭，他连谢谢都不说。他在机关待的时间太久了。有些事你不方便做，别人帮你做了，你说声谢谢是能做到的。我说我代你说谢谢他。凭什么别人给你盛饭，你连句谢谢都不说。人格都是平等的，凭什么都是你吩咐别人给你干事情。德胜现在好多了，基本上没有人吩咐别人干事情的了，如果需要别人干事，就是请求同事协助，我们有这个法则，请求你协助的法则。"噢，对不起，我肚子太痛了，我不能开车了。"你旁边的人，所有的工作都必须停下，要协助你到医院检查。这次我们公司一个女员工，肚子里的囊肿突然破掉，一肚子血，要不是德胜有这个机制她就很危险了。她被救过来了，但我还是要你们给她捎话的。她在我们德胜员工里面是懒的、是爱耍小聪明的。她的懒我早就看在眼里。那天晚上我就让她熟悉的人、抢救她的人带话给她，虽然她康复了，你告诉她，你的懒惰，聂圣哲是看在眼里的。爱归爱，问题归问题，包括你们有些职务的，有些权力的，拿下属开玩笑的，拿下属的力气不当力气的，你们一定要知道，在意别人的存在和自己的事情自己做，做到这两点是不容易的。你说王晓文非常勤劳，他自己能做的事情总是不让别人去做。他每次起草一些文件，我总是鼓励他，你写过来，我给自己几天时间，我来改，因为我改他的文件比我重新写还要困难。他的文字达不到我的水平，但他在争取。

自己能做的事情，绝不让别人帮忙，这里面也有一个前提，就是"自己能做"。我小的时候，答应给别人做一个凉橱，结果没量好，做大了。所以，"自己能做的事情绝不让别人帮忙"是你要有特别的能力，别人帮助的很少。你要是基本是个傻子，什么都不会的，不让别人帮助你，就是在给别人添乱。我讲我中午能烧饭，我不让别人烧，用煤炉烧饭，熏得大家都不能待了。所以在意别人的存在和自己能做的事情绝不让别人做，两者完全是联系在一起的。

我现在讲话，虽然不打底稿，我也要讲得适度。为什么？要在意你们的存在，不能对你们的刺激太深。我记得我们的初中老师姚老师，他当时作为一个中学的校长，教育局长去考察的时候和他握手，他把手往后面一缩，说："我是不会和你握手的，我们不是同路人，除非你改正那几个问题。"这个就是合格的公民。我们在适当的时候，要体现出一个公民的力量。当然，你要在自己做好的情况下。比如说，你指责别人不要抠鼻子的时候，你自己还在抠鼻子，那你还有资格指责别人吗？你首先自己要做出表率。

我记得我妈问过我，声音小聊天怎么聊呢？我说你就像我这样聊，怎么样怎么样。这样聊天有快乐，而且声音小它容易进行感情上的交流。声音是通过情感来调整的，该大的大，该小的小。学酒店管理的同学，你们全是五星级酒店的后备人才，你们没有一个不是去国际知名品牌酒店的，你们到时候看，看外国客人他们声音是不是很小。

如何做合格的公民，我只讲两点：第一点是在意别人的存在；第二点是自己要做一个无阻尼震动的摆。你要做一个无阻尼的摆，你要给它一点能量。这点能量不大，其实手一挥就行了。我们的食堂，要求每个菜都写上是哪个厨师做的；我们从采购到加工一直到出品，全程都有记录。为什么，因为我们不能做阻尼震动。出了问题我们可以查出是哪个环节的问题。这么多年了，我们没有一顿饭或者食品出过一点小事情。我们这么多人的一个公司，没有一个人得癌症，这个跟我们永远不吃来路不明的食品是很有关系的。这个不能靠我一个人拗啊！要大家都跟自己过不去。一定要把自己当做敌人，当做坏人，你才有可能改造自己。这点我就觉得虞梦还是不错的，无阻尼的摆在虞梦那里的信号，永远是不缩减的，有时还有适当的、小小的放大，为什么？影响周围的人。

所以在意别人的存在有两层意思，一个是你自己做得怎么样，另外一个是你对别人的影响怎么样，这是它的两个层面。还有一个是做一个无阻尼的摆。学过物理的人都很清楚阻尼的摆和非阻尼的摆，阻尼就是因为有阻力。

加拿大西三一大学网络中文版的首页，有句很精彩的话：我们培养的管理者，首先是要学会做仆人的过程，这个做仆人的过程，也包括被管理者。就是你作为一个管理者，你应该知道如何把事情做好。我们德胜早就有这句话了，管理者应该是被管理者的秘书，最忠诚的秘书。我经常给你们发短信吧？经常提醒你们这个事那个事，我是我们全体职工的秘书。他们问我自己有没有秘书，我说没有，因为我正在当秘书。年轻的时候不懂事，曾经有过三个秘书，搞得我朋友到我那里去很生气。后来我发现我年轻时学的那套官僚的东西，对人类简直是个祸害。后来就反思，然后就变成我今天的样子。

国外许多守则里都有这么一点，就是参加一个活动，要提前三分钟到，如无特殊规定。为什么不提前十分钟到呢？为什么不提前二十分钟到？到了人家怎么安排你？要是人家上面还有一个活动呢？不能早到，也不能迟到，迟到了大家不能等你，三分钟是一个最好的时间点，三到五分钟吧。今天我为什么提前到了？一看时间十点差三分，结果哪知道我定的时间是十点半。这个是我不小心的地方，是我不在意别人存在在我身上犯的一个错误。所以一进来我就很紧张。我感觉对不起正在发言的赵建星。任何事都是有忏悔过程的，我推开这个门时我就在忏悔了。

今天在座的，有一位，在这里我把他当做反面教材。他昨天从黄山来公司，要参加今天的会议，但他上车以后才给我发短信。我非常生气。我说，多少年了，我最强调的就是预约，现在你上了车，我是叫你马上下车好还是让你来好？我说这是最后一次。你不在意我的存在，因为我为了他的到来，要进行一系列安排。你要是提前三天，管家中心全部都会安排好，因为你要吃，要住，要和大家一起行动。但是又怕你过度惊慌，所以我晚上宴请客人的时候也把你叫了去，这都是在意你的存在啊！曾经有一个亲戚，因为没有和我预约，我就没有让他进我的小园，叫他原车回去了。你不预约，会有许多麻烦事的。也许我正在会见一个你的敌人，双方是有很大的矛盾的，你窜进来了，这个场景多尴尬。

在意别人存在这件事情，我想你们千万不要停留在字面上。我们为什么不相信诗歌？李白、杜甫他们为什么不能成为皇帝？那一抹红霞，我要做一个纱巾给你围上。亲爱的，我要摘一个月亮给你。你做吧，你摘吧，诗人干得出来的。一个管理者，浪漫要有度，因为你一定要说到做到的。我喜欢写诗，但我是严格将诗歌这种情感和管理的情感区分开来的。

我们做任何事，都要遵守规定。东方和西方不同，东方文化往往是把简单的事情复杂化，然后草率地对待。西方是把复杂的事情简单化，然后认真地去对待。美国园林看起来简单、干净，非常的原生态，其实每个地方都经过了非常认真的处理。

国外一些守则规定得更有趣，比如你离开的时候，现场一定要比你来的时候更美丽一些，更有规则一些。记得参加我女儿和朋友孩子的毕业典礼的时候，我是很受教育的。所有的典礼结束以后，还是一个空空荡荡的室内体育场。在最热闹的时候，同学们在这里又是颁发学位，又是吃饭。每个人每个桌子都有编号。大家排队领意大利通心粉，领牛排、面包，一个人交8美金，一家交12美金就可以了。就很简单，一个炒面，一个什么肉，如果吃不完的，告诉大家用塑料袋带回家。我们一定要做这样的教育者，我们所做的事情一定是少一事不如多一事。管理和教育是一回事。

待会儿会议结束，你们离开的时候，那你们更应该知道屁股下的凳子应该是怎么处理，你的茶杯怎么处理，你没喝完的半杯矿泉水怎么处理。你应该怎么办？当然是带走继续喝，节省水资源。这里要比你来的时候更有规则，更漂亮一些。所以这一系列的事情都是需要我们认真把它弄明白的。

那么劳动的平等和交换必须落实，大家觉得非常的新鲜，甚至觉得非常的拗口。劳动的平等和交换必须落实。刚才会议主持人赵建星说，下面请圣哲先生发言，他不说我的发言是"重要讲话"，因为说"重要讲话"，等级就出来了。还有，我们不允许拍手的。为什么我讲话大家就拍手呢？我讲话要拍手的话，那每个人讲话都要拍手，那大家都累死了。平等也就是从每件事情做起，也是从在意别人做起。所以劳动的平等交换，就是任何一项劳动都不可被代替，都不可被忽略。因为德胜平等，德胜的窗户才这么干净，德胜每一个擦玻璃员工，在我心目当中都是天使，都是王子，所以他们才如此快乐地工作着。

劳动是平等互换的，我们不能讲哪个劳动重要，哪个劳动不重要。其实我们今天讲的所有的东西都是一脉相承的，都是在意别人的存在，都是认为别人是重要的。你只要认为别人不重要，你基本的公民意识开始淡化了，你的堕落就开始了。我只要把这个会开到三点钟，你们马上叫我们的厨师来，非常好的饭拿来，你说是院士好还是厨师好？你肯定觉得厨师好，因为这个时候你需要吃饭了。

我们要把劳动的互换概念理清楚了，比如做房子，我们收到做房子的钱，我们再发工资，再买食品，我们再去安家立业。最后都是一个劳动货币的交换，服务于社会。

德国的电焊工、钣金工的工资，大概相当于教授偏低一点的工资。因为他的电焊活是你教授焊不出来的。劳动的平等与交换必须落实，这个在德胜是必须要抓的。绝不能你来一个哈佛大学的博士，背着个手什么都不干。我这里不需要你装门面。你作为哈佛的博士，关键是你在我们这里能做什么。你到苏州工业园区外国语学校能教什么，你的外语能不能跟一个苏州外国语学校的老师比，你是不是比他教得好。教得一样好，一样的工资。如果需要装门面，那是另外一回事。我们现在不要装门面，我的对手离我们很远很远，第二名跟我们差得很多。

我们必须在德胜实现劳动的平等。搞住宅设计的人，花的几个小时，和一个厨师炒多少小时的菜，你们的劳动必须是平等的。虽然你们俩的劳动不一样，一个在办公室，一个在厨房，而我们平常的概念就是办公室的劳动是高尚的。那些正在读某某科技学院的同学，本来都能像你们一样，很快的一年半载就能找到工作，可他偏偏去读研究生，最后跟你们竞争一个职位，结果被你们彻底淘汰。他们跟你们竞争，那他们肯定是被淘汰的。比如，在五星级酒店，你要接待某某博士，你们的一个 VIP 客户，从下飞机开始一直到他离开凯宾斯基酒店，他的问题你都是要解决的。你不能打着大学酒店管理专业研究生的旗号什么都不干。所以我们讲劳动平等体现在我们的岗位上，你要解决问题，你不解决问题的话，你这个机构就陷入了瘫痪。

这些跟我刚才在前面讲的在意别人的存在是完全相对应的。我们现在开会的地方，这里原来是水泵站啊，我们把原来的改造好以后，变成像乡村的感觉。你们没有见到这里之前的样子，破烂不堪。所以我告诫我们做住宅设计部门，我不是说你们画图纸的不重要，但你们的图纸，要有我们的能工巧匠把它变成房子才行，而且你的图纸还不能画错。我们是卖房子的，不是卖图纸的。我们画图纸的，就是从建筑工人中选拔的。一些名牌大学建筑系的学生到我这里往往不能用。最有趣的是，赵建星你们到××大学按照他们的图纸做一个美国的展示，最后我们的工人打电话来说，图纸怎么能这么画，他们学过没有啊？按照他们的图纸就是做不出来。最后我们按照德胜的经验做了出来。诧楷的同学们，我刚才讲的话，不知你们听懂了没有，劳动的平等性，将来你们一定要解决。你们的开学典礼，七家酒店，凯宾斯基、喜来登他们都派人来参加，要和你们签约，为什么？是你们的学姐、学兄，到各个酒店去解决了问题。你们以后是要去解决问题的，解决大量的问题。但是你要知道，所有的工作都叫劳动，所有的职位都叫雇员。官员是政府的雇员。我们的劳动也是这样的，从今天开始你们学习酒店管理专业就会知道，你在你的岗位上，你就很自豪。如果今天一个北大数学系的博士在你面前牛哄哄的，你可以说："我的工作你来试试看。"你们一定要在自己工作做得特别好的情况下，敢于说你来试试看。为什么？因为你是很重要的，你是不可被代替的。只要你生在这个世界上，你一定要努力做到你是不能被代替的。如果你是一个事事都可以被别人代替的，那你也该是不成功的，或者你从小就没有被植入现代文明的价值观。

我们不能出问题，德胜不能出问题，我们把我们的机构做好了，就是对这个国家的贡献。吹牛与谎言，最后的受害者都是自己。我们德胜一点一滴地去做事情，一点一滴地去理解人生的道理，然后我们才成为这样的一个德胜。

我们有一个机构叫做销售与订单拒绝部，原来叫订单拒绝部，这样太伤人了，人家一看订单拒绝部来接待，感觉不好，现在改成了销售与订单拒绝部。确实做不过来啊，我们不是以销定产，我们是以能定产，我们只能做这么多、只能做出这么多的合格产品。就像我在一个科技会议上讲的，如果我们不去学德国人的严谨、日本的细致和美国人的开拓，我们还学什么，难道我们还学自己吹牛吗？吹牛本身就是谎言的一种，谎言有很多种，吹牛就是一种，我明明不行偏吹自己行。

　　坚持的重要性，是对前面事情的重申和呼应。我们人生能够做到多少坚持就让我们出多少的精品和成果。我记得多年前就和大家讲过，所谓教育，就是教育者不断重复让被教育者打折扣接受的过程。大家一定要明白，管理也好，教育也好，就是一个说教的过程。只要你给被说教者留出思考的空间，你的说教是必需的也是应该的。说教是一个中性词。只要你给听者留出思考的空间，说教是绝对需要的。人类就是在说教中长大的。你妈妈让你喝水，你讲不喝，你妈说不喝我打你。你妈妈没有告诉你为什么要喝水，她没跟你讲不喝水对你肾功能有影响，对你身体的排毒有影响。你妈妈也讲不出来这些。之所以讲这些事情，就是要让你们有所顿悟。我这些话是跟诧楷的同学们讲的，我们必须要把优良的说教坚持下去。

　　所以，坚持的重要性，无论是在意别人的存在，还是你在社会中做一个合格的公民，还是你认为自己是多么需要被改造的一个坏人，这些都需要你的坚持。如果你不坚持，就像这个绳子吊的摆，你就会变成一个死摆。所以，你必须每天给自己上发条。你们见过古时的钟，钟有个钟摆。钟摆为什么要摆？你上一次发条它管一个月。你每天吃的这些饭就是能量，就是发条。一定要记住，我今天有没有给自己提供一点能量，我有没有给自己上发条，我今天是不是在衰减。如果这些我们都做到了，我们就向合格公民迈出了第一步。关于合格公民的讲座是很多的，比如怎么开会，怎么与人交流这些。今天的合格公民讲座是第一讲，讲的是最基本的，你要在意别人的存在。总的来讲，把话说得简单一点，你要在意别人的存在，自己能做的事情绝不让别人做，自己能做好的事情绝不让别人帮忙；做到提前三分钟到会；你离开时这个地方的环境能比你来的时候更好些。如果大家都能做到这些，你的小环境才能变得越来越漂亮。

　　◎ 此文为聂圣哲在德胜苏州（洋楼）有限公司2012年第五届工作例会上的讲话，根据录音整理，有删节。

苹果为什么不曾烂掉

史蒂夫·乔布斯去世的消息，相信全世界的人都知道了，大家都为之悲痛和惋惜。

究竟是什么魔力使得世界上那么多的人对一个老板（商人）的逝去反应如此强烈？回顾历史，世界上超级大老板去世这已不是第一个，但乔布斯的离去所引起的震撼却是空前的，这种现象完全可称之为"乔布斯效应"。细细分析，这种效应与乔布斯的两个标签是分不开的，一是美国文化，二是互联网。

乔布斯过人的智慧及其成长与奋斗的过程，相信大家都已相当熟悉，在此我就不多叙述了。我们先来看看美国文化与乔布斯的关系吧。

美国文化是一个很大的题目，无法在一篇小文里谈清楚，但与乔布斯相关的美国文化主要有以下几个方面。首先是美国宽松的商业环境和成熟的市场规则。当初，乔布斯和合作伙伴创立了苹果公司，后又被公司通过规则赶出管理层，然后又通过规则被公司请回来……这些看似简单的"折腾"，后面都有美国成熟的商业文化的支撑。在这个成熟的文化面前，个人的恩怨要让位给商业规则。其次是美国的包容与好奇文化。美国文化的特征之一就是包容和好奇，对新的和外来的事物首先是包容、好奇，而不是排斥，只有在这种文化氛围里乔布斯才能得到发挥，"苹果"才能成长。否则，像乔布斯这样的"疯子"早就被当做异端而打入十八层地狱，"苹果"早就烂掉了。然后是美国的"公司政治"成熟。公司则不同于国家，公司政治当然不同于社会政治。在社会政治里，独裁和专制绝对是贬义词，为人类文明所唾弃。而公司政治是需要专制的，只不过要求独裁者有过人的智慧和专制的专业性。乔布斯是一个对公司政治相当熟练的独裁者，且独裁得专业，他懂得什么时候该专制，什么时候该民主……这些为"苹果"发育与成熟奠定了决策基础。正因为公司政治有独裁特征，所以，没有乔布斯的"苹果"的未来，是难以预料的。最后是美国的平等文化。大家都知道，美国是一个没有贵族的国家，建国之初，饱受欧洲等级制度之苦的美国先贤们就极力排斥等级制度，使得人人平等变成了美国最普及的文化，甚至是思维的习惯。这种平等意识相信已根植乔布斯的基因。所以，"苹果"创造了一个人类平等的奇迹，那就是，产品只有代的区分，没有等级的区分。具体来说，英国皇室用的是 iPhone4，梅德韦杰夫用的是 iPhone4，王菲用的是 iPhone4……一个普通百姓稍微节省一点也可以拥有一部 iPhone4……在 iPhone4 面前，世界所有的人是平等的，而不可能出现豪华、超豪华版的 iPhone4 被权贵独享，这就给了普通百姓以产品之外的宝贵的附加价值——人人平等的尊严与满足。

当然，互联网的普及也是产生乔布斯效应的另一原因。苹果的产品需要互联网来支持与传播；乔布斯的个性也需要互联网来传播甚至放大；乔布斯的去世也是通过互联网的传播，把悲痛与惋惜推向高潮……人们的工作、生活、情感需要互联网，"苹果"的产品是人们使用互联网的最喜爱、最便捷的工具。

最后，要说说美国人的乐观。乔布斯从得知自己得了癌症，到肝脏移植，到坚持工作，直到 8 月 24 号的辞职信，信中修辞特别，悲壮中带着乐观与幽默：

"我曾经说过，如果有一天我不再能够胜任，无法满足你们对我作为苹果首席执行官的期待，那么我将主动让你们知道。非常不幸的是，这一天已经来临……"

无独有偶，我的美国朋友杰克是五年前得癌症的，现已转移到腰椎，他得了癌症后，从未住院，边治疗边上班。乔布斯去世后，他从洛杉矶打电话给我："乔布斯去世，太可惜了，他是个人物啊……"我听着电话，也在暗自为他的身体担心。接着，他兴致勃勃地说，医生告诉我，我还有五年时间，五年啊，多么长的一段时间，可能在这五年里，癌的治疗有了巨大突破。到那时，我就是再活五年，再活十年……他好像反过来在安慰我。

◎ 原文刊载于 2011 年 10 月 13 日《南方周末》。

从常识到思想的距离

1 谁是企业家？企业家要以推动社会进步为己任

曹永刚：[一]您现有很多显赫的头衔，并且跨领域做出了许多常人难以企及的成就，但在我看来，您首先是一位成功的企业家，请问您怎么看待中国企业家的成长？

聂圣哲：首先看看企业家的由来，也就是商人的源起。自从有了人类社会的存在，特别是有了商品和商品交换以后，催生了商人阶层的不断发展壮大。但在中国几千年历史长河中，一直是儒家文化作为主流价值观影响着方方面面，而在儒家的思想里，当官才是人生最高境界，士、农、工、学、商，商排在最后，地位最低。为什么呢？并非儒家不喜欢金钱，而是儒家虽然内心深处很渴慕金钱，但却极力排斥金钱的载体——商人。长久以来，造成了社会对商人认知的分裂，而商人也可能形成自我人格的分裂，对社会和政府总会有一种情感上的纠缠和取舍。所以，千百年来中国虽然也有不计其数大大小小的商人，但很少有能称得上企业家的，也没有几家超过百年的老店。回头看看，清末时江苏的张謇算是一个例外，他是最后一个状元，却弃官从商，开了"学而优则商"的先河。他主张实业救国，一生创办了20多个企业，370多所学校，为我国近代民族纺织工业的兴起，为教育事业的发展作出了难得的贡献，是中国近代著名的实业家和教育家，又被称为"状元实业家"。

曹永刚：改革开放30年来，我们企业家队伍是否有新的变化呢？

[一] 曹永刚，中国人民大学财政金融学院博士、大连理工大学博士后，曾任《人力资源》杂志总编。现在加拿大西三一大学从事商业领导力项目研究与推广。

聂圣哲：没有什么本质上的变化，以前称为商人，现在把企业主和管理者都统合成"企业家"这一个称谓而已。企业家主要的责任就是创造财富，就是赚钱，但这并不是唯一的责任，还有其他的责任，比如创造性的思考、对人才的培育、对未来的准备等，如果没有这些，企业就没有未来，也就不可能成为名副其实的企业家。

这些年所谓成功的企业家无外乎三种类型，一种是靠奇思妙想成功的，第二种是靠依附体制成功的，第三种是靠草根奋斗成功的。前两种都没有什么代表性。真正的企业家，特别是在中国现代社会，应该是完全靠着一步一个脚印，靠着对商业社会的无比敬畏，对商业规则的完全履行，靠货真价实的产品和精益求精的服务，来赢得消费者的拥戴和可持续的发展。

现在媒体无休止、大肆地宣传一夜暴富类型的成功，难免会给年轻人造成一个错觉，要想成功，就要走捷径、赚大钱。于是，就放弃、鄙视脚踏实地的工作与生活，整天异想天开。而这些靠偶然的奇思妙想的成功无疑是极少数的，也无法复制，只会不断渲染和强化"人无横财不富，马无夜草不肥"的心理，令这个社会更加错乱和迷失。

电视片《公司的力量》就讲述了一个基本的道理，企业始终推动社会和科技的进步，不断制造新的需求，简化交换规则，最终导致人类形态的进步。所以，真正的企业家是能够推动环境改善和社会进步的人。像日本的松下幸之助和稻盛和夫等才是我们追随和效仿的企业家，而放眼当代中国，这样的企业家寥寥无几，或许在媒体少有露面的浙江万向集团创始人鲁冠球算是一个很有思想、独具慧心的企业家。

2 企业家需要有思想吗？没有思想就没有未来

曹永刚：您对企业家有很高的标准要求，是否所有的企业家都需要有自成一体的思想呢？

聂圣哲：如果确实是企业和企业家推动社会的进步，那么从这个层面来看，企业家怎能没有思想呢？当然这里面涉及个体和群体的关系，就像泥石流能够毁灭村庄一样，靠的是整体的力量，其中单独的一粒沙石或一滴水都没有什么威力。所以，如果从企业家个体来看，特别是一些小企业主或管理者不可能也不需要都具有思想的高度，他们能够生存才是第一重要的；但对于企业家整体来说，则一定是需要有思想的，甚至不仅仅要有思想，还要有创造新型交易规则的智慧。如果整体上没有思想层面的指引，那么大家就会破坏商业规则，商业社会也就会随时坍塌。其实在规则之外还有一个更重要的支撑的东西，那就是信仰，那就是为人的本分。还有这段时间媒体热炒的巴比慈善晚宴，更像一场闹剧，一些企业家表现得很不成熟，并不了解慈善的内在机制，却急于粉墨登场，别有所求，发出的豪言壮语最后都将不了了之。

一个良好的社会，应该有一群很优秀的人来经商。比如在美国，有比尔·盖茨、乔布斯这样堪称伟大的企业家，而且这两位还都是著名的大学肄业生。所以，我在多次的教育会议上，都呼吁要重视肄业生，因为这些肄业生，可能不是学习的专才或更可能已经没有人能够教授他们了，而他们却可能是创业或其他方面的天才，这些肄业生在美国已经创造了奇迹，在中国也有可能创造奇迹，但可惜我们没有这样的生存环境和文化氛围。

没有思想就没有未来。中国企业家都很忙，事务性工作太多，而在忙碌当中思想是很难产生的，即使有思想的火花，也很难有思想的体系，甚至有些火花也在忙碌中泯灭了。

曹永刚：企业家要有思想也可能是个渐进的过程，或许是否在未来新生代的一批企业家中能冒出这样的优秀代表？

聂圣哲：我对此相当悲观。首先，企业家的后代难堪企业管理的重任。"富二代"的成长问题已经成为全社会关注的热点问题，他们最大的特征是挥霍无度和想当然，他们即使走到管理岗位上也不会靠智慧和高尚来管理企业，而是靠凭感觉、拍脑袋来管理企业，这显然很难有大的作为。其次，中国会有越来越少的人愿意做企业家，年轻人不愿意做企业家，大学生不愿意创业或者也没有创业的本事，除了"学而优则仕"的儒家文化影响之外，还和现在的企业家不受重视有很大关系。

3 我们最缺乏的什么？常识的力量既能载舟也能覆舟

曹永刚：在中国目前现实的环境下，您觉得我们作为管理者也好，作为普通员工也好，我们最缺乏的是什么？

聂圣哲：我们最缺乏的是对常识的认知和遵守。我们追求知识，但我们却漠视常识，就像我们每一个人现在都想拼命奔跑起来，但却不愿意去好好学会走路一样。我们国家要从制造大国到创造大国，但现在制造还没做好，何来创造？我们需要培养创新型人才，但很多人的本职工作都没有做好，怎么创新？创新只有重复地把工作做到极致才可能去突破、搞创新。

可以举两个例证，说明我们对常识的无知。有一句口号"没有国哪有家"喊得惊天动地，但细想想，是先有国还是先有家？常识显然。还有老师教育学生、老板训导下属常有一句口头禅："不想当将军的士兵不是好士兵"。"好士兵"的标准可能具体会有很多条。我倒认为，只有首先做一个好士兵，才可能当上将军。在我们德胜公司，我们所有员工胸牌上都有一句话："我首先是一个诚实勤劳的人"，而且德胜公司所有管理干部每个月都要剥夺权力一天，到基层去顶岗，当工人，以时刻牢记如何做一个好员工。同样，我们现在流行的很多俗语或相互传发的一些短信都有反常识的内容，大家已经见怪不怪、乐在其中了。

其实，大道至简，常识归真，基本道理和社会常识就在我们身边，就像空气、阳光和水一样，对生命弥足珍贵，但我们却视而不见，或肆意破坏，总有一天会付出惨痛的代价。

曹永刚：我们本来是诚实勤劳的民族，常识也应该是天生就会、简单易学的人生基本道理，可为什么我们会突然间不懂得常识呢？

聂圣哲：常识知道容易，但做起来很难。这些年我们在过分强调经济发展的过程中，物质主义唯上、投机取巧成风、没有规则意识、没有道德底线，常识就成了摆设，以致让人们都不再相信常识。对我们来说，寻找思想可能是一种奢望，而回归常识也将任重道远。

4 德胜的成功能否复制？德胜是价值观文化的胜利

曹永刚：无论怎么看，您对德胜公司的打造是很成功的，这是管理的成功还是思想的成功？现在有很多企业来德胜学习取经，那么德胜的成功是否可以复制呢？

聂圣哲：德胜的成功跟我们特殊地位有关系。德胜经过 10 多年的脚踏实地、埋头苦干，做成了行业内的全国第一，没有竞争对手，不需要去求人，我们只要专注于自身发展，搞好人才培养和技术创新，就不用担心市场的千变万化或风吹草动。而且，德胜这一行入门的门槛也很高，特别需要有品德和有修养的人来做，这就需要时间去一点点来积淀才行，而后加入的公司都很难有这样的能力和耐心。那么，成为优秀公司最重要的是什么呢？就是你必须具有不可替代性，当然这种不可替代性不能和强权结合起来，而是在市场规则下、公平竞争下的不可替代性。

因为德胜具有不可替代性，做成了全国第一，所以德胜才不需要找人求人，不需要去行贿和遵行什么潜规则，德胜的管理才能奏效，德胜的制度才能得到不折不扣地坚决执行。反过来，德胜之所以能这样，就是因为德胜相信常识，相信自己，不急功近利，不斤斤计较，始终遵循德胜人的价值观——"诚实、勤劳、有爱心、不走捷径"，朝着自己的目标坚定不移地迈进，终有所成。因此可以说，德胜的成功是管理的成功，是思想的成果，但究其根本是价值观文化的胜利。任何管理和任何制度如果没有价值观的支持都是一纸空文或纸上谈兵。

价值观都是一些极其常见的道理，或是根据自身情况对基本道理的取舍和排序。价值观对个人、对家庭、对企业、对国家都有着至关重要的作用。价值观的东西既无形又有形，看似无力却最具力量。如果企业或社会只做一些表面文章，时不时搞些煽情的举动，这只能图一时的痛快；煽情绝不是永恒的力量，如果虚伪的、肤浅的文化代表了实实在在的、具有生命力的价值观文化，那么所有的努力都是徒劳的。在工作和生活中，有三个方面是如何强调都不过分的，第一是不能以自我为中心，一定要在意别人的存在；第二不能偷盗，不能以任何借口把别人的东西据为己有；第三不能撒谎，撒谎是不可饶恕的犯罪。

5 向先贤学习，做率真有为的人

曹永刚：您除了主要办实业和搞教育之外，还涉足过多个领域，不知您是如何对自己定位和进行未来的规划的？

聂圣哲：无论什么人对自己都要有一个清醒的认识，或者说是评价，尽管大多数情况下这种评价都是不准确的。我是做不了官的，我是很率真的人，没有太大的野心，我对金钱没有太多的感觉，做不断扩张的企业家也不是很合格的，做一个学者，对我们这一代人来说，又没有什么特别的学问值得去做，所以对自己在社会的坐标系里应该如何定位，如何发生位移和振荡，有时候也很矛盾。所以，我们需要向先贤们学习请教，先贤们的经历给了我很大的启发，那就是这个世界上既有理想主义者，也有实干家，但把这两者合为一体的人其实是少之又少。如果在思想上做到绝对的理想主义，行动上做到完全的实干，这个人就能被各种层面的人所接纳，也就会有更广阔的思想和实践的空间，更容易做出一些重要的事情来。有了这样清醒的认识之后，我便开始尝试着遵循这一原则，做一个思想上的理想主义者，行动上的务实主义者。我觉得办实业最能让一个人了解社会，可以从中悟出许多书本上无法得到的道理，能更深刻地了解国民性；至于办教育，其实和我的总体思想是吻合的，就是要试验，怎样的教育才是有效的教育，怎样的教育最适合中国，我办教育的另一个原因就是，我信奉一个真理，那就是"优秀是教出来的"，我要实践这个真理。

我想率真地为自己而活着，还要多做一些有意义、有价值的事情，至于其他方面的涉足，多是我的兴趣爱好而已，或者更好地打发时光，以后我想花比较多的时间把几本书完成。一本书是《基本道理》，把天下的基本道理整理出来，有些事情不需要再去争论，我们就按照这些东西去教化人就可以了，虽然有人反对说教，但其实人类都是在说教中长大的，只不过看你说教什么，如何去说教而已。还想写一本《国家与企业》，把国家和企业说清楚。到70多岁的时候，希望能写一本《总结愚蠢》，看看到底有哪些愚蠢，这些愚蠢又该如何总结和吸取教训。总之，自己的存在总是要留下一些东西，留下什么就是你生命的浓缩和你为自己写下的墓志铭。

◎ 此文为曹永刚与聂圣哲对话的记录，刊载于《人力资源》2010年第11期，有删改。

重建的不只是德胜

1 转变与清醒

记者：从这部《德胜世界》[一]中，不难发现，这些年来，作为精英文化的代表人物，您尝试着转变自己，改换方式，探求一条对于社会发展更具有实际意义和价值的道路。毫无疑问，您终于成功了——您从海外回国创业、捐资办学，做了大量有益于国家、社会和人民的事。那么，您又是如何评价您的这种转变？转变的途中您经历了怎样的心理历程？

聂圣哲：我从来没有认为自己是精英。我觉得精英的数量是很少的，标准是极高的，否则，精英这个概念就失去了意义。只有牛顿、爱因斯坦、洛克、杜威、华盛顿、丘吉尔、马丁路德·金、曼德拉等人物才够资格称得上是精英，我最多只能被称为中国 80 年代的优秀知识青年。

无论什么人对自己都有一个认识，或者说是评价，尽管大多数情况下这种评价都是不准确的，我对自己的认识也是这样，大概符合这个规律。随着时间的推移和社会环境的变化，我对自己的认识也在不断地改变。一个人在社会的坐标系里应该如何定位？如何发生位移和震荡？这个问题一直在困扰着我。在这过程中，华盛顿这样的英美先贤们的经历给了我很大的启发，那就是这个世界上既有理想主义者，也有实干家，但把这两者合为一体的人其实是少之又少。如果在思想上做到绝对的理想主义，行动上做到完全的实干，这个人就能被各种层面的人所接纳，也就会有更广阔的思想和实践的空间，更容易地做出一些重要的事情来。有了这样清醒的认识之后，我便开始尝试着遵循这一原则，做一个思想上的理想主义者，和行动上极其实干的人。

[一] 《德胜世界》：周志友著，长江文艺出版社 2008 年 3 月出版。

我从国外回来，可以当教授，可以做生意，也可以做官员。但我觉得，办实业最能让一个人了解社会，三教九流都要接触，这正是我求之不得的，我可以从中悟出许多书本上无法得到的道理，能更深刻地了解国民性，以及社会各种现象的国民性根源。

办实业可以让我深刻了解社会，提供我思考问题的素材，并且可以源源不断地供应生活及研究的经费，还可以让我在国民性改造上作一些试验，同时解决不少人就业问题，向国家交纳税收，可谓一举多得。至于办教育，其实和我的总体思想是吻合的，就是要试验，怎样的教育才是有效的教育，怎样的教育最适合中国，前人给我们留下的资料太少，有的也不适合，得自己试验摸索。我办教育的另一个原因就是，我信奉一个真理，那就是"优秀是教出来的"。我要实践这个真理。如果说我所做的这些事情对国家有益，那我就太高兴了。

记者：我觉得您不承认自己是精英，可能是您把精英的标准定得太高了，对您的谦逊之心，我甚为理解。通过这本《德胜世界》，我觉得，在您的转变过程中，其实您始终保持着一份清醒。换言之，您精英的姿态一直没变，您始终对世俗性持一种严厉的批判态度，即使在经济领域中也是如此，甚至说，您变得更敏锐，更独特，更前卫，是这样的吗？这与您的海外阅历有关系吗？

聂圣哲：对，准确说和我的阅历有关，当然海外阅历是其中的重要组成部分。我觉得，作为一个现代公民，有几个基本问题有必要弄清楚：自己是什么？社会是什么？国家是什么？世界是什么？未来是什么？一个人的头脑必须要清醒，必须要有独立思考的精神，否则就无法承当起社会责任。我确实对某些学者的那种矫揉造作和低级的卖弄，对不法商人的唯利是图及巧取豪夺，对某些官员的恶心拙劣的表演，一直进行坦率且严厉的批判，我觉得这是我的责任。

2 试验与创造

记者：《德胜世界》中所描绘的那个世界太令人神往了，那么，会不会有人认为您是在建立一个新的乌托邦？在我看来，您的"德胜世界"很有点世外桃源的感觉。

聂圣哲：德胜从某种层面来讲，是我进行国民性改造的试验田。这个试验已取得阶段性的成果，那就是，中国人除了体格特征和欧洲人有区别以外，其他方面都可以通过教育来解决，只要通过有效的教育，中国人的社会生活的表现，和欧美不会有太多的差别。

谈到这里，我需要强调，社会的改造源于人在信仰观念上的自我更新，是一个公民在一种信仰的支配下自觉的忏悔。人的弱点太多了，道德的改变要以一定的生活条件为基础，而且要转变为社会人体的生活方式，凝结在一个社会的各种组织和管理活动中去。

德胜是一家教育为先的公司，每一个职工来德胜都要被进行价值观及行为改造，改造后的德胜人变得彬彬有礼，变得勇担责任，变得做事认真，变得行为文明，这当然给别人产生世外桃源的感觉。其实，一个年轻人只要经过两至四年的有效教育，就可以做到这些。德胜是建在地上的，不是建在天上的。凡是建立在地上的组织和社会都不可能是完美的，德胜当然也不可能完美。所以我们需要继续反思，继续更新，通过自己的更新带动社会的更新。因为能做到，所以德胜不是乌托邦。

记者：刚才您在谈改造后的德胜员工如何如何的时候，我心里一直在想，您的方式是什么？是您那独特的"聂式管理"吗？

聂圣哲：不应该叫"聂式管理"，应该叫"德胜管理体系"。这个管理体系可以说是独创的吧，这里面既有受西方启发的东西，也有我对中华民族的优点及文化的再挖掘，挖掘后的再改造，这也是一个不断完善的过程，现在还在完善之中。这套管理体系的灵魂是教育，是有效的教育。西方人在谈到教育时，有一句话对我影响很大，这句话就是，一个国家可以没有历史，可以没有文化，但不能没有有效的教育。可见有效的教育是多么的重要。在今天的中国，如果仅仅从社会上招收所谓的大学毕业生，来办一家基业常青的公司，那是不可能的。要想公司长寿，能健康发展，必须要有自己的教育和再教育的体系。要是依靠社会教育来选择人才，那等于白日做梦。

"德胜体系"很大一部分是再教育体系，是价值观和信仰再造体系。教育问题不解决，其他问题都很难解决。

3 灵魂与取向

记者：在我看来，很多人当下的主要问题是思维的平庸和灵魂的麻木。很多成功人士都把精力全部忙于外在的生活，用所谓创新的外衣来追求更大的外在目标，很少有人有着真正的内在生活。但您不一样，您做了大量的事，却一直小心翼翼避开媒体，低调行事，您的灵魂始终觉醒着，而觉醒的灵魂对现实生活往往又是排斥的，很容易愤世嫉俗，那么，您的内心是如何保持一份真正的宁静的？

聂圣哲：您说到现在许多人思维的平庸和灵魂的麻木，这真是一件让我感慨万千、遗憾无奈又非常痛苦的事情，这就是我们一代又一代无效教育的恶果。

杜绝平庸和麻木，是需要信仰、思想、文化的保障才能做到的，而这些需要有效的教育，需要几代人甚至几十代人的奋斗、积累才能实现、巩固和发扬。一个民族如果仅有历史，而没有总结，没有哲学提炼，没有思想的升华，有时候就算有点标新立异，也大多数属于把阴谋当智慧，把无聊当有趣的范畴内的东西。

说起我远离媒体，有这么几个方面的原因：一、我认为的思想还有许多缺陷，怕在媒体上出现后给别人形成误导；二、我是一个直率的人，一辈子努力不讲假话，怕我的真话伤害了某些脆弱的人；三、许多记者是无法与其沟通的。鉴于这些，我就选择了躲进小院成一统的生活，不过，一旦时机成熟，我会让大家来分享我的观点、立场和思想体系。

记者：每个人的心中都存着欲望，这也是人性的欲望。欲望分"好的欲望"和"坏的欲望"，那种可无限膨胀、无法永远知足的欲望就是"坏的欲望"。那么，通过您的试验，您对人性克制"恶欲"有多大把握吗？尤其您公司里大多是最为本性、并没受过什么灵魂洗礼的农民？

聂圣哲：事实上，每个人的心灵里都有一个空间，如果您不去填充美好的东西，它就会杂草丛生。人类心灵里这个空间是存在的，不可让其荒芜，更不能让它被填充恶毒，要想办法填充美好的东西。

事实上，我们招进来的年轻的农民工，内心里一片空白，好画最新最美的图画，相应来说填充美好容易得多，他们也就最容易成为优秀员工。

另外，我还想提及一下信仰问题。没有信仰的人难免会恶欲膨胀，会得陇望蜀。相反，有信仰的人，不仅会爱别人，更懂得什么叫爱。"爱是恒久忍耐，又有恩慈；爱是不嫉妒，爱是不自夸，不张狂，不做害羞的事，不求自己的益处，不轻易发怒，不计算人的恶，不喜欢不义，只喜欢真理；凡事包容，凡事相信，凡事盼望，凡事忍耐；爱是永不止息。"可以说，信仰光照下的爱是和谐社会的心灵基础。一个国家，有着优良的信仰确实是更加平安、祥和。

记者：是的，人类发展到物质文明极大丰富的今天，人们的价值取向更多是权力、金钱等外在的"物质的价值"，恰恰忽略了内在的"精神的价值"。

聂圣哲：现在社会的基本现象是，无论是有钱的还是没钱的，有权的还是没权的，生活得都不快乐！这非常可悲，也非常可怕。我们一定要寻找根源，要对贫穷和落后有一个准确的定义。科学与技术的不断进步及经济持续发展的规律告诉我们，物质的追求是不可能有止境的。如果"物欲满足"作为人们社会行为的唯一动力，那这个社会必定会走向灭亡。人的欲望是要从小受到有效的教育，在树立健康的信仰的前提下，得到有限度的克制，满足合理的部分，这才是社会发展的良性动力。当然，再加上一个以公平、公正为框架的社会模型，人们才会幸福。其实，吃青菜豆腐也好，吃鸡蛋猪肉也好，吃鱼虾鲍翅也好，吃熊掌燕窝也好，只要能够保持社会公平，每个人都受过良好的教育，心灵里都已被良好的信仰占据，社会就会祥和，所谓国泰民安吧。只要不原地踏步，能够稳步发展，速度可以慢一点，把一个基于未来的有效教育体系建立起来，国家就有明天。否则，物欲横流，永无满足，今天别克，明天宝马；今天公寓，明天别墅；投机取巧者得逞，诚实勤劳者吃亏，忿忿不平，抱怨社会，怎么会有幸福可言？！

我们要拨乱反正，那些有极大毒害的、错误的价值观必须要得到批判。我们必须要回到正确的价值观上来，那就是：可以放缓经济发展速度，从现在起，立即着手建立有效的教育体系，精心、慎重地设计公平、公正的社会发展模型，绝大多数人树立有效的信仰，建立属于中华民族的健康、优良的文化，不断有自己的思想家出现，和谐社会自然会出现，这样就可以进入无论是有权的没权的、有钱的没钱的人，都生活得幸福的祥和社会。

4 理想与实干

记者：跟您聊了这么久，感觉您无论对社会本质、人类本质，还是对自身在社会的定位都具有最本质和最清醒的认识。我好奇的是，像您这样的人和周围的人在一起，有没有觉得自己与别人格格不入？有没有意识到自己的态度会给周围的人带来一种压迫感？

聂圣哲：做快乐的猪也好，痛苦的思想者也好，都是生活的一种状态。我虽思考，有痛苦，更有快乐。我的原则是，平等对待每一个人，决不把自己的意志强加给别人，现实的情况是，有很多人都喜欢和我在一起。说实在的，我不喜欢有人说我伟大，我也不认为自己伟大，真正伟大的只有这个世界的造物主。这是德胜管理体系的认识基础，每个德胜人都应该有这个自我认识与谦卑、宽和的心态。

记者：在您的"德胜世界"里，您一直试图将您深刻的思想对大众进行启蒙，也就是说，您依然在尝试着用个性去影响或改变共性，这其中的过程您的感慨是什么？您有没有想过，思想对您来说是一种快乐，但对大多数被启蒙的人来说，也许会成为一种负担？您是怎么理解这种差异？

聂圣哲：我是一个理想主义和实干主义的复合体，我现实中的目标则是，启蒙一个算一个。启蒙工作是一项艰苦的工作，某种意义上来讲属于实验主义哲学的范畴，实验主义哲学和教育是密不可分的。所谓教育，就是施教者凭着自己坚强的意志，不断地重复，让被教育者打折扣接受的过程。过程当中双方都痛苦，完成这个过程，双方都有无限的快乐。

我多次说，无知会导致无耻，有许多人的无耻真是很冤枉，是无知导致的，很大程度上是没有启蒙导致的。启蒙需要一个民族认认真真去做，正正规规去做，启蒙没有捷径可走，不是知识分子写几篇文章、发动几场运动就可以完成的，知识分子在提到启蒙时不要忘记了作为美德的谦卑，更不要忘记启蒙是作为启蒙的倡导者和被启蒙者共同完成的一个艰苦、漫长的有效教育的过程，这个过程充满着相互监督和共同提高。

一个社会没有完成启蒙，就不能保证连续不断地涌现合格公民。社会启蒙和专业知识没有必然的联系，科学家、工程师、文学家……都存在启蒙问题。

记者：问题是启蒙者本身对事物本质的认识也会存在着一定的局限性，有的甚至是可怕的、具有毒害性的。这方面您又是如何避免的呢？

聂圣哲：你说得没错。这个时代的启蒙不是知识分子体现为道德批判的启蒙，而是公民基于信仰的自我启蒙，而且启蒙的成就应该转化为公民的生活方式，社会的组织体系，包括法律体系。这是真正意义上的启蒙，一种全面的可持续的启蒙。

德胜公司就创造了一个组织，形成了一种生活方式，培育了一种管理制度。还是从自己做起吧，改变自己身边的人，这样也可以督促自己耐心一些、细心一些、平和一些、求真一些，也就是说真正意义上自由一些。可以说，德胜公司在这方面进行了卓有成效的努力。

5 责任与未来

记者：现在，咱们随便聊些轻松的话题吧。从您所做的一些善举可以看出，实际上，您是一个具有博大胸襟的人，有着一颗极为宽厚的慈仁之心，您的这种大爱是基于您对社会的一种责任感吗？

聂圣哲：是社会责任感和爱心的共同体现，也是我受到了有效教育的结果。其实，每一个人的心灵里都有一片阳光，只是被欺骗的次数太多和尘封得太久，需要一种力量抹去这些人心灵上的厚尘，然后，他们也会加入做一个有爱心、有社会责任感的人的行列。这种力量就是宽容、关爱和无条件的帮助。

记者：您一直要求自己和员工做一个高尚的人，问题是，在商业社会里，做一个高尚的人和一个追求利润为目的的商人有时是相悖的。难道在这两个角色冲突中，您就没有过内心挣扎，或困惑？

聂圣哲：其实，人们对商业社会有很大的误解。美国是一个商业社会，但美国主流社会有一句话，"拼命地挣钱，拼命地省钱，拼命地捐钱"。美国是最发达的商业社会，但在美国高尚的商人随处可见，巴菲特不是把百分之八十的财产，即二百到三百亿美元的钱捐给了盖茨慈善基金会了吗？人类不应该是靠恨和报复去维系的，而是靠信任与爱。这个认识的转变，需要文化及信仰的重建才能解决，需要启蒙。

记者：好，换个话题吧。我想请教一下，您对成功的理解是什么？人们都说，性格即命运，那么您认为您今天的成功是因为您性格中的哪一点？

聂圣哲：成功是一个动态、相对的概念，非常不好描述。所以，我也无法对自己进行评判。性格决定命运是有道理的。我的性格中最重要的成分就是理想和实干融为一体，永远地独立思考和对自己的过去近乎苛刻的否定，这样才能保持清醒的头脑，思想才有提高的空间。

记者：您有时也会涉足一下文化艺术等领域，在那里，您会很快轻车熟路，并表现得出类拔萃。当然，作为诗人、作家、导演，您依然拒绝平庸，始终保持着自己一贯的独特和前卫姿态。您的内心更在意自己的哪一种身份？您对自己是如何定位的？

聂圣哲：无所谓身份，因为我从不想定位自己。每一个行业虽然不同，但是，有些原理是相通的。我们国家是一个还需要认真启蒙的国家，而现代化的浪潮又势不可挡。如果没有思想巨人和文化巨匠的出现，社会启蒙始终不能完成，文学边缘化，艺术的庸俗化，娱乐的无耻化，在所难免。中国需要启蒙，中国人需要弄明白一些基本道理，这看起来简单，但需要有识之士经过艰苦卓绝的共同努力才能实现。

记者：据我所知，许多经济学家都非常认同您的"聂式管理"，我也衷心期盼着您能给中国的经济界带来一场革命，让您的星星之火有朝一日能够燎原。那么，我想问一下，如果把您的这种模式推广开来，您觉得在中国经济领域具有普遍意义吗？具有普遍实践的可行性吗？对此，您有信心吗？

聂圣哲：意义和信心是有的，难度是很大的。中国现在面临的问题，本质上多是文化层面的问题，有许多事情法律是无能为力的。现在国家提出要提高软实力，大力加强文化建设。其实，文化何止是软实力，文化是超级实力。

记者：对于未来，您最大的挑战是什么？

聂圣哲：我没有明确的目标，也就无所谓挑战，把每一天过充实，把每一件事情做好，对我来说最最重要。

记者：您理想中的合乎美德、尊重人性的生活是什么样的？

聂圣哲：我认为合乎美德、尊重人性的生活是这样的：衣食住行无忧，言论思想无阻，自由但不离谱，博爱永驻心头。

◎ 此文原载于《中国作家·纪实》2008年1月号。

《德胜世界》：周志友著，长江文艺出版社2008年3月出版。

文中记者为朱子峡，著名作家。曾供职于《中国作家·纪实》。

◆ 2012年第72期《创业周刊》全面报道——聂圣哲：管理的灵魂是教育。

德胜员工篇

坚持做木工职业教育的推动者

程　涛：德胜（苏州）洋楼有限公司总裁

尊敬的美国驻上海领事馆白瑞基领事，姚德康商务专员，加拿大林业协会林产品专家朱蒙先生、江鹏先生，各位家长、来宾、老师、同学们，大家好！

德胜鲁班木工学校是中国第一所木工学校，自2003年创办以来已经历了9个春秋。这9年中，我们虽然经历了无数坎坷，但更多的是收获的喜悦。和往年一样，今天，又一批同学将要在这个典礼上获得匠士学位，走向社会，为中国社会的建设和进步提供力所能及的服务。每年，这个庄严的场面在不断地重复着，但从去年开始，这个本应在安徽休宁举办的仪式，却转移到了这里，我相信，对于这样的变化，历史最终会给出令人信服的解释。因此，无论环境如何变化，我们坚持推动中国木工职业教育发展的决心没有改变，致力于帮助贫困山区热爱木工职业的孩子通过木工学校的学习，拥有高尚的品德和木工这个一技之长，成为一个有益于社会的普通、快乐的劳动者，这样的初衷没有变。

我们从相继走向社会的历届匠士所反馈的信息中得知，他们为国家、为社会、家庭都做出了相应的贡献，也收获了家庭的幸福。而且一个孩子初中毕业后就读木工学校，和同年级就读大学的同学相比，他们的家庭经济收支就有25万元左右的起始差距，这对一个普通中国农民家庭来说，可谓是一个天文数字，幸运的是，从木工学校毕业的匠士的家庭，是最直接的受益者。今天，又有一批合格的匠士即将走向社会，在祝贺他们的同时，我们要真诚地感谢关心木工学校的社会各界朋友，还要感谢专程来参加仪式的美国驻上海总领事馆的白瑞基（William Brekke）领事、姚德康商务专员和加拿大林业协会的朱蒙（Dan Drummond）先生、江鹏先生。

最后，要特别感谢同济大学德胜住宅研究院院长、博士生导师、德高望重的徐政教授，连续 8 年为同学们颁发学位证书，为这个仪式增添了学术的分量和耀眼的光辉！

再一次谢谢大家，谢谢！

◎ 此文为程涛 2012 年 10 月 26 日在 2010 级匠士毕业典礼上的讲话。

声音

德胜员工的素质让我惊诧

从 2002 年开始，德胜公司每年都在我们酒店举办圣诞晚宴。说实话，第一次，德胜公司派员来我们酒店联系的时候，我的心里没有一点儿底。我想，能到我们五星级酒店举办活动的公司，肯定不是一般的公司，他们的员工素质应该是比较高的。但同时，我的心里多少还是有点担心。因为这数百名甚至近千名的客人中，大多是建筑工人。万一他们中有的人大声喧哗、随地吐痰怎么办？他们要是喝醉了酒闹事怎么办？为了防范，我们还是做了准备工作，比平时多派了相关人员。

但事实大大出乎我的意料，德胜公司员工的素质让我惊诧。他们的员工来酒店时，全都是衣着整齐，彬彬有礼。没有人大声喧哗，没有人随地吐痰，没有人酗酒；抽烟的人没有人乱弹烟灰、乱丢烟头，而且抽烟的人也不多。他们员工的素质甚至比我们有些机关干部的素质还高！

听说他们的员工队伍是有变化的，但不变的是他们每一年的活动都如此，真是让我钦佩！

苏州吴宫喜来登大酒店宴会会议服务部经理　唐彩萍

原来市场也可以这样推广

王中亚：德胜（苏州）洋楼有限公司销售中心总经理

到德胜工作的13个年头，是我人生的黄金时段，回想起来，感想颇多。现在，静下心来梳理这十多年来在德胜做市场销售的经验和感受，确实有许多话要说。

我毕业后一直从事市场销售工作，对市场开拓非常感兴趣，也愿意接受挑战。2000年刚接触德胜洋楼的美制木结构住宅时，眼前忽然一亮，心中激动万分，这么美丽的房屋是我过去只在美国电影中看到的。有了这种冲动，就有了了解产品并把其推广的欲望。但我从来没有做过房屋销售，况且还是舶来品，国人了解很少。好在原来我也在美国企业工作过，虽然行业不同，但我知道，隔行不隔理。并且，我了解到德胜的产品已经很成熟，市场培育已经有了一段时间，其前景将十分广阔，而且德胜对市场推广没有硬性指标。这一切使我下定决心来到了德胜。

通过了德胜的严格培训后，我便跟随聂圣哲先生学习木结构住宅的相关知识，记录客户咨询的问题和信息，学会回复的方法和标准模式。同时，下工地向技术人员了解木结构别墅的施工过程，了解各种部件的用途和特点，使自己尽可能全面掌握相关知识。我知道，得客户者得市场。如果自己对产品的了解都不透彻，就很难取得客户的信任。

德胜产品在国内的市场定位，主要是满足一部分对生活品质有追求，提倡低碳、科技、环保、节能住宅的人士的需求。当然，在营销中，我们也会把一部分过去对生活追求单一，注重以物质显示身份的人士争取过来，让他们回到低碳节能、生活舒适并且可持续发展的健康住宅里。德胜倡导的核心价值观是"诚实、勤劳、有爱心、不走捷径"，这是德胜成长发展的基石，贯穿于德胜企业运作的所有环节，从员工招聘、培训到施工、管理和售后服务等各个方面。每一个员工都是德胜企业文化的代表，跟企业的发展息息相关。德胜这些年来一直培训自己的员工，努力把每一个员工变成君子，让其远离小人，以与德胜的价值观相吻合。这也成为了市场推广的一个元素，改变着客户对国内产品推广的固有印象，凡是到过德胜苏州总部的朋友都会深刻地体会到这一点。开车一进入小区，门口的保安都会提醒您："请慢一点开，里面有孩子。"在小区散步，所有的员工都会微笑着打招呼。这些看似微不足道的细节恰恰是德胜文化的特点体现，也是取得客户共鸣的原因之一。我们在营销过程中，用真诚换真诚，加上德胜过硬的产品，企业高素质的员工，完善的售后服务，使许多用户不但成了洋楼痴迷者，而且还成了德胜文化的忠实粉丝。他们是德胜产品最好的营销者，他们的一句话比我们讲半天都重要。德胜的营销人员，从表面看只有两个人，其实不然。我们不仅有一批隐性营销团队，更有一种强大的企业文化作后盾。我们营销人员所做的只是服务。把服务做好，把客户的需求和德胜的原则协调好，是我们营销人员最重要的工作。前年，我们在华东的一个项目刚完成，就有许多人慕名而来。不用我们说太多，我们的合作伙伴就一直在兴致勃勃地向参观者介绍德胜的管理，施工的细节，工人的素质，工期的保障，产品的特点……他们的介绍不仅充满激情，而且非常专业，让参观者当时就产生了购买的冲动。由于他们的推荐，我们在当地一年内又做了4个项目。

当然，在市场销售过程中也不是没有困难的。随着经济的迅猛发展，步入富裕阶层的人士越来越多，走出国门的人也越来越多。见识增长了，追求个性化的想法也多了起来。但是，由于德胜产品许多固有的特点和木结构的特点，不能完全满足客户的需求。德胜建造的美制木结构住宅，是要经得起客户长久检验的固定资产，因此产品的成熟性尤其重要。实践证明，产品的标准化对于产品的可靠性、成熟度及维修便捷性有很大优势，而且成本也可以降低。因此可以说，德胜产品的成熟性是建立在标准化的基础上的。德胜坚持在标准化的基础上，根据技术进步和材料革新，进行产品的更新换代，保障产品质量的提升。为此，即使会失去一部分客户，德胜也会一直坚守这一准则。

据木结构协会不完全统计，截至2012年底，全国从事木结构建设的单位有四百多家。这其中很大一部分都名不副实。国内市场的供大于求与无序竞争，迎合了一部分不成熟的市场需求。在这种状态下，建设单位拖欠或延迟支付工程款的情况十分突出。德胜要求必须按照预付款和根据工程进度付款的方式来执行合同。对于成熟的市场，这本是无须考虑的问题。但现阶段，诚信体制的缺失，给我们的工作带来了很大的困难。德胜的企业文化要求，首先要对老实人负责，对讲诚信的企业负责，不仅不能失信于员工和客户，还要保证企业的良性循环。仅保障资金及时回笼这一项工作，就占用了我们大量的时间。

  了解德胜的人都知道，德胜在市场推广中是没有灰色支出的。一般产品的销售可能会遵守行业潜规则，而德胜宁可放弃这个市场甚至冒着倒闭的风险，也要坚持自己倡导的价值观。在德胜的规章制度中，其中有一条就是《合同签订前的反腐加押程序》，跟着还有《与主合同不可分割的反腐加押附件》，其目的就是要坚决打击商业贿赂行为，以建立与合作方健康纯洁的合作关系。因此，德胜的产品在国内市场推广所带来的阻力是可想而知的。记得有一个景区开发项目，前期工作我们已经做好，项目即将进入谈论配制、报价和签约阶段。这时，建设单位一位分管领导打电话给我，要我在报价的基础上，每平方米加价 500 元，等第一笔资金到位后支付给他。只要这一条做到了，其他条款全部按照德胜的要求执行。我们没有同意也无法同意这一要求，因为我们的价格是公开的（网站、报价用表）、服务是公开的，产品也是过硬的（不偷工减料）。最后这个项目被别人取代后，聂圣哲先生不仅没有批评我，反而还来安慰我，说我做得对，要我一定坚持下去，坚持自己的理念，做好自己，自己和自己竞争，自己与自己较劲。

  当然，也有一些项目在通过我们的沟通后起死回生。我们把德胜的企业文化和信仰告知对方，希望他们理解和认同。当我们的诚意打动对方时，一些"潜规则"也随之被扼杀在了萌芽之中。这往往是我们最得意的时候。项目结束后，对方中的有些人还成为了我们的好朋友。

  在德胜工作 13 年，见证了德胜的发展，见证了国内对德胜产品的认同过程，见证了许多客户的感谢电话和短信，当然也见证了德胜的一批批老员工脸上的皱纹和头上的白发，同时也见证了同事们永远不变的笑脸。圣哲先生说过，在中国做事情，只要你认真，就能做到第一名，因为很多人都不认真。有这么一个做事认真的团队，市场还用愁吗？

2013 年 3 月 10 日

德胜随想

赵　雷：德胜（苏州）洋楼有限公司知识产权与德胜文化中心总经理

每当提起外国的技术和产品，我们许多人都会羡慕和佩服，而对我们自己的技术和产品却不屑一顾。对于我们的邻邦日本，其生产的产品已经足以令人称赞了，其工人的敬业精神也足以令我们佩服，但据曾经去过德国的人介绍，在德国人的眼里，日本的产品仍然有很多不足之处，例如质量不稳定、设计不大气、不耐用，不如德国的产品精致、结实，足见德国人做事比日本人还要严谨和认真，因此他们的产品才能称誉世界。而德国人如何看待中国的许多产品，我们就不得而知了。

我们与其说敬佩国外的技术和产品，不如说是敬佩他们的做事风格以及对工作的敬业、投入和深钻细研的精神。德胜人能够充分地认识到这一切，能够"知耻"而"后勇"。因此我们要从一点一滴开始做起，要在中国的土地上做出榜样，让德、日、美等国家对我们的产品、工作、服务和细致入微的管理另眼看待。

居住在德胜公司商务区的一位外籍客户，在短短三个月的居住时间里，就发现了德胜的与众不同，德胜的管理已经在他的心中扎下了根。记得他刚入住不久，因为是新盖的洋楼，空调还没有正常运转，有一次他说空调出了问题，晚上自动停止，早晨房间温度很低。

我们售后服务中心的人员去了几次进行维修，结果还是没有修好。他开始怀疑我们公司维修人员的技术水平和公司的整体服务水平，直到两天后我们的技术人员和专业技术人员一起彻底将空调维修好后，他才打消了疑虑。故障的原因不是硬件的问题，而是操作面板上软件的控制问题。后来他见到我后说："我一直在想这（指空调问题）不可能是德胜的原因吧！"从客户的这句话中可以感受到，德胜是一种积极处事和认真工作的精神象征。

结合德胜公司提倡的"诚实、勤劳、有爱心、不走捷径"的价值观，我想我们每位员工有了德胜这份光荣的职业，是一种荣耀。如何才能胜任公司对自己安排的工作呢？那就是把它作为自己的一种信仰和神圣的职责去完成。

今天德胜公司提倡和奉行的管理方法和理念已经深入人心，许多员工也把这种理念带到了社会上，包括不随地吐痰，不随便扔垃圾等。

南京有一家建筑公司，在公寓社区内所建的地面上层仅铺1厘米厚的水泥，下面铺的全是沙子，可见其偷工减料的行为到了何种程度。工程刚一开始，就被当地人发现了，《南京零距离》节目对此进行了特约采访和报道。这种违法行为是多么的可耻！对比一下德胜公司，在小区的公寓楼地基整平时，居然连挖掘机都不能把普通地基上原来铺就的水泥板挖开。想一想两种地基是多么截然不同。

上海一家公司的会议室内竟连一处电源插座都没有，而德胜公司的户外到处都可以找到防水电源插座，许多户外还能接插上电话机，可以带上手提电脑随时随地上网。

许多企业只是空喊从管理中要效益，这话不假。但从管理中到底得到了多少效益，恐怕连他们自己都不清楚。从管理中要效益，不如认认真真地总结如何做人、如何让员工从自身寻找不足之处。

德胜人不适应外界的环境，不是不切实际地超脱了自己，也不是与外界格格不入了，而是坚持了符合人类特性的一些原则和规律。社会上不讲道德、不讲信用、违法违纪的现象实在太多。正因为不与社会上的一些不良现象同流合污，才使我们许多员工回到自己曾经生活或工作过的环境中时反倒不适应起来。

公司在第七次战略发展会议上决定成立程序化运转中心，并将程序化管理作为会议主题进行剖析和讨论。从此各部门、各工种及各人的工作过程、工作计划和工作程序被纳入了系统化的管理，具体表现在日常工作的监督、督促和落实上。程序中心是一个开拓性的部门，它成了公司正常化运转的轴心。这是公司实现管理动态化的一个有力例证。

德胜告诉员工们一个简单得不能再简单的道理：在施工过程中安装一块形状残缺的石膏板与安装一块形状完好的石膏板，其所用的工作时间都是一样的，自己的工资也会照付。但安装上这块残缺的石膏板，就是不符合施工工作程序，就是员工质量意识差的表现，这并不是在为公司节约，更不是为公司所谓的"利益"着想。而这种行为,往往会在有些单位受到表扬。从这件小事上就可以体会到为什么许多单位刚把房屋钥匙交给住户不多久,就会接连不断地遭到质量问题的投诉。

现在在德胜,我们每天能看到全公司第二天人员的动态、车辆的动向、第二天的天气情况等最为实用的信息。这些都是程序中心努力工作的结果。

作为质量和环境管理体系系列文件的编写者之一,我打心眼里高兴。质量管理体系说白了就是一种过程和模块式的管理,是对客户最终承诺的实现过程;环境管理体系实际上就是对环境进行一种预防式的管理。公司力求在内部的体系管理上与国际化管理接轨,许多管理的死角被挖掘了出来。

德胜不但要求员工很好地完成公司交给的任务,而且还要看你完成任务的过程是否做到完美,就像人们用餐一样,同样是用嘴嚼东西,有些人咀嚼时发出较响亮的声音,让旁边的人总有一种异样的感受,这一点在德胜是不允许的。

德胜公司为什么会让客户心服口服?就是因为我们对客户的承诺让他们感到非常实在。洋楼主体70年的保修、回购移动房等措施,这些不是简单的一句话就完事了的,这需要鼓足多大勇气下定多大的决心去面对!这也从另一方面看出我们对自己所盖房子的质量是多么信赖!我们对客户的尊重充满着博爱、仁慈、坦诚、大度,但我们对个人的利益看得很淡薄。

一个企业如果没有灵魂深处的东西向员工进行深入地渗透,即使它有一时的辉煌和荣耀,也迟早会出现危机和忧患的。这就犹如一个不具备内在气质的人,身上穿着诸如皮尔·卡丹、阿迪达斯等名牌服装;或像是一台先进的全新配置的计算机,安装的却是很落伍的软件系统。

一个企业如果缺乏新鲜和富有生命力的东西对员工进行正确的引导和教育,它即使披上了世界上最优秀的管理方式方法的外衣,也肯定不会支撑长久的。

德胜公司的有些管理措施是非常独特的,如向一位客户免费提供资金,帮助其从国外购进配置,让其开办工厂,为公司做配套服务,回过头来赚德胜公司的钱。这让绝大多数只知道赚别人的钱、舍不得掏自己腰包的人不能理解。其实这是一种长远战略决策。德胜完全无条件地援助资金、人力、物力等,没有任何要求回报的条件,只要求他们能控制好产品的质量。

195

我曾经参加过一个来自北京的高级咨询专家主持的会议。会议期间，我去给各位与会人员的茶杯里倒水，主持人当时就很奇怪地说：这是服务员的事，你不必为他们干这种事。言下之意，这是酒店服务人员干的下等事，你不必干这等低下的活。这对劳动是何等的蔑视啊！

但在我们德胜，给客人奉茶是一种真诚和热情的体现，是对客人的尊重，是给自己展示工作的机会，没有经过培训的人大都不能很好地完成此项任务。比如说一杯水中要加一片柠檬和一块冰，这让许多人都会感到一头雾水，为什么要加柠檬片？答案很简单，除了美观以外，还可以除去白开水中漂白粉的异味，给人的感觉是不是就完全不同于普通水了？

可见观念上的差异会导致截然不同的结果！

以公司管理人员顶岗为例，顶岗是让大家在不脱离实际工作的情况下去反官僚，在实际中发现问题，解决问题，而不是把大家作为劳动力来使用，如果作为劳动力使用，那公司付出的成本太高了。

我认为通过顶岗，可以获得很多益处：

1. 可以使脑力劳动与体力劳动互相调剂一下。整天坐在办公室里，会引发许多亚健康症状，如头晕、腰疼。调剂一下，可以更加精神饱满地投入工作。

2. 可以发现实际工作中存在的一些问题。壁式空调过滤网就有许多安装错误的地方。有一个地方安装错了，把网子卡在挂钩上了，我只有请教别人来取出卡死的网子。之后，我换到另外一个房间，发现公务舱的空调安装方法又与另一处空调的安装方法不一样。同一种机型、同样的结构和装置，不可能出现两种安装方法，肯定有一个存在问题。经过询问，才知道公务舱的安装错了。

3. 可以学习到许多知识，并且享受到劳动带来的快乐。劳动间歇可以把自己的感想写出来。

在德胜多做工作是一种享受、一种满足和一种充实。

很多公司固有的概念是：管理的关键是处理好人际关系。德胜公司把员工之间的关系变得简单化，大家在一起上班做事，不需要花更多的时间去想人际关系或人情世故，这样就可以把时间和精力一心一意地用在工作上。

这可以从许多方面加以证明。比如，在自己有权处理的下属中，与自己有血缘关系的人会受到更加严厉的处罚。以2004年全年51个公告为例，不管是管理人员，还是普通员工，谁犯了错误都会按照公司制度进行处罚。这就避免了许多矛盾的产生。

许多人总会把外资企业与高薪、受人尊敬、良好的事业发展前景、现代化舒适的工作环境、一流的培训机遇等联系在一起。但事实上，来自亚洲一些国家和地区的企业不乏有把员工看做是被奴役对象的现象。他们认为工人一旦进入了公司，其人身自由都是属于公司的，于是乎，除员工上班打卡外，员工之间也要每周互相监督打分评比，每月打分汇总，办公场所还设有监视摄像头，员工完全被看做了小偷。

西方国家倡导博爱、对人友善真诚、思想开放活跃，这种积极的人生态度决定了他们对人对事的看法。居住在公司小区的外籍员工艾默瑞先生常常遇到一些尴尬。他是一位地道的美国人，他首先认为周围的人和事物都是美好的，世界在他眼里灿烂无比，包括街道上的警察、游客，他认为他们都是一群极其友善的人。有一次当警察说他在禁停区违规停车时，他认为警察没有尽到在路边树立公告牌或在地面上画上明显的禁停标志的义务。他认为此现象是因为管理不到位，而警察本人的本质是好的。其实，有多种原因会让你莫明其妙地受罚：第一，这与开车人运气好坏有关。你可以在某个地方停一个星期的车，有可能都没有人来管。一旦有上面的领导来突击检查或例行检查，停车人就会倒霉。你今天遇到的就是这样一个个例。第二，警察开罚单与他的奖金是成正比的。他宁肯罚停车人更多的款，也不会在很多地方设立禁停标志。对于这两点，艾默瑞先生永远无法理解。

德胜的管理是纯粹的以人为本，对员工的待遇高于其他美欧企业，而又与美欧企业不同。德胜对员工友爱、仁慈、宽厚。谁家有困难，首先会向公司求助；谁家婚丧嫁娶，公司都会给予补助；哪位员工受伤，公司会在第一时间施行救助。在公司上班的员工得到的是更多的实惠，员工喝的饮料是公司派专人以每听1.70元采购回来的，但却以1元钱出售给员工；还包括每天的用餐补助，每年额外补发的费用等，各种事例不胜枚举。

为了对一些外资企业的员工行为进行一定的约束，苏州工业园区要求外资企业成立工会组织，而他们一致认为，像德胜这样的企业实在少见。

德胜注重更多的是精神领域，提倡做老实人，在公司上下形成老实人的氛围。而对物质，尤其是金钱是最不被看重的，否则德胜不会每年都向社会捐款、捐资助学、资助各公益项目，也不会有更多的善举对待社会或个人。

德胜公司为了维护客户的利益，使客户免遭损失，一切从大局出发，宁肯自己赔钱，也不昧着良心做事。当今社会许多人以赖账、推迟付款为荣，有些人明明欠着别人的钱还摆出一副理由十足的样子。可德胜从来不欠任何人一分钱，是支付最痛快的一家公司。在举国上下到处陷入民工讨债潮流中的时候，我们却打着电话催员工来领工资，催合作单位来领取货款。外地的员工还没有到家，其工资已经打入了他们的账户。在德胜如果出现拒付、少付、缓付、迟付的情况，都要对责任人进行一定的处分或处罚。

不仅如此，在许多方面，不是我们自己的职责和工程施工范围内的事，德胜依然像自己的事一样去对待。像上海美林别墅租住户的电视频道和游泳池出现了质量问题，这应该不是德胜的责任，德胜却主动自己出钱帮助解决，这些都是让许多人不能理解的事。

在德胜，只要认为是恰当的事，大家就尽管去做。上班没有太多工作要做的人，他恐怕不会在德胜待太久。因为他可能没有做到敬业，或是上了班以后不知道自己该干什么，还需要上级主管去安排，这是工作不积极主动的表现。

在德胜，许多工作主动性强的人或工作特别投入的人往往加班加点，有些甚至会在半夜惊醒或一大早起来，立即记录下自己今天该做什么。

德胜有许多工作都能加以细化，把许多事情预先都尽量考虑得很周到，避免失误。因为客户往往发现德胜的不同寻常之处都是在一些特别细微之处的细心，所以对此产生了深刻的印象。

有一位客户曾经向我坦言："现在我们公司执行的很多东西都来源于德胜公司，比如中层干部每天都要做工作笔记，比如开会制度，比如奖惩公告等……尽管因为我们的原因而失去了与德胜合作的机会，但我们仍然对德胜满怀感激之情，毕竟从德胜公司我们得到了很多东西。"

作为公司的一名职员，我也已经把自己融入了公司的管理之中。既然热爱公司，自然希望公司在今后发展得更完美。

　　2004 年我们公司已取得了骄人的成绩，有许多难啃的骨头都已被我们一点一点地啃了下来。我想在 2005 年里，我们可以自信地说：没有能难得住德胜的事，就像下棋一样，没有破不了的局。

2005 年 2 月

声音

我惊讶地看到

　　我惊讶地看到了波特兰小街管理、运行得那么完善。当我参观一座洋楼时，服务人员总会为我打开房门。我出门离开时，我脱在门外的鞋子总是摆放得整整齐齐。在波特兰小街，所有洋楼均由自己的专业人员进行维护，这里还有能够制作木制灯具的艺术家，我就居住在一个这样的小区里。

安（丹麦王国）
2005 年 7 月

附：安来信原文

Jul., 2005

　　I was surprised to see how good Portland Street is functioning. When I visit a house, a clerk would open the door for me. Do I leave my shoes outside the door, it would have been put nicely when I leave the house. In Portland Street all kinds of house constructions are maintained by skilled workers. We also house artists who for instance make wooden lamps.

亲情的感召力

赵 雷

家庭是最小的群体单位，同时又是个人之间进行情感交流的最佳环境。家庭对于那些常年客居他乡的人来说，意义尤为重大。

无论哪一个被推荐的客户，无论来过公司多少次，也无论是哪一个中介公司，我都是以积极的态度热情地接待他们。因为我们不能从表面上来判断他们到底是匆匆的看客，还是将会成为我们的租住客户。

记得想租房子的 Henrik 先生，第一次是由中介公司的张小姐陪同一起来到商务区的。与往常一样，我对其进行了热情友好的接待。

我先是对商务区入口处的小花园进行了介绍，告诉他这里是常常为客人们提供烧烤的地方；户外使用的桌椅板凳每天要由物业管理人员擦洗两次；客人入座后，总会有人送来免费的咖啡和饮料。以服务取胜是物业管理亘古不变的法则，因此我必须向客户介绍清楚。

我首先向他介绍的是 1997 年建造的洋楼，然后又走进了 103 号洋楼，也就是那栋曾经是样板间的房屋，它大约有 200 平方米。

可进行遥控的车库门、白色的洗衣烘干机、中央空调、24 小时中央供水设备等等一应俱全，这些都给客人留下了深刻的印象。

进入屋子里，一楼客厅明亮开阔，配有壁炉、沙发、壁画等，还有许多令他意想不到的设施。他一边连声叫好，一边从自己的口袋里掏出了一把可以折叠的木尺子量了一下客厅的长度和宽度，并不时地用笔在随身携带的笔记本上画出客厅的轮廓，将丈量的数据记录下来。

一楼书房的一侧为半亭式建筑，墙壁上安装有比人还高的竖立着的、透明的三扇玻璃窗，窗子互相连在一起，共同组成了正八面体结构的紧临三边。这种相互连接的窗棂呈相同的弧度分布着，坐在里屋的人可以很开阔地看到外部较大范围内的景致。Henrik 先生看完这一切后，表现出一种既惊奇又欣喜的样子。他没想到在苏州能看到并能租到这种纯美式的洋楼。这一次他真后悔出门时未带上照相机。

陪同他来的一位小姐安慰他说，虽然没有带照相机来，但德胜公司的画册就是相片了。

书房里临时放着一张床，Henrik 先生说他不喜欢把这里作为卧室。他说这里可以成为一个很理想的家庭办公室，可以放一到两个书架。趁此机会，我告诉他，德胜不同于其他公司的是我们有自己的木工师傅，可以根据客户的需要订制各种各样的个性化家具。对此他感到很满足，连说了几声"好"。

在参观了二楼后，他问了许多问题，如物业、保安以及有没有转换插座等。我们知道，往往提出问题越多的人就会越想租用房子。

十几天后，Henrik 先生第二次来到波特兰小街，我带他去看了新户型——202 号联体房。这栋房屋是一套联体房屋的一半，另一半早已租给了另外一位客户。联体房这种户型有很多好处，其中一个优点是两栋房屋中间车库临界的墙壁可以共同使用，既省资金，又可充分利用土地。对于土地比较紧张的地区，开发这种户型尤为适宜。

这栋楼的一层客厅里摆放有一张茶几，客人经过时大都不会注意到它有什么不同。它的面板是可升降的，每次客人经过时我都会顺势将面板抬高，并介绍说它既是茶几，又可以用来书写或用餐。这一下子就把客人的好奇心吸引了过去，他们大都会开心一笑，Henrik 先生也不例外。

这一次 Henrik 先生没有忘记带上他的照相机。进入了这座新建的 230 多平方米的楼房后，他的照相机派上了大用场，他要把上一次未带相机的遗憾弥补回来。只见他一会儿站在房子的角落按下相机快门；一会儿让中介公司的张小姐站在走入式的橱柜门口作为临时模特儿拍摄；一会儿又站在浴缸上来拍摄淋浴房；一会儿又把阁楼和收折楼梯也拍了进去；甚至于连楼梯边、楼梯口、楼梯扶手也不放过。

第三次是在 4 月初的一天，这一次他见到我之后似乎怕我们会产生不耐烦之感，在互相寒暄了之后，他首先主动地对我说，这一次他是带着合同来看房子的。

在去 202 号联体房的路上要经过那个小花园，这时我见缝插针地告诉他，一般的开发商只是委托别人建造房屋，而德胜不同，它既是一个建造公司，同时又是一个管理自己物业的公司。对此 Henrik 先生爽快地回答说，这也是他为什么选择租用这里的房屋的原因之一。

看了 202 号联体房后，他又在房屋的周边看了又看，把旁边准备为他建造房屋的地基也拍了下来。他还询问可否在公司的周围转一转。得到的回答当然是肯定的。我先带他沿着池塘边绕了一圈。他又询问可否随时在此划船，在得到"当然可以"的回答后，他露出了十分满意的笑容。

沿着一条小路往前走时，细心的 Henrik 先生看见了路旁树立着的一个小十字架，他疑惑不解，询问这是什么。我就告诉他，这里埋葬的是一条与主人一起生活了 6 年的狗母亲。因为她年迈成疾，不治而亡，主人为了纪念她，特举行了隆重的葬礼，并立十字架在此表示哀思。Henrik 先生听了此番讲解之后很是诧异，后来我们才知道他也是一个非常喜欢动物的人。

接下来参观了公司的雕塑陶瓷工作室。自酿啤酒也是 Henrik 的爱好；看到了木制灯具后，他想买下作为礼物送给家人；他还拍了墙壁上的几幅画像。这个小小的艺术殿堂，让一个来自欧洲的老人惊喜不已，在征得了我们的同意后，他连连拍摄了多张照片。在经过一条小路时，他还特意请我和张小姐作为景中人物，拍摄了几张作为留念。他还对假海豚进行了一番评价。

转了一圈以后，我们一起坐在办公室喝咖啡。这时 Henrik 先生说了很长时间的话。他说有一次因为装运家具的集装箱没有及时送达，他曾经在一间什么家具都没有的房子内，与妻子度过了整整 4 周不寻常的日子。对于一个非常注重家庭感情的人来说，那段日子让他刻骨难忘。

他提出了几个具体的问题：房屋内可否安置他自己的灯具；可否多增添两个壁柜；窗帘可否更换。他还问道，可否在墙壁内安装方便小猫进出使用的微型门。对此我告诉他，这些问题我需要向公司请示，两天后会以电子邮件的方式答复他。

他还说这一次无论如何也要早些发运家具。他还提出几个假想的问题请我来回答：如果房子到 7 月底还没有盖好，他需要先在一间面积相同的房间内临时入住；如果家具没有按时送到，他可否借用公司的家具临时使用；如果集装箱到达之后，可否把集装箱先放置在那里，他可以取出一些东西先用，把不用的东西暂时存放在集装箱内；如果长期不用的东西，他可不可以放在公司的某一个地方。我对此一一作了回答：

临时入住一间房屋是合同上规定的，我们公司永远遵守信用和承诺；能够使用我们提供的家具，是我们的荣幸；集装箱放置在波特兰小街和厂房内都没有问题；一直不用的东西可以存放在面积足有 7000 平方米的仓库二层阁楼上。

最后，他告诉我，他所做的这一切，都是为了他们唯一的女儿，而对于他和妻子则是无所谓的事情。他们的女儿将会随同他们一起来到中国。他们不想在她来到中国后产生不好的印象，怕她感觉到这里并不是她理想中的地方，唯恐她会产生失意之感。对于他来说，这是最为重要的原因。这就是一位欧洲老人如何对待自己的女儿的。20 多天后，当 Henrik 再一次来到中国时，我才从这位外国老板的同事那儿了解到，他的女儿并不是亲生的，而是从泰国收养的。尽管他们对她非常慈爱，但还是怕对她有所伤害或怕她有什么不满意之处。

看完租用的房子后，他提出要去附近的小自选商场和我们所说的 7000 平方米的仓库看一看。正好去仓库时要经过一家自选商场。来到商场门前，Henrik 先生一下车就迫不及待地拍摄商场的外景，并且说他要告诉他的太太和女儿，这里购买物品是多么方便。进入商场，他像是进入了迪士尼乐园，兴奋地不断按下快门。最后，他看到一盒很昂贵的精细加工的糖果，他买了一盒，并向他的翻译说，他要把这盒东西和收据带回瑞士，告诉他的太太和女儿，这件东西就是在小自选商场买的。

参观完仓库，我们在公司一起用了中餐，之后一起去太湖乘坐了游艇，回来后又商谈了将近 1 个小时，确定了司机人选等问题。

为了保证让他的女儿来苏州后不会失望，我们之间多次以电子邮件或电话的方式联系，告诉他"我们的房屋建造正在有计划地进行之中"，但他还是不放心，在入住前的 6 月份，他又专程从瑞士飞到了苏州。

这已经是他第五次来德胜波特兰小街了。

这是迄今为止第一位不远万里、不止一次专程从欧洲风尘仆仆赶来中国苏州了解房子施工进度的租户。当看到房屋的主体已经建造完毕时，他感到非常满意。他对我说，但愿下一次来苏州，建造好的房子会给他带来一个意外惊喜。

果不其然，7月初，入住前他再一次来到了苏州。这一次看到了已经完全建造好了的房子，他非常高兴，似乎他对他的太太和心爱的女儿所承诺的一切都已由梦想变成了现实。临别时他告诉我，他回到欧洲后会做最后的准备，然后带上全家人开心地去度假，要以一种全新的心情来中国工作。他说如果他的女儿喜欢这里，而且他的工作顺利的话，他希望能在中国工作5到7年，甚至更长……

从地基开挖到主体做好再到建造好房屋，这样快的进度和德胜人的工作精神着实让这位西方人赞叹不已。他说在西方，即便是你看到了做好的基础，要想看到整体房屋，至少也要等一年的时间才可以，况且还要等一段时间后才可以搬进去。这一点从另外一位来公司看房子的德国客户说出的话语中得到了证实。

使他更为惊喜的不是他以前想象的已经建造好的整体房屋，而是一楼落地窗旁边所安装的猫门，德胜员工不但安装设计得很合理，而且连猫从门洞里走出来时伸出的脚正好落在户外石阶上这样一个细节，居然都想到了，真的做得很完美。我告诉他，为了能让小猫够得着这个石阶，我们公司的员工特意将原来设计的石阶进行了修改，重新建造成现在这样既不破坏树木，又可以使猫自由进出的结构。要知道，他这次来中国前还想着自己要做个架子让猫爬出来后将脚落到实处呢！这是他万万没想到的，他怎能不喜出望外！

我想一位千里迢迢到中国的欧洲人，在苏州和常州选择了20多个地方，最终唯独能够垂青于德胜公司的波特兰小街，可见这里符合他的居住要求，完全能够满足他和家人长期居住的需要，可以成为他休憩的理想场所，这里有许多细节令他满意，正像他对任何事物都是那么细致一样。他居住在这里，用我们中国人的话来说就是"值"，不然，他为什么在常州上班，却要居住在苏州，每天还要请专人用专车花一个多小时的时间接送他颠簸在这两个同样具有活力的城市之间呢？

总之，入住前一切都比这位西方老人所想象的要顺利得多。和他交谈，你会发现，他对家人是那么体贴入微；你又会觉得并不是只有某一个国家的人讲究儿女情长，每一个国家的人都是一样的，所有的人就像他一样，虽然女儿是他从泰国收养的，但他依然给了她无尽的父爱。在全球一体化的大格局下，无论经济如何发达，无论科技怎样发展，全地球的人对家人的亲情都是永远不变的。

2005 年 8 月

◆ 精心为客户家安装的猫门。

◆ 这家客户很幽默，他认为"A home without a cat is just a house."（没有猫的家仅仅是一座房子而已）。

想进德胜公司，你做好思想准备了吗

赵 雷

2004年4月，因为业务关系，我认识了一位从事管理工作的官员。这位官员在看了德胜公司的员工读本后，毅然决定推荐自己第二年就要毕业的儿子来德胜公司上班。

找我推荐亲戚朋友来德胜公司的事，对我来说已经司空见惯了。但我对此事是非常慎重的：如果被推荐人到公司后表现良好，那自然都很好；如果公司不满意，自己总会觉得有愧于公司。德胜在选人、用人、育人方面都要花出比别的公司更高的成本。干不了多久就走人或被公司解聘，我都会觉得对不住公司。

德胜公司在用人方面与其他单位几乎完全不同。在选人时，一不看文凭的高低，二不看长相如何，三不以性别来录用人。这三点在别的单位看来是不可思议的事情。

德胜选人的条件，首先是看应聘人的品行，看他是否符合"诚实、勤劳、有爱心和不走捷径"的价值观，这是公司用人的基本原则；其次是看应聘人的工作态度、工作过程、工作方法和工作效率等是否合乎要求。

公司在用人方面是慎之又慎的。公司用人的原则是从多方面考虑的：工作仔细程度、工作是否能够做到位、一件不起眼的小事是否能做得完美、是否诚实，等等。有无数个"生活法则"需要应聘者通过自己的劳动去体验，通过自己设身处地地工作去体会。

接受培训的人员，必须掌握以下一些做事的原则：

1. 无条件地服从上级的安排。

2. 做事要一步到位。工作要讲求效果、效益、效率。上班时间内要满负荷工作。

3. 岗位空缺时其他人要有补位意识。

| 企业文化

4. 做事要有始有终。

5. 质量是道德，质量是修养，质量是对客户的尊重。

6. 遵守客户第一原则。

7. 同事沟通要幽默，员工之间要互相关怀。

8. 遵从物品使用时重要优先原则。

9. 个人服从全局。

10. 遵从物品归位原则。

11. 人人平等。

12. 充分挖掘个人潜力，充分发挥个人智慧。

13. 随机应变，遇事快速反应。

14. 不达目的不罢休。

15. 在本职岗位有所创新和突破。

16. 勇于承担责任。

17. 个人要融入公司工作氛围。

18. 换位思考、换位替补工作。

19. 自动执行书面规定以外的约束。

20. 工作不仅仅是为了完成任务，而是一个认识公司价值观和理念的过程。

21. 不钻制度的空子。

22. 对公司不抱怨。

23. 讲信用。

德胜公司的物业管理部门有一个好听的名字——管家中心。对新人来说，它是一个大熔炉，是一个训练车间，是一所严谨的学堂，是一个教你如何做人和做事的地方。

从各种途径探听到德胜，到公司参观的人不计其数，他们大都会被公司漂亮的洋楼、窗明几净的环境、员工一张张热情的笑脸和认真的做事态度所吸引，于是他们产生了来公司上班的想法。想来上班的人多得有时会让公司人力资源中心的负责人招架不住，这种现象是德胜公司再常有不过的事情了。

想要来公司上班，就要先衡量一下自己——是否能通过公司为你设置的"门槛"。对于每一个想加入德胜的人来说，这个"门槛"并不是高不可攀，只要你具备了勤劳和诚实的品质，具有爱心，做事一板一眼、不走捷径，自然就会轻松地跃过。完全不像有些公司那样，总是以各种证件的多少作为选人、用人、留人的条件。

于是，我较谨慎地对那位想推荐自己儿子来公司工作的官员说，德胜公司对于能够领悟它的管理内涵的人来说是一座天堂，反之，对他们来说不亚于人间地狱。我还告诉他，想来这个公司的人，必须经过一套独特的程序才能正式上岗。上岗初期必须接受公司的再教育培训，必须从最基础的工作，如擦洗玻璃做起。

朋友，想进德胜公司，你做好思想准备了吗？顺便告诉您：德胜的门永远对真正的君子敞开。

2004 年 5 月

声音

既看结果，也要查过程

退休之后，我也接触过一些私人公司，这些公司的理念与德胜相比有很大的区别。有的老板对部下说："我叫你做什么事情，过程我不管，我只看结果，你只要达到我的目的就行了。"他们只看结果，不看过程。我们德胜公司要求既看你的结果，还要查你的过程。

德胜（苏州）洋楼有限公司工程师　高成义（退休职工）

我们在这样的管理规则下工作

赵 雷

德胜在推进现代木结构洋楼标准化住宅建设的同时，也在不断地推进现代的管理理念和企业文化。最显著的特色就是其顺乎自然的管理方式，这是德胜公司管理制胜的要诀。

1 合乎个人特点的工作安排——让员工自己定位

记得刚来公司时，我有些迷糊，不知道自己在公司能做什么，该做什么，就抱着一边干一边看的心理，很长时间里找不到自己的目标和突破点。当时公司领导也没办法安排具体工作给我，只让我协助其他部门做一些工作，还为我专门设立了一个职位——恐怕在世界上也属于独一无二的职位：三协助专员。作为我自己，整天无所谓的样子，顺其自然吧！

也许德胜管理的妙处就在这里：让我在平静的心态下找到个人的位置，我自己先给自己找事干，我的路先由我自己来铺设，而公司不会给我定具体任务，需要协助时可以抽调我去做一些事情。

让我自己找事做，从表面上看似乎我没有压力，但事实上没有事做是不可能的——我最怕的就是没有事做，在"人库"里耗着，自己也会觉得要"折寿"的。

于是一种无形的压力不断地袭来，自我加压就成为了必然；

于是自己就开始学会主动联系相关人员找事做；

于是就有了热火朝天地工作，有使不完的劲，有了加班加点的习惯。

后来，我发现，不仅仅是我一个人有过这样的经历，塞奇工作室的蒋永生老师也是这样。作为一个部门的经理，他刚来公司时也摸不着自己发展的方向，曾经向公司领导请示过应该做什么。但得到的回答是："先做自己喜欢做的事情"，这让他和下属们一时无从下手。

后来事实证明了老总这样答复是有他的道理的：让你自己找事做，做你自己喜欢做的事，让每个人都顺其自然地发挥自己的特长。

2 不以绝对获利为前提——轻松工作、快乐工作

德胜公司不同于其他单位的是：

（1）不必为了获得利润而削尖脑袋钻营，企业员工没有那种费尽心机、挖空心思地去为繁重的经济指标而烦恼的心态。美国杜邦公司一位女性白领在参观了德胜公司后感慨道，德胜与许多企业管理上的不同之处，就在于员工并没有被捆绑在经济利益之上，公司强调更多的是产品质量、人的品德和安全。

（2）不需要每天手持电话话筒去联系业务——我们的业务大多是客户自己找上门来的。

（3）不需要为了应付上级各种各样的视察或检查而违心地去做一些遮遮掩掩的表面化工作——用园区一位学校校长的话说，就是"德胜的管理不能也没有办法移植给别的单位，它好像是员工自身生长出来的东西，是骨子里的东西，不是花了钱把它装扮出来的"。

（4）不需要接受各种强迫式的捐款捐物，一切捐助都是爱心的自然流露。

（5）不需要参加各种各样毫无意义的会议。

（6）不会为复杂的人际关系而费尽心机或忧心忡忡。

（7）许多工作由复杂变得简单化——员工有的是饱满的信心，员工只要知道今天把自己的工作做好就行了。

在德胜公司有一种现象让许多人想不通，明明有些工程项目客户自己主动找上门来了，我们却不愿意接手去做。这件事让营销中心的员工最为不解。

后来，聂先生在一次大会上专门就此事向大家作出解释。他说：我们不接手一些工程项目的原因是我们要处理好发展和管理的关系。我们要坚持让公司健康发展。把我们手头的项目做好，给现有客户一个满意的答卷，这才是最重要的。

因为我们的工作做到家了，做到极致了，客户才纷至沓来，我们的洋楼业务在没有采取传统方式进行广告宣传的情况下，仍然排得满满的。老总说，我们从事报纸编辑工作也要像我们从事美制洋楼业务一样，既要做得好，还要做得快乐。

3 没有任何顾虑地工作——只要品德好，公司就绝对信任

在德胜工作了这么多年，无论自己当初有什么样的想法或看法，但有一点我个人是确信无疑的，那就是德胜有一套对老实人和品德好的员工进行保护的企业文化，而这仅是德胜丰富文化内涵中的一项内容。如果没有这种文化氛围，我会带着一种不安的心情工作，就会认为当公司需要我时会处处依着我，但当公司不需要我时可能就会将我一脚踢开。

自踏进德胜公司大门的第一天起，在我的印象中，德胜公司就实行了财务报销个人申报制，而不是其他单位通行的领导审批制。对德胜的这种公务报销制度，我曾经思考了很长一段时间：实行这种申报制究竟是否可行？难道员工们一个个都是君子？公司对他们就那么的信任？

有员工从苏州到北京出差，北京突然降温，两地的气温反差极大，出差人员出发时并没有带足够的厚衣服，没有办法，只好去商场买一件衣服。回来后，公司按其原价100%给予了报销——这种现象也许只有在德胜这样的公司才能出现。

享受了这种特殊的待遇，员工自然会感到格外满意。

相反，在一个不太讲求信用的企业里或工作环境下，即使报销时必须由总经理或主管签字，但也不能排除员工用假票来冲账的可能，仅看票据的表面，再仔细的领导也不能判断其真伪。所以，从这一点来讲，德胜公司实行的申报制是对每位员工从人格上的充分信任，其意义是深远的：这能形成一种把被动的管理与主动的做事紧密联系在一起的有效管理机制，让员工意识到，如果你不能正确对待这种信任，一旦虚报、假报各种消费而被发现的话，你将会受到严厉的惩罚，你的这一行为将会对你以后的工作带来一定的负面影响，甚至"这一污点将伴随你一生"。

因此，从这个角度来讲，德胜走的是一条激励人的优良品德、顺乎人性发展规律的管理之路。

4 按照《员工手册》来规范行为——一切照制度办

公司内部有一本《员工手册》，是公司的规章制度的汇编本，也可以当做礼品赠送给客户或合作伙伴。在《财务报销规则》中明确规定："公司不能接受员工因公办事而自己垫钱（支付）的事情发生。这种侵害职工利益的情

况如长期持续，将会给公司带来很大的隐患。同时，员工也不能因办私事而巧立名目，以欺诈的手段达到报销因私费用的目的。这种不诚实的行为是非常不道德的，甚至是非法的。员工也将会为这种不诚实的行为付出昂贵的代价；同时，公司的'个人信用计算机辅助系统'也极易发现这种欺诈行为。"

员工合理使用公司的钱是可以的，但公司不允许员工为公司垫付个人的钱。

绝不强行从工资中克扣任何一位员工的一分钱，这是自我离开学校在许多地方工作以来闻所未闻的事，有着切身的体会。员工的煤气费、电话费、私用车费、家庭电费等都是由公司预先垫付，员工根据各人的情况来归还，公司从来不会从工资中扣除一分钱。相反，自己因私拨打的手机费每年还会按照一定的比例进行报销，员工每天可享有公司相当金额的就餐补贴……

我一直认为，德胜公司的计财中心是一个服务部门，而不是控制部门。其他部门需要钱时都可以到计财中心去支取，不需要一级一级地上报审批。

计财中心如果以各种理由而拖欠客户款项时，公司要对相关人员进行处罚——这样的规定在全国是绝无仅有的。试想一下，有了这种规定，哪一位财务工作人员还会拖欠其他人的资金？

每到该为员工发工资时，计财中心的人员就会及时地把每个人的工资打到员工的账户上；每汇出一笔款给任何一家单位，汇款人必须将汇款单据传真给对方，并打电话，直到确认对方收到传真为止。在德胜工作的每一个临时工人从来没有因为工资的事而分心过，因为都是计财中心的人员打电话催着他们去领工资的——这甚至是别的工地的正式工所无法想象的。

5 管理就像人饿了要吃饭一样自然和简单

管理上到了顺乎自然发展的程度，员工会自觉自愿地遵守。每一项制度的建立都是合情合理的，它的效率就会充分地体现出来。

前面提到的员工出差时遇到了天气变冷，总不能让人穿着薄薄的衣服强忍着寒冷东奔西跑吧？这个时候，出差的员工购买衣服就在情理之中，在公司报销费用就成了很自然的事情，这种情与理的结合会使员工和公司之间形成一种默契。

让许多事情由复杂变得简单：建造房屋的图纸简单得让每一位不懂得施工的人都能看懂；每一份说明文件都是通俗易懂的，没有任何华丽的辞藻；

让人放下包袱，全身心地投入工作，更能激发和调动员工的积极性和创造性。

公司在用人方面提倡员工进出自由。

公用车辆实行的是完全放开式的管理方法，谁想用就用，无论是因公还是因私，一律实行登记制度。

采购实行公开制，谁需要购买什么东西，只需要填写一张采购单，急需时只需向每日负责采购的人员打一个电话即可办妥。

休假是为了让员工更好地工作——公司实行员工想休就休的办法，只需要安排妥当自己手头的工作就行。公司绝对不会允许或容忍禁止员工休假的现象发生，也不会干涉或阻止任何一位员工休假。

员工一旦身体不适时，本人不休息是不合情理的。公司对其不爱惜身体的行为要严加阻止，带病工作不但不会受到表扬，反而会受到批评。

针对一些"工作狂"，公司还专门实行了"强制休息法"，规定了每周必须休息的时间长度等。

前些日子，我的女儿因患了重感冒，引起了严重的支气管炎，我只好上午上班，下午带她去医院输液，这样折腾了十天的时间。然而我的工资一分钱都没少，这就是当我有事时可以随意进行休假的实证。

再来看看另外一种情况吧：

在悉心陪护女儿治疗期间，我看到有一位年轻病人，想多休假一天而单位不允许，理由是医生开出的诊断证明上建议休假两天而不是三天。不得已，他忍受重病煎熬，只好请求医生为其重新开出一个诊断证明。然而，他先后求了两位医生好多次，最终也没有开出新证明。原因是他们不是他的接诊医生，而接诊医生不上班。最终他还是没能多休一天假。

在这个问题上，我和这位病人受到各自单位的"待遇"，真是天壤之别啊！

当员工身体不适或遇有紧急情况的时候，休假就是理所当然的，是为了更好的工作。这就是德胜公司制定的遂人心愿的制度！

6 结束语

写到这里，我不由想起了举世闻名的四川都江堰水利工程。这一伟大工程是战国时期李冰父子设计建造的，它成功地利用了水流自动分流、自然疏导、自然排洪、自动调控流量等符合自然规律的原理，实现了无坝引水，利

213

用水势将沙石排走，起到了灌溉、防洪、减淤等多重作用。两千多年来，这座宏伟壮观的工程一直发挥着它的神奇功效，让世人无不为之惊叹。

借鉴这一人类智慧的结晶，如果一个企业的管理能够处处做到人性化，一切问题都将能迎刃而解，企业的运作就会达到一种自然疏导、水到渠成的状态，企业一定会朝着健康的方向发展，也一定会保持她生命的活力而长久不衰。

德胜的管理给人的感觉就是这样，如行云流水般，顺其自然，合乎人性。我坚信，这样的管理就像都江堰滚滚奔腾的江水那样生生不息。

2005 年 11 月 15 日

◆ 2011 年 10 月，《教育家》杂志专题报道聂圣哲。

致一位应聘者的信

赵 雷

德胜公司的应聘者不是来自人力资源市场,而是通过在职员工或者是友好可靠人士介绍而来的。

根据专业、个人特长及个人经历等,公司首先决定是否让应聘者来公司参观,以判定对方到底是否愿意来公司工作,是否愿意接受公司的价值观和企业文化。

一般的企业可能会走选人、用人、育人、留人的道路,而德胜公司则是选人第一,育人第二,用人第三,去留由个人决定。

有一位先生叫徐若斌,他非常希望能在德胜公司工作。他在实地参观了公司之后,写下了自己的感想,并强烈表示要来公司上班。我代表公司给他回了一封信,信的内容如下:

徐若斌先生:

你好!

初次见面,你给我留下了较深的印象。公司其他同事与你短暂接触后,对你的印象也不错。

看到德胜公司的发展现状,你和所有初来德胜的人的感觉一样,那就是德胜公司人与人之间的一种默契和亲和感,这一点从你的来信中可以感受到。

德胜的发展没有任何背景,也不靠运气和地域优势。或许你会问,那靠的是什么?我在这里告诉你,德胜的发展壮大靠的是勤劳、智慧、真诚、有爱心、不走捷径的理念,靠的是一点一滴的累积及对客户认真负责的精神。德胜发展到今天,完全是公司推行与世界文明相符合的价值观并为之付出巨大努力的结果,是靠一套先进、完善并富于人性化的公司制度得来的,是靠一批默默无闻的能工巧匠用心血和汗水取得的。

……

德胜在管理体制上实行"委托责任人与请求协助"的制度，这与国际上的先进管理体制是完全接轨的。在制度贯彻执行方面，整个公司上上下下如同高速运转的机器一样，每一位员工必须绝对服从与配合同事的合理请求。在员工的工作要求方面，处处要体现周到仔细，力求做到每一个步骤、每一个环节达到极致。而且，德胜还有一个极其重要的现代化的价值理念：我们永远不认为员工是企业的主人，企业主和员工之间永远是一种雇用和被雇用的关系，是一种健康文明的劳资关系，否则，企业应放弃对员工的解聘权。

当然，我们德胜的许多员工都会把德胜当做自己的家，那是因为德胜对员工的爱护已深入人心。

德胜的门永远对有志者和君子敞开，对于心胸开阔、愿意接受德胜价值观与理念的人，对于愿意与那些思想颓废、顽固的人及与根深蒂固的旧秩序进行彻底决裂的人，德胜永远具有磁石般的吸引力。只要是君子，他在德胜工作就会如鱼得水，总觉得在德胜工作有使不完的劲，工作是他的一种乐趣。对于心胸狭窄、别有用心的小人，德胜在他的心目中永远不会是理想的乐园。

德胜所需要的不是学校培养出来的持有高文凭的人，而是需要能扎扎实实做事的人，需要"诚实、勤劳、有爱心、不走捷径"的人。完全以文凭为标准而不考虑个人的真才实学来定格人才是当今社会意识的病态。愿意加入德胜公司的人数不胜数，但必须以认同并接受德胜的价值观和理念为前提。

每一位想加入德胜的人，都必须接受公司至少3个月的价值观和公司理念的培训。这种培训是一个互相认知的过程。通过培训，德胜可以了解新员工的一言一行和工作状态；新员工可以对德胜的制度进行深入的了解，去领悟德胜为此花费人力、财力和物力的真正目的和良苦用心。因此，在这方面，请你做好充分的思想准备。

每一位新员工到公司后，都需要接受公司的郑重申明：培训合格后方可录用；培训合格分配到新的工作岗位后如达不到公司的要求，还需要复训；复训再达不到要求的，将不会被录用。

我们都是上有老下有小的人，这个年龄段的人最懂得也最能体会到人生之路的坎坷及自己肩上的重任，对人生也有了一定的看法。要完全适应德胜的价值观和理念，接受德胜的超前意识及不断发展的新思维，首先就要与自己做斗争，完全彻底地从头做起，要付出更多的努力。任何人一旦决定来德胜工作，就要坚决遵守德胜公司的各项制度。有些人凭借一时的冲动来到德胜，最后产生一些消极的想法，这是德胜最不愿意看到的。

  我常与同事们谈心。谈得最多的，也是大家所公认的，那就是在德胜工作有一种归属感和安定感。德胜公司就像是一棵枝叶繁茂的参天大树，在这棵大树下面，我们可以避暑纳凉，可以免受风雨侵袭，还可以时时处处受到尊敬与呵护。德胜是与木材打交道的公司，它在汲取了古今中外人类文明精华的同时，也汲取了与人们生活和生命息息相关的大树的精神。在德胜工作的人，大多来自偏远及落后的农村，他们深知自己以前的处境。来到德胜后，他们不仅彻底脱离了贫穷，更重要的是他们摆脱了精神的枯寂，他们从农民一跃而成为产业化工人。对他们来说，德胜是实实在在的、永远可依托的大树，这是他们最想向所有人表达的，也是他们心里感到最满足的地方。

  现将德胜公司《新员工再教育规则》《我的申明》和《管家中心培训人员工作情况总表》随信寄给你，请你斟酌。同时，请尽快将你的想法和决定反映给德胜公司的领导。

  祝仲夏愉快！

赵雷
2003 年 6 月 21 日

  不久，这位先生便回信了。他在信中很诚恳地介绍了自己的情况，并毅然表示要来德胜公司上班。现在他已经是德胜一位"过关斩将"的好员工了。

2004 年 6 月 16 日

程序运转中心：高效有序的工作平台

赵 雷

当众多的朋友参观、了解了德胜（苏州）洋楼有限公司后，有一个部门引起了许多朋友的特别关注，这就是程序中心。它的全称叫程序运转中心。这个部门已经持续运行 10 年了。为什么要设立这个中心呢？它是如何有效地推动各种程序执行的呢？

大家知道，我们每天使用的计算机离不开 Windows 操作程序，更离不开在操作程序平台上运行的各种应用程序，如 Office 办公软件，Photoshop 图像处理软件等都是大家再熟悉不过的了。苹果电脑也一样有它独立的操作程序和应用程序。那么对于一个完整的公司来说，其整个运作系统也需要一个平台。德胜公司的这个平台就是程序运转中心。

◆ 程序运转中心是一本活着的日历，将公司大量的工作处理得井井有条。

德胜管理体系下业务项目较多，包括住宅建造、物业服务、文化影视、服务外包、教育培训以及社会资助等。名目繁多的项目之间，彼此联系与沟通，配合与协调，如要保持整齐划一，自然就需要用一套切实可行的执行程序来保障运营。

最近，一位来自军队的客人在参观了公司之后，感触很深。他说，德胜公司的工作有程序，很清晰，有章法，不乱。不像很多单位，事情发生了才疲于应付。德胜公司每天的工作，像小学生的课程表一样，有详细的计划……

我觉得这位客人的话说得比较贴切，基本概括了德胜公司工作的有序化，概括了程序中心所发挥的部分职能和作用。

什么是程序？简单地说，就是一套科学的、完整的、缜密而又严谨的文件管理系统。以这个系统作为执行标准，对各互相关联业务和不关联业务进行有序化的管理，就是程序管理。这是对"程序"进行了抽象的概念化定义。那么，能不能用最通俗的语言解释一下程序呢？

德胜的管理者曾经讲过一个关于程序执行的故事。一个跳伞运动员，在跳伞之前正在执行规定的程序：穿上防风的紧身衣；把该准备的东西准备好；看看外面有没有雷电；打开舱门，看看有没有雨；跳下之后不断地观察高度；检查左边的抽气阀是不是正常工作；距离地面800米时把右边的阀用力打开……前边这些程序他执行得都很到位，但到了离地面800米时，他没有把右边的阀拉开。最后的程序他没有执行到位，结果前功尽弃，发生灾难。这说明，如果不按照既定的程序操作，就会带来严重的后果。

如果有人认为上车系安全带是多此一举，那么德胜的管理者就会告诉他，上车系好安全带就是程序，你一定要认真执行。也许一生中这个小小的安全带都用不上，但一旦发生事故，安全带就派上用场了，那就是生命攸关的事。

因此，用通俗的语言来说，"程序"就是如何跳降落伞，如何系安全带。

程序的作用非常多，但主要有以下几点：

第一，它是用来衡量对与错、好与坏的依据。比如，公司员工犯了错误后或员工之间发生了矛盾，公司首先要核查他们是否执行了相关程序。如果都执行了相关程序，处罚的力度就会减半；如果是自作聪明，违背、窜改或完全没有按照现成的程序去执行，则要受到严厉处罚。从这一点来说，程序是衡量对与错、是与非的一把尺子。

第二，程序只有不折不扣地被执行后，管理成本才会降低，工作效率才会提高。工作按照既定的规定和程序进行，就会避免节外生枝的操作，避免因为随意性太大而导致水准降低，从而提高工作效率。

百分之百地执行程序，虽然从某些方面来说，可能会造成一定的浪费，但从公司的总体运营考虑，管理成本却降低了很多。公共汽车永远都是按照规定路线行驶的，经常乘坐的人会清楚记得它所要经过的站点。如果随意改变它的行驶线路，就会给乘车人增添麻烦和困扰。乘车低谷时，公交车辆可能只有零散的人乘坐；而在高峰期却人满为患。但公交公司却不能因此随意取消班次或随意改变行驶线路。这是绝对行不通的。

第三，有效地执行程序，可以消除人与人之间的误解和不信任。

程序不是固定不变的，而是要适时进行修改和补充的。这如同 Windows 操作系统，正式推出后也要不断推出"补丁"程序。德胜把这种不断修改管理程序的工作也称为"打补丁"。修改程序不是一个人的事，要经过大家一致同意后才能修改，是基于大家的意见和建议进行修编的，在许多时候自然会消除可能产生的误解和不信任，从而使员工之间的关系简单化。

第四，严格执行程序，就是在强调"过程"的重要性，就是对操作过程的有效管控。德胜公司强调过程必须合格，认为过程比结果还重要。"认真做事就是按程序做事。一件事即使做成了，但如果不按程序做，也等于没有成功"，德胜的管理者如是强调。因此，公司对程序操作的每一个环节、每一个细枝末节都要进行控制和监督，这样对每项工作的程序化管理有极大的好处。

第五，有了执行程序，任何岗位都可以随时替换。这一点给人力资源中心安排工作岗位、员工轮值值班和人员自由进出、自由调休等都带来了极大便利。一套既定的文字、表格化的操作性文件，只要识字的人按部就班地去操作，任何人做同样一件事，它最终的结果都是一样的。

第六，执行了程序，可以打破存在于传统观念中根深蒂固的旧思维，取而代之的是新理念、新气象。

下面我以程序中心工作人员一天的部分工作为例来剖析每项工作所隐藏的涵义。

（1）早晨上班后，每个人自觉打扫公共办公区域的卫生。那种一上班就泡茶，开始工作就是看报纸的现象和"各人自扫门前雪，莫管他人瓦上霜"的做法在德胜公司是行不通的。

（2）查收全国各施工工地发来的传真、邮件、信息并进行汇总。核查各工作现场的工作进度、工作计划的执行情况，以及人财物的安全情况等。这是对全国各施工工地情况进行了解和有效监督与提醒的最简单易行的做法。

（3）电话询问全国各施工工地有没有需要公司总部协助解决的事情。这样的工作电话，在许多时候是多余的，但在德胜却是程序，必须执行。也可以叫做"情感慰问互助"电话，可以加深总部与全国各工地的情感联系。谁要说一线员工冲锋在前而无人问津纯粹就是歪曲事实。公司总部总是惦记着每个施工工地的所有情况。

（4）更新和维护公司网站。具体事项主要是更新公司网站内容。公司网站是职工的精神家园，公司要求网站必须及时报道公司每天发生的新闻以及公司存在的问题。德胜网站仅有新闻、图片和员工文章三个板块，虽然没有花里胡哨的设计界面，但每天有很多人在浏览它，关注德胜的最新动态，就是因为网站每天都在更新，不断有新闻上传至此。

（5）提醒各部门、各工地、各分支机构当日或近期需要做的工作。这是程序运转中心工作的重中之重。德胜全公司上下之所以执行力较高，离不开这个部门不断的提醒和催促，不断的跟踪和交流。

（6）下午4点，开始电话或者手机短信询问各管理人员次日的工作动向及公司车辆动向，汇总后在公司公共邮箱与公告栏里发布，人人都能及时掌握这些信息。往往在某些节骨眼，为了找一个人费尽周折，或许他的手机没有信号，手机没电了，手机死机了，手机忘记带了，手机被盗了，手机卡被锁住了……但在德胜，你只要查一下该人员的工作动向，联系一下相关人员，就可以很轻松地联系到他。

（7）通过"企信通"、微信群等信息平台向全公司人员随时发送相关信息或通知，做到事情公开化、透明化运作，以提高工作效率。信息传播的三原则是：①信息要准确，不可任意加工，是什么就是什么；②信息要快，要第一时间告知；③信息要给予回复。程序中心的信息平台充分体现了这三个原则。当许多人只将微信当做一种时髦的聊天工具时，它早已成为德胜提高办公效率的"利器"。

（8）每逢星期五，更新和公布下周计划。周计划与各部门实际工作联系最为紧密，最有实效性，因此选择周五公布下周计划是最佳时间。

（9）适时发现和反馈遇到的新问题，参与制定和修改公司管理制度和执行程序。每当遇到新问题，程序中心会充分征求全体员工的意见和建议，及时对制度和程序进行修编。任何管理都不能是一潭死水，要时时更新。德胜更是深知管理更新的重要性，因此，多次来访德胜的客人总会惊异地发现：德胜的管理总是在推陈出新，因为想法总是来自于实际，所以才不会脱离实际，才会在第一时间变为实实在在的规则和程序。这才是有效管理必须要做的工作。

（10）主动协助其他部门完成更紧急的工作。这里提倡的是在管理中要遵循"少一事不如多一事"的原则。每天如此，周而复始，但工作人员并不觉得枯燥无味，因为他们知道每一项工作背后所蕴涵的意义，这样做起来就会有使不完的力气。

  第七，执行程序就是遵循规律和法则。德胜在制定各类程序时做到了以下几点：①通俗易懂；②符合人类文明和国际惯例；③能执行或执行难度不大；④充分体现人性化；⑤遵循"适当，合理"的原则。从总体上说，程序的制定都要遵循自然规律、时代发展规律、产业和行业发展规律、道德规律和人性发展规律。首先，规律是不能随意改变的，然后才能强调制度和程序。三鹿奶粉、瘦肉精、苏丹红、地沟油事件完全背离了以上这些规律，破坏了人类应该遵循的规矩和法则，故遭到人们的抨击和唾弃。因此，遵守制度和执行程序就是在遵守规矩和法则，而违背了以上的规律，倒行逆施，无论什么样的制度和程序都不会有实际意义。

  再来谈谈程序中心的作用。首先，就是为了有效推动公司健康、正常和有序的运作，特别要对公司所有的规章制度、操作细则、标准、要求以及约定俗成的事情予以严格推动和执行。一句话，程序中心就是起推动和执行作用的。若以ISO质量管理体系的术语定义"程序中心"的话，那么它就是公司规章制度、操作规程与细则的归口部门。

  其次，德胜倡导的"诚实、勤劳、有爱心、不走捷径"的价值观中，有一点是"不走捷径"。不走捷径，那"走"什么呢？通俗来说，就是"走程序"。德胜公司要求按照程序一板一眼地去工作，那就需要程序中心去操作和有效推动各种程序的执行。绝不可以减少工序，偷工减料，耍小聪明。

  最后，程序中心的工作有效地促进了创新能力的提升。德胜一方面要求按程序做事，另一方面又提倡创新，这似乎是矛盾的。其实不然。执行程序必然会非常机械地重复做大量的事务性工作，但与墨守成规、固步自封、因循守旧等词毫无关联。德胜的工作要求程序化，体现的是在有限的工作时间内工作的有效程度，体现的是较强的执行力。在这里，较强的执行力有两层含义：第一，执行的速率（时效性），就是在单位时间内快速完成任务；第二，执行的质量（达标率），要不折不扣地完成任务，绝不能单求速度，不求质量。如果始终按照一套既有的程序来执行，并且能够达到以上这两方面的要求，公司的管理就会永远保持在健康、平稳、自觉的规范化运作状态。更为重要的是，有效地执行程序，把最简单的事情做到极致就是不简单。对于员工来说，创新就是对自己所从事的工作掌握极其熟练后的提升与飞跃。从 2005 年到 2012 年年底，德胜管理体系下共申请了 1003 项各类专利，有 985 项专利获得了授权。申请的专利质量和数量在苏州地区都排在前列。这充分说明了德胜公司的创新力度。因此，要想创新，必须要先按程序一步一步把工作做得尽善尽美后，才会有更多的灵感和火花自然迸发出来。

　　这里还有一点需要说明，当人们把一项工作作为一项任务去完成的时候，那只是完成了某项工作而已，并不一定会把工作做得完美。但当人们充满激情地去做某项工作时，才会把工作做得出色。因此，德胜提倡的程序化工作，其实更多时候是为了唤起大家的工作热情，以一种积极的心态，百分之百地投入到工作中。被动地执行程序也就是亦步亦趋，依葫芦画瓢地完成任务而已。只有充满激情地去工作，才会同时满足时效性和达标率的要求，才会取得令人满意的结果。怎样让员工充满激情地工作，这是有许多学问的，最基本的一点是，要让员工知道为什么要做到每一个步骤，就像我所列举的程序中心的工作人员每天所做的工作流程一样。只有每一个步骤都做到了，自己才会从中获得满足感。当然，这是一个系统工程，还包括许多其他方面，比如，一切都出于对工作和他人的关爱，在意别人的存在，对职业的敬畏等。

　　人在许多时候都会产生惰性，如果你仅告诉他如何做事，而不去推动，事情很有可能就被搁置了下来，或者干不好。这个时候，程序中心就发挥了它独特的作用，它会像火箭助推器一样推动其他部门、各施工工地和分支机构的正常运行，并对其进行有力监督。这是一个坚持不懈地在推动计划、制度、规范、流程和程序有效执行的部门。通过德胜这些年的健康平稳发展来看，程序中心是功不可没的。

　　程序运转中心是记录德胜全面、透明、公开、公平运营的一本活的记事本，它使得公司的工作正规化、有序化和标准化。当你正在筹划周末全家去南京游玩时，你可能会收到来自程序中心的一条温馨提示信息："各位同事，大家好！×××先生明天上午 8 点 30 分驾驶别克商务车去南京，车内空 5 座，计划后天返回。有需要搭乘便车或捎带物品的同事请您及时与他联系，他会非常乐意地为您提供力所能及的服务。联系手机：189×××××××。祝大家工作快乐！程序中心 ×月×日"，一个最普通不过的信息，或许带给你的就是欣喜，还有在德胜工作的惬意。

无论什么时候，程序中心都在雷打不动地严格按照公司的程序运转着。这就是看似繁复，但执行后却能让人感受到高效、有序、便捷和温馨的德胜程序工作平台。

2013 年 1 月

◆ 聂圣哲和同事一起解决技术难题。

声音

管理人员要不停地专注地在一线工作

4 月 19 日我在厨房顶岗，擦餐厅窗子的时候，我发现每个铝合金窗中都有一扇是经常不动的，于是便打开看了一下，结果发现窗子下有一些死苍蝇，有的已经干枯了。如果我那天不顶岗，不亲自去擦那个窗子，就发现不了这个问题，至少不会这么快发现这个问题。

管理人员长时间离开第一线，他不但不能发现管理中存在的新问题，而且原有的技能也会淡忘，更不能正确地指挥别的员工。因此，管理人员首先必须是一个合格的员工，而且还必须在任何时候都是出类拔萃的员工。这需要他不停地专注地在一线工作。

德胜（苏州）洋楼有限公司计财中心副经理　姚德平

二进美国之感受

虞　梦：德胜（苏州）洋楼有限公司教育与战略专员

如果说去年的美国之行让我觉得意犹未尽的话，那么这次 17 天的旅行真是畅快淋漓了。

第二次到西雅图，她还是那样的美，而上帝这次也似乎特别偏爱我们，给了我们西雅图冬天少有的阳光，连去年不肯露面的雪山这次也尽显妩媚。我们在森林中穿越，一栋栋木屋在长满青苔的树丛中隐约显现，仿佛是精灵们的住处。我们在雨后湿润的住宅小区中漫步，每

◆ 位于洛杉矶的德胜公司美国总部

户人家精心打理的庭院、熟悉的木屋和带着大狗跑步的老美的微笑让人觉得有种说不出的舒服。我们在世界首富比尔·盖茨家门口"徘徊"了一会儿，没有高墙，没有过多的装饰，一扇没有油漆的木门，这让我们不禁思考什么才是财富的标志。我们在一家星巴克店里喝咖啡，同行的巴阿捌老爷子发现了可以移动的梯子。我喜欢店堂里弥漫的咖啡味和手中握着的地道的卡布基诺。我们在海边的高级西餐厅里享用了也许是美国最好的野生三文鱼，鱼的鲜美和灯光点点的西雅图海湾让我真想在西雅图找个男朋友。

第一次到拉斯维加斯的人，一定和我一样惊异于这个在沙漠中用美元和智慧堆积起来的城市。请允许我用一个不太恰当的比喻：如果说西雅图是一位恬静的淑女的话，那么拉斯维加斯就是一个风骚的妓女。白天她在休息；夕阳西下，她开始涂脂抹粉；夜幕降临，她便开始向你卖弄风情。两万个灯泡组成的老街灯展，连绵不断的霓虹灯广告牌，两小时喷发一次的人造火山，十五分钟一次的如焰火般的音乐喷泉——巴阿捌老爷子通俗的比喻十分精彩：其他的喷泉与它比起来好像小孩撒尿！百乐宫酒店大堂里价值一百万美金的

手工意大利荷花琉璃,威尼斯酒店二楼流淌着的小河和意大利水手摇着的木船,美高梅酒店十亿美金的造价和五千间客房,由于金字塔尖的冲天灯束太过明亮而影响飞机飞行,故被迫关闭一半灯源的金字塔酒店(它还是赌城唯一一座由华人设计的酒店,设计师为贝聿铭)……所有这一切都挑战着你的"抵抗力"。这也许才是我们中国人想象中的美国吧?

在这样万种风情的国度里,她的国民又给了我什么样的表情呢?每个陌生人脸上简单但又真诚的微笑充满了我们到过的所有地方。他们在公园里散步,在小区里跑步锻炼,在海滩潜水,在海边玩飞碟,在路边的咖啡店里和朋友交谈,在自家的花园里快乐地挖土种花,在赌城的老虎机前边悠闲地喝着饮料边赌钱,在因交通事故造成二十多公里的堵车时耐心地排队,没有一辆车开到紧急停车道上……就是这么简单、踏实、有序的生活。

很多人一定会说,那有什么了不起?但为什么在我们这个礼仪之邦,会有那么多人的脸总是那样的冷漠?为什么在那么多人的字典里没有"女士优先"?为什么有那么多衣冠楚楚的人不懂得排队买票?为什么有那么多的垃圾从高级轿车里被一双双纤纤玉手扔出窗外?为什么很多父母连正确的、基本的卫生习惯都不教给孩子?为什么有那么多人觉得努力过好每一天的方式就是喝酒、洗桑拿和打麻将?为什么有那么多"为什么"?

◆ 虞梦(右一)在美国考察。

我无比热爱我的祖国,可是我痛恨很多同胞的行为,而使我更痛心的是有太多太多的人已经麻木于这些陋习,太多太多人的生活风向标已经指错了方向，而他们还在"努力前行"……

……

我只能用省略号，因为有太多太多的感触了。

我感激聂圣哲先生。一个安徽山区农民的儿子不仅把美国先进的住宅技术带到中国，还把做人的道理也教给了我们。他手把手地教我们如何安装马桶，如何洗马桶。要把我们培养成一群绅士和淑女是多么不容易啊！看看我们公司的周围环境吧，"如厕要文明""用餐要文明""见面点头微笑""社会风气浮躁，德胜不能浮躁""诚实、勤劳、有爱心、不走捷径""授人以鱼莫如授人以渔"……如此良苦用心，你是否体会到了？

2004 年 2 月 14 日

◆ 虞梦获美国学校相关证书。

致研究生城工地的战友们

虞 梦

亲爱的战斗在研究生城工地的战友们：

此时，我的心中充满了对你们每个人的敬意。虽然你们中的大部分人我都不认识，可这又有什么关系呢？你们已经用实际行动深深地打动了我。

上周我到工地来参观，所到之处，没有人停下来看我一眼，你们每个人都在辛勤地工作着。你们是那样地专注于手上的工作，那种神情就和战斗在前线的战士一样，一刻也不放松。24幢房子，6400多平方米，60天必须完成。我没有工程的背景知识，所以无法想象这是多么艰巨的任务。凌总监告诉我，通常这样的项目，需要4~5个月才能完成。你们中间有在公司工作了五六年的老员工，也有很多是去年才来的新员工，可是不管是谁，都鼓足了劲，下定决心要完成这个在同行看来是不可能完成的任务。我还得知，前段时间下雨，为了赶工期你们穿上雨衣继续工作；每天都要工作到凌晨，你们毫无怨言。在工地参观的时候，我看到有几个人在搬运石头。那个拉小车的你是那样的瘦弱，我忍不住问你一车石头有多重，你说大约两百斤；我又问你一天要拉多少回，你憨厚地笑了，说记不住了。你们做的这一切都是为了实现我们对客户的承诺，为了维护德胜这个名字的尊严。哦，也许你们并没有想得这么多，这么深。因为你们都是手艺人，你们心里只有一个朴素的道理，那就是要对得起给你工作、支付给你报酬的人。我一直都认为自己是很敬业的员工，可是和你们比起来，我觉得自己还差很多。虽然我能把公司的文化、制度说得头头是道，而你们可能说不出个所以然，可是你们才是真正的好员工。请接受我对你们每个人的敬礼和祝福，请保重身体。

你们的同事：虞梦

2004 年 4 月 1 日

声音

您好！请慢点开，里面有孩子

驶入波特兰小街的车辆，会听到值班保安礼貌友好地提醒："您好！请慢点开，里面有孩子。"

随着波特兰小街建设的日趋完善，一个设施齐全、环境幽雅、服务优良、充满现代文明气息的花园小区已经呈现在大家面前，也吸引着一批又一批前来参观的中外客人。那些在波特兰小街找到"家"的感觉的外国朋友，参观后举家迁入，因此，入住小区的孩子越来越多。对他们来说，身处异国，除了舒适的生活环境以外，孩子的安全尤为重要。为此，公司管理层除了做好必要的安全防护措施外，还在小区各路段设置了醒目的限速牌（不超过 10km/h），并经常在公司各种会议上提醒全体员工，在小区工作和行车时都要时刻关注孩子的安全，心存善念和爱意，既要让他们尽情释放孩童的天性，又要保证他们玩得安全。公司最高管理层还决定：由保安对驶入波特兰小街的所有车辆进行友情提醒："您好！请慢点开，里面有孩子。"德胜特有的价值观和先进的管理理念也因此得以传播。

德胜（苏州）洋楼有限公司程序中心　赵素梅

你是那枝结果的葡萄枝吗

虞 梦

我曾听说有一些同事对于别的同事请求协助时,认为不是自己的工作而断然拒绝或表示漠不关心,这样的事情最近我也经历了。也许这些同事还没有意识到,你们正在犯一个大错误。但我要写的不只是针对这些同事,而是我们所有德胜的员工,也包括我自己。

履行职业的劳动是每个人的神圣义务,工作就是你的天职,就像蜜蜂的天职是采蜜一样。我们只有以一颗尊敬、虔诚的心灵来对待职业。我们要像热爱自己的生命一样来热爱职业。这样的人具有一种使命感,是一个实干家,他不是被动地等待着新的使命的来临,而是积极主动地去寻找目标和任务。这样的人非常勤奋,不愿意浪费每一分每一秒,他总是在忙碌着。这样的人明白职业所给予的薪水仅仅是他工作报酬的一部分,他得到的还有宝贵的经验、良好的训练、才能的表现和品格的建立。这样的人所追求的美德是主动工作和有爱心——一种无私地关怀他人的积极行动。这样的人就是敬业的人。

有的同事也许会对上面这些话不以为然,觉得这只是大道理。可是如果我们把这些大道理放到我们德胜的环境中来,放到我们每天的工作中来,请再想一想这些话。每天早上开始工作的时候,你是否在内心感激上天给予你的这份既受人尊敬又有可靠收入的工作?在感激的同时你又是否怀着虔诚的心和无比的热情开始一天的工作?我想有些人的回答是否定的。对他们来说,在德胜公司工作只不过是一种谋生的手段,每天的工作也只是机械地完成而已,甚至还有人有这样那样的抱怨。所以在别人请求你做"不是你分内"的工作时,你会断然拒绝或找借口逃避也就不足为奇了。这样的工作态度在现阶段的某些公司也许还可以"容忍",可是我们不应该忘了我们是在德胜工作。德胜公司自从创办以来,从来没有让任何小人和耍小聪明的人得逞过。德胜永远是敬业人的天下。德胜是一台大机器,我们每个员工都是机器上的一个部件，如果某些部件不能很好地运转，那我们就要毫不犹豫地换掉他们。我们就像是葡萄枝，凡不结果子的枝子，就要被剪去；而结果子的枝子就会被修理干净，好让它结出更多的果子。我们德胜为什么对每个人的工作范围没有明确的规定，为什么要有"委托责任人和请求协助"制度？其实是在给每个人提供一个没有限制的舞台。如果你是真正的敬业者，你就可以在这里尽情表演你的每一个精彩动作，哪怕再小；你每次懒惰、不认真和没有爱心的表现，都不会逃过观众的眼睛，而观众就是我们大家每一个人。还有一个最细心的观众，他不会错过你的每个精彩动作，哪怕再小；你每次懒惰、不认真和没有爱心的表现，也不会逃过他的眼睛，哪怕再小，他就是聂圣哲。你现在是否觉得有点紧张了？是的，如果对照敬业的标准，我们每个人都应该紧张。我们都能看到，公司在迅速地发展，每个人也都对自己在公司的发展充满了期待，但是不要忘了，公司发展越快，对员工的要求也会越高，那些以为自己伪装得很好的每天混日子的同事必然会被"剪去"；而那些满足于完成自己所理解的"本职工作"的同事，你们是否也听到了剪刀的喀嚓声？所以请大家都好好想想，你是否是一个敬业的人，你是否是那枝结果的葡萄枝。

2004 年 5 月 22 日

声音

企业形象的魅力

我在带领一家食品公司的老总参观波特兰小街时，他说，一般的建筑公司都很脏，但德胜不同。我们是搞食品的企业，有的地方都没有这样清洁。这次看了德胜公司才知道什么是企业文化和企业形象了。

德胜（苏州）洋楼有限公司塞奇工作室设计师　蒋永生

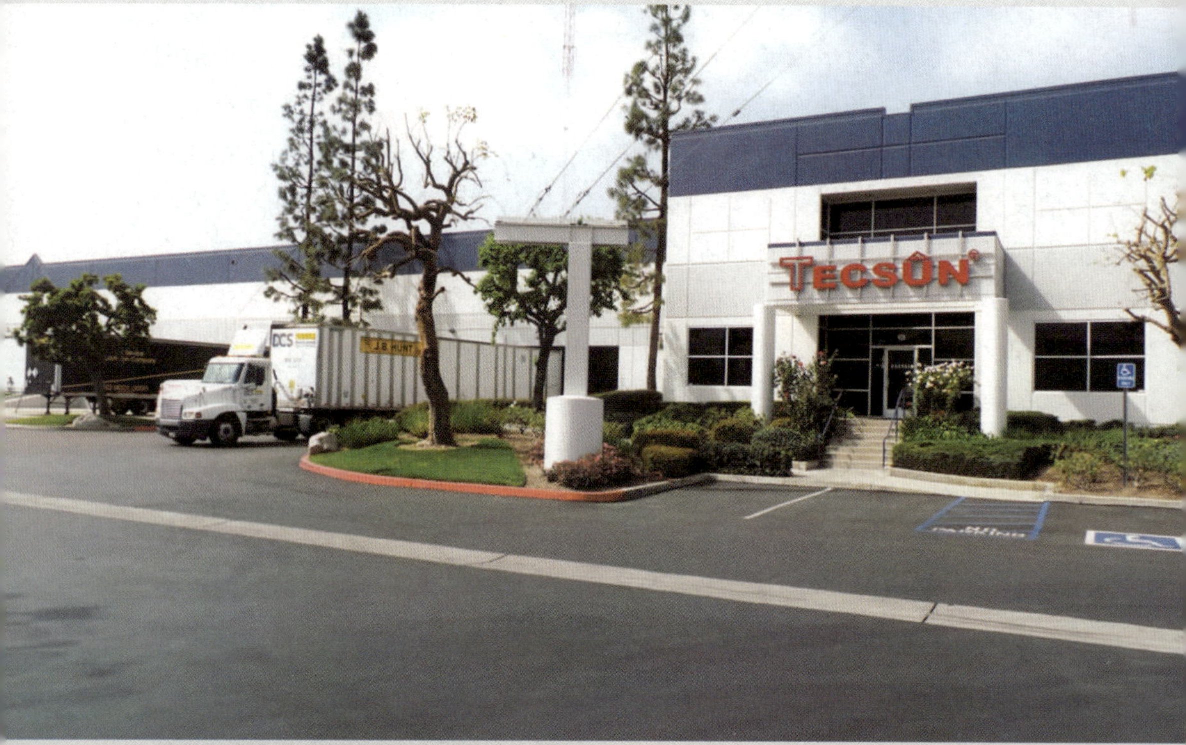
TECSÛN

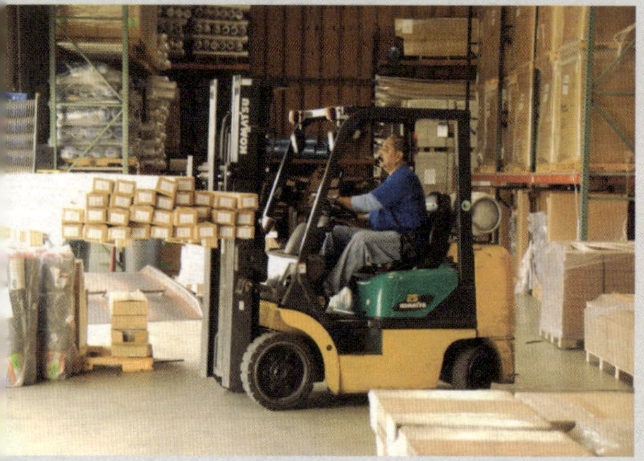

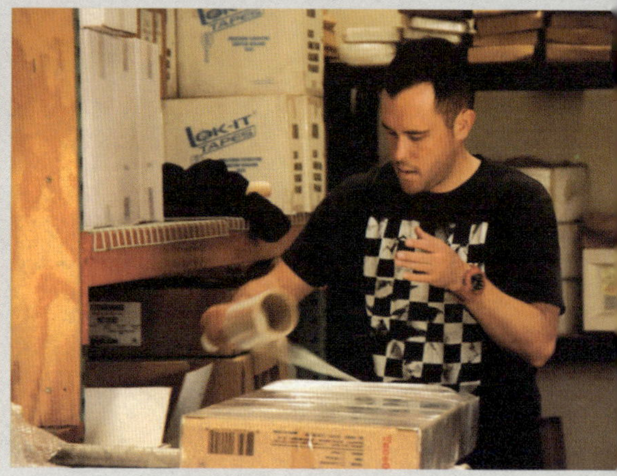
LOK-IT TAPES

1	2	
3	4	5	6

1 德胜公司美国总部。
2 美国展会上的德胜展区。
3 德胜美国总部公司的员工在工作（1）。
4 德胜美国总部公司的员工在工作（2）。
5 德胜美国总部公司的员工在工作（3）。
5 德胜美国总部公司的员工在工作（4）。

只要你是勤劳的

虞 梦

这次去美国，虽然在总部真正工作的时间不多，但是我深深体会到了这么一个道理：只要你是勤劳的，你在任何国家的任何公司都会是个好员工。

这一次金孟裔和我到美国公司总部待了半个月，其实没有什么实质性的工作，我们做的是让总部有些员工不能理解为什么要做的每日清洁，还有仓库整理、装订画册。可就是这些"无关紧要"的工作让我们赢得了真正代表美国敬业精神的员工 Gary 的尊敬，而我们所做的正是德胜要求的勤劳和认真做事。

◆ 劳动是一种快乐。

总部的接待员是一个刚从美国大学毕业的日本女孩。去年在日本访问时，我被日本人民的勤劳、敬业深深打动，可是这个日本女孩却让我很失望。韩董告诉我她常常会迟到，理由是塞车，而且她从不打扫卫生。记得那天早上，她九点十五分（上班时间是九点）才到公司，看到我在吸尘，并没有任何要帮忙的意思。我忍不住告诉她，她应该擦擦桌子。她说："不是昨天才擦过吗？"我告诉她在德胜中国，我们每天早上都要清扫办公室，而且每个人都会提前上班。她居然反问为什么不请清洁工来做。韩董生气地回答她"不"。当我问起 Gary 对她的印象时，Gary 很不满意地摇摇头。

在仓库里工作的两个二十出头的墨西哥男孩子，虽然没有受过什么高等教育，却从没迟到过。他们每天总是把头发用摩丝梳理得整整齐齐，高高兴兴地到公司上班。他们的工资并不高，可是每次看到他们的时候，他们总是在快乐地工作着。虽然喜欢开玩笑，但绝不会偷懒停下手中的工作。和他们聊天的时候，他们告诉我找份好工作并不容易，他们很珍惜目前的工作，所以应该好好干。

　　Gary 这个老美，虽然成天嬉皮笑脸的，却总是第一个到公司的员工，而且比上班时间提前两个小时，有时甚至在早上八点来接我上班的时候，他已经拜访过客户了。而且他也经常是最后一个离开公司的人。每天上班，从来看不到他闲着，总是忙忙碌碌的。我想正是这种勤劳，让他在没有高等学历的情况下能做到美国最大建材超市 Lowe's 5 个店的经理。我想，他愿意离开 Lowe's 这么大的公司，到相比来说小得多的德胜公司来工作，韩董的勤劳一定是吸引他的一个原因。一个勤劳的董事长，即便她是中国人，即便她的公司是中国公司，她也代表着先进的价值观，也可以断定她的公司一定是个优秀的公司。而优秀的公司是任何一个勤劳的人都想为之工作的。

◆ 忙碌的 Gary（中）。

　　在写这篇文章的时候，收到韩董的电子邮件，得知那个日本女孩刚刚被解雇了，而 Gary 刚买了辆新车。

2005 年 3 月 22 日

声音

德胜的企业文化像精致的家具

　　德胜推行企业文化，就像所有的木工做的一件精致的家具一样，都是一板一眼的。说白了，我们做的洋楼其实就是一套很大的精致家具，而且比一套家具牵涉的面更广。所以我们大家要认认真真做事，反复强调工作细节，反复强调工作的程序化。

德胜（苏州）洋楼有限公司知识产权与德胜文化中心总经理　赵　雷

写给上帝偏爱的人

虞 梦

亲爱的中国首批匠士们：

此刻你们正在北京波特兰花园工地上接受一年的实习，而现在也正是北京一年中最热的时候。可你们是否意识到自己是上帝偏爱的人。

两年前的夏天，你们还是安徽穷苦山区里的一群普通初中毕业生，而且学习成绩不太好，不受老师喜欢。还记得那次家访吗？木工学校的老师们到了你们每个人的家里，问的不是你们的毕业考试成绩如何，而关注你是否是个孝顺父母、勤劳的孩子。你父母和邻居的回答决定你能否被德胜—鲁班（休宁）木工学校录取。从未想过有这样的录取标准吧。而从到木工学校学习的第一天开始到两年后走出校园，这七百多个日日夜夜又让你们有了多少从未有过的经历，而上帝又在这七百多个日日夜夜让你有了多大的转变啊。从学习怎样清洗厕所，到有一天你们中的一个同学反过来教职业高中的老师怎样文明使用厕所；从学习怎样露出八颗牙的微笑，到你们职业高中的老师们都要求本校学生向你们学习礼仪；从在初中顽皮不爱学习，到在毕业典礼中能用流利的英语发言；从对木工技巧一无所知，到能独立打出太师椅和八仙桌；从曾是父母担心的孩子，蜕变成父母引以为豪，邻居、亲戚赞不绝口的男子汉；从不知道责任二字的真正内涵，到决心一生要遵照"诚实、勤劳、有爱心、不走捷径"的价值观来工作、生活……上帝是多么偏爱你们啊！

2005年6月24日，这个日子你们一定不会忘记，因为这一天是你们最荣耀的时候，多国领事馆官员，省市领导，电视台和报社记者，还有你们的父母，都来祝贺你们，祝贺你们成为中国首批匠士，祝贺你们用自己勤劳的双手打开了通向成功的第一道门。当你们身着匠士服，头戴匠士帽，从同济大学博士生导师徐政手中接过匠士证书时，你们已不是那群调皮捣蛋不懂事的孩子，你们已成为深知任重而道远，决意要做敬业的职业技术工人的绅士。

我还清晰地记得开学典礼时你们眼神里流露出的一丝迷茫，不过更多的是一种渴望，我觉得你们好像海绵一样，不管教给你们什么，你们都会拼命吸收。你们是多么幸运啊，因为教给你们的是可以终生受用的技巧和做人的道理。现在再看你们的眼神，啊，那是充满了自信和坚毅的眼神。我，还有无数的人是如此为你们骄傲，不仅因为你们所取得的成绩，更重要的是你们有了感恩的心。你们感谢老师和教官们手把手的教导；你们感谢聂先生无时无刻的关爱；你们感谢上帝如此偏爱你们。

  我亲爱的弟兄们，前面的路还很长，要做一个敬业的人，你们所要经历的考验和困难是无法想象的。因为只有历经千锤百炼，才能得到最纯的金子；因为上帝偏爱你们，所以他要给你们更多的磨炼。请你们谨记一生要捍卫德胜价值观的诺言，努力过好每一天！

爱你们的：虞　梦
2005 年 8 月 22 日

声音

对劳动的看法

  两棵树物业公司有两位员工（现已被解聘）从骨子里感到打扫卫生不应该是他们做的事，他们打扫卫生的时候就装傻。他们觉得应该做一做接待一类的工作。他们曾经问过这样的话："打扫卫生还是我们做吗？"这是多么可怕的价值观！这就是对劳动的尊重在我们德胜的价值观里的重要性。

德胜（苏州）洋楼有限公司督察部执行官　代　波

诧楷的 24 个孩子

虞 梦

2011 的最后一天在不经意间到来了。诧楷也为这一天提前做了特别的安排。我们在这一天举行了四川大学苏州研究院诧楷酒店管理 2010 级美国饭店协会教育学院证书颁发仪式暨酒会。这个仪式也选择了一个特别的地方，就是在波特兰小街的教堂。做这么特别的安排是因为诧楷 2010 级的 24 位同学们完成了三个学期的学习，即将离开学校开始实习，而这是他们大学生涯中一个重要的里程碑，我们又怎能不为他们纪念这样的时刻？

12 月 31 日的下午，同学们都早早地来到了教堂，为即将举行的仪式和酒会做准备。大家相互检查，看看头发有没有梳理整齐，看看丝巾有没有打理漂亮，看看制服上有没有头皮屑，看看校徽是否戴得端正。大家三两相伴走进教堂。小小的教堂容纳不了参加这次仪式的所有学生、家长和老师们，所以我们提前将教堂的长椅撤掉了两排。男生们很自觉地站在了后面，将前面的位子留给老师、家长和女生们。

下午两点仪式准时开始。当屏幕上播出 2010 级同学制作的他们三个学期学习生活的视频时，女生们都已经开始落泪了，老师们的眼眶也有些湿润了。为 24 位同学颁发完证书后，2010 级的王宁同学代表学生发言。他说了很多感谢的话，但我记得最清晰的是开头的两句：

"2010 年的那个夏天，我和所有的同龄人一样千军万马过独木桥，但我没能过去，我这才到了诧楷。可能那个时候我是失落的，但今天站在这里，我想说，很庆幸我当时没过独木桥，否则我将错过诧楷。"

这位同学的父亲就坐在下面，一边骄傲地看着他长大的儿子，一边用摄像机记录下这珍贵的时刻。当我问他是否能给大家讲几句话时，他先是愣了一下——因为事先没有安排要他讲话——随后就爽快地站了起来。

"今天坐在这里，刚刚听我儿子在上面发言。他那年没考上，当时有很多我原来的领导给我打电话向我推荐学校，但我都没选。我当时选择诧楷，就是因为当时听说这所学校不仅教知识，还教做人，我觉得做人比学知识更重要。说实话，其实当时做这个选择我也是想赌一把的。儿子在这里一年半，我觉得他真的长大了，学到了很多别的学校学不到的东西。这次他去洲际酒店参加销售面试，一共面试了三次，我几次都想打电话给熟人请他们帮帮忙，但我都忍住了，我想让他靠自己的能力去闯一闯。结果他成功了，我真的很为他自豪。我是做生意的，生意场上起起伏伏，我都没有落过泪，但今天，不知为什么，看到这些孩子的视频，听我儿子在上面讲话，我忍不住流泪了，我这把赌赢了……"

我也没能忍住我的泪水。一年来体力上与心力上的付出，多少次因为学生不理解，不懂得感恩而受伤，似乎都在这一刻烟消云散了。

看到这篇文章的你，我要大声说，诧楷是一所与众不同的学校！她没有轻看那些像王宁那样没顺利走过独木桥的孩子——我愿意用"孩子"来叫这些学生们，因为在我们每个诧楷的老师心里，这些学生都像是我们的孩子；她也没有轻看像谢沁雯那样不愿意参加高考的孩子；她没有轻看像付斌那样读了两年大学后决定要重新选择的孩子；她没有轻看所有被高考制度所遗弃的孩子；她没有轻看所有被我们的社会贴上"读书不好"的标签的孩子。她张开双臂接纳他们，她像尊重诺贝尔获奖学者一样尊重他们。因为她知道，学习成绩不是衡量学生好坏的唯一标准；因为她知道，这样的孩子更需要尊重和机会。但诧楷很明白她需要付出更多的努力、更多的耐心和更多的发自内心的爱才能让这些孩子在从诧楷毕业的时候获得真正的自信和尊严。而她只有短短三年的时间来感化这些孩子。所以每一天，诧楷的老师们都会比学生提前到校，为的是要帮助这些孩子养成守时的习惯，为的是要帮助这些孩子像绅士和淑女一样检查自己的仪容仪表。每一次学生进入办公室前的敲门，进入办公室后的打招呼，都是需要悉心指导和纠正的。每一个坐姿、站姿、走姿，甚至是微笑，都需要做到标准程度。每一次这些孩子们有情绪上的波动或有违反价值观的行为出现，无论多晚，老师们都要与学生促膝交谈。这些孩子从无所谓和漠然，到成立专门的小组讨论如何解决高教区宿舍学生、保安偷水的行为；从自私的 90 后，到每周日都去教堂做义工；从觉得酒店管理专业是个吃青春饭、陪人喝酒的专业，到慢慢真正爱上了这个行业，从心底里感到这份工作的荣耀。这一张张曾经青涩的脸庞成熟了。虽然只有这 24 个孩子，我们也一样全心全意地付出；虽然只有这 24 个孩子，我们也一样为他们精心准备了这场庄严的仪式。因为他们配得起这样的爱、这样的荣耀；他们也更需要这样的爱、这样的荣耀。因为他们 24 位都即将进入苏州最好的国际五星级酒店实习，甚至有些职位是此前从未有实习生面试通过的；更因为诧楷在他们心里播下的那颗做一个诚实、勤劳、有爱心、不走捷径、有社会责任感的种子已经发芽成长了。这个社会将因为有了这 24 位孩子而变得更美好！可是只有 24 位，真的太少太少了。我每每想到还有那么多与这 24 个孩子相似的孩子们，他们中有些只能无奈地参加复读，有些在一些所谓的大学里打打游戏、谈谈恋爱，浑浑噩噩地过着每一天，有些选择了听上去很美但毕业后即失业的专业，甚至有一些索性放弃了学习，开始打工；每每想到这些的时候，我的心头就会涌上些许的无奈与悲伤。这些孩子本可以和诧楷的 24 个孩子一样得到一份受人尊敬又收入不错的工作，这些孩子本可以和诧楷的 24 个孩子一样获得真正的自信与尊严，这些孩子本可以和诧楷的 24 个孩子一样学会怎样去做一个文明社会中的平凡公民。可是由于家长和学生们对酒店管理这个专业的成见和误解，由于他们身边没有亲戚或朋友向他们介绍诧楷，或由于他们不像王宁的父亲一样敢"赌一把"，所以才让孩子走上了另外的道路。写到这里，我恳请每一位看到这篇文字的同事、朋友或陌生人，如果你身边也有像这 24 位学生一样的孩子，请你向他们推荐诧楷。我们的世界会因为有更多从诧楷走出的孩子而变得更加美好！

2012 年 1 月 3 日

三年，诧楷做了什么

虞 梦

周六的上午，如同往常，我去买了一份我喜欢的《经济观察报》。这期十周年特刊，署名文钊的一篇文章《十年，我们做了什么》深深地打动了我，并引发了我无限的共鸣。

文章中写道：

"未来中国所期待的所有性格与形象，取决于今天的你我有着怎样的作为。""好的媒体身上都有一种共同的特质，那就是责任——对世界、对国家和人民的责任，并以促进正义和进步为己任。""我们心态积极，对于未来抱有美好的期待，相信世界会变得更好，但我们也意识到所有美好的期待只能在实践中通过努力逐步实现。我们给自己的定位是实践者，而不是空想家。"

虽然诧楷与媒体无关，但却与媒体有着相似的责任。不是吗？教育所要承担的责任同样重大。

《经济观察报》在风雨中走过了十年，而我们现在正实践的平民高等教育——诧楷酒店管理也跌跌撞撞地走到了第三年。

这三年走得太不容易了。

从一开始，圣哲先生就为诧楷制订了明确的目标：要实践有效的平民高等教育。圣哲先生所说的平民教育可以从两方面来理解。首先，平常百姓，特别是社会底层家庭的子女都可以享受的教育，这是从教育政策角度来讲的。其次，教育人们做一个寻常的人，也就是读平民的书，说平民的话，长大做一个遵纪守法、勤劳、诚实、有爱心、不走捷径、有正义感的合格公民。目标很明确，可是放眼望去，前人并未走过这样的路，满眼尽是愈演愈烈的高校扩招和大学生失业率的年年创高。没有路，就要靠自己走一条路出来！在招生期间，虽然我们的酒店管理专业曾经为无数的家长和考生所不屑；虽然我们因为没有对纯朴的家长和学生许诺自己做不到的事而被人讥讽道，我们这么诚实不可能招到学生。在重重困难之中，第一届我们还是招到了49名学生。可面对这49名学生，要实践有效的、有责任的高等教育又谈何容易。这些学生身上处处散发着懒惰、没礼貌、人云亦云、抗压能力差等不良气息。我们要实践的教育该从何入手？

在德胜十年的日子里，让我清楚地看到，价值观是最重要的，因为这是一个合格公民应具备的最根本的东西，而这也正是孩子们最缺失的教育。我们要教给孩子们的正是德胜的价值观：诚实、勤劳、有爱心、不走捷径。这十一个字看似简单、平凡，但要在三年的时间里让孩子们真正接受并且将其体现在日常的言行举止、待人接物上却不是那么容易；而家庭教育和整个环境给孩子们留下的各种其他价值观的影响，更让我们的价值观教育看起来难上加难。但再难也要去尝试，因为缺失价值观教育的诧楷就会缺失有效的平民高等教育的本质。在三年的实践中，我们参照德胜波特兰小街培训新员工的方法来教授价值观：不是在课堂上教条似的重复：要诚实、要勤劳、要有爱心、不能走捷径；而是将这些价值观通过学分体系、课程设计、美文讨论、电影讨论、案例分析及老师们的言传身教灌输给学生。比如，我们会组织孩子们观看3·15晚会，然后分组讨论为什么这些曝光的问题会出现以及国外是如何治理这些问题的。然后每个小组会选出代表来和大家分享他们调查、分析讨论的结果。让人惊喜的是，孩子们有时真比大人们清醒，他们通过这样公开的讨论，会使自己逐渐意识到这些问题的根源是价值观和信仰的缺失。

除了价值观，还有很多综合能力也是孩子们应该拥有但却在之前的教育中缺失的。这些综合能力包括礼节礼仪、仪容仪表、团队合作、时间管理、细节关注、独立思考等能力，其实就是要帮助孩子们养成这些好习惯。而这些好习惯中的很多方面原本都应该是在家庭教育中帮助孩子们养成的，但可惜的是很多孩子不仅没有养成这些好习惯，反倒是染上了很多不良的习性。这就给我们的教育带来了更大的难度。在一张白纸上写字是比较容易的，但在一张已经有了斑斑墨迹的纸上写字就需要老师们更有耐心、更有方法、更有耐力。同样，这部分的教学也不能照本宣科，还是要结合学分体系、课程设计和老师们的言传身教来进行。我们的礼节礼仪课是从国外的小学内容开始的，比如见到师长要问好、进门要先敲门、如何给师长发短信、怎样递交物品、怎样微笑等等。不过礼仪最重要的原则是尊重自己、尊重他人。如何去教才能让孩子们真正做到这一点，这对我们确实是个不小的挑战。我们尝试开设"打扫卫生"课，教孩子们如何扫地、擦玻璃、刷马桶。这些看似简单的事，其实要做好并不容易，这需要有正确的程序和专业的老师。孩子们在盛夏的户外扫完地后通常都是汗流浃背，这时他们可能才会真正体会到"不乱丢垃圾"不是一句口号，因为这是对他人劳动的尊重；这时他们也才可能真正体会到劳动的平等性，也才可能真正地去尊重环卫工人。

在价值观与好习惯慢慢培养的基础上，作为一个专业的酒店管理学校，诧楷当然也要教会孩子们一门技能，那就是酒店管理。与价值观和好习惯的培养相比，酒店管理的技能培训要简单多了。就是这一纯技能的培训，很多酒店管理学校都是请了从未在酒店工作过的高校老师来教授。但诧楷深知，酒店管理就好比其他的技能，需要有经验的老师手把手地去带学生们。所以诧楷的专业课老师都是在国际品牌五星级酒店工作多年且有丰富的一线经验和管理经验的酒店管理人员。

当我们把这三个部分结合起来的时候，诧楷的高等平民教育模式便慢慢地清晰起来。但要真正实践这样的教育，最重要的还是诧楷的每一位老师，无论是教学还是教务。我深信，教育是爱和榜样。如果每天与孩子们接触的老师心里没有发自内心的爱，那么他的课堂将是冷冰冰的，他与孩子们之间会有一道无形的屏障，他将永远无法获得孩子们发自内心的认可，孩子们也不会对他敞开心扉，那么再好的价值观也无法让孩子们接受。而老师们也只有首先认可我们的价值观并能真正做到言行一致才能做到言传身教。一个不屑于放下手中的工作并双眼看着孩子说话的老师是永远不可能教会孩子什么是尊重的。所以诧楷的每个老师的选择、录用和培养是很不容易的。我们选择老师最看重的不是是否有教师资格证，是什么学历，而是其是否能认同我们的价值观，是否能真正从心底里尊重孩子们，去爱他们。每一位老师在来诧楷之前都要试讲，但听课的、做决定的不是学校的管理者，而是孩子们。因为学生才是真正消费教育的顾客，每位老师都是为孩子们服务的，所以当然要由顾客来决定这样的服务他们是否满意。老师们在诧楷的成长其实也是相濡以沫、教学相长的。老师们也和孩子一样慢慢地越来越了解并接受诚实、勤劳、有爱心、不走捷径的价值观，并且将这种价值观融入到日常的教学和学生管理中。我总觉得一个团队正确的价值观和好的工作氛围就像腌萝卜用的老水，如果有一坛老水，那么新萝卜就能很快腌好；但如果老水不够，那腌新萝卜就不容易了。诧楷在这三年里不断地积累这一坛老水，而我的任务就是要去腌这些新萝卜。回想起当初面对这个挑战的时候，我才如此清晰地意识到圣哲先生这么多年在德胜践行的价值观的重要性。我也深深地感谢这十年在德胜的日子，是这些日子的积累，让这些价值观深深流入到我的血液中，让我能顽强地去腌制这些新萝卜，而团队的集思广益和相互鼓励也是一路伴随而来的。回想那时，我们一次次地调整管理方法，因为毫无经验可循；一次次地讨论教学方案，因为我们想教给这些学生的实在太多太多，而他们给我们的时间只有短短的三年；一次次当我们付出精力和爱心后，学生的无动于衷与家长的不理解让我们感到心灰意冷，我们总是相互提醒自己所肩负的是圣哲先生的信任和对这49名学生以及他们家庭的责任。

我还清楚地记得，在这三年里，唯有一次让我动摇。因为高等教育的大环境愈来愈差，盲目的家长和考生们根本没有能力分辨学校，我们的招生愈发困难了。继续这样的高等教育实践，可能在未来一段时间内都难以自给自足。因此，我给圣哲先生写了一封信，问他是否还要继续这样的探索。圣哲先生约我去他家喝茶。就在他家的客厅，他再一次给了我信心和承担我可预见的所有理解与不理解的最大勇气："好好地干下去，不断地摸索，总能找到一条属于诧楷自己的路，就像德胜一样！"

是啊，十几年前，当德胜第一次向中国的老百姓展示木结构住宅的时候，当德胜十几年来不为价格战所动而始终坚持对质量追求的时候，谁又能想到今天的德胜不仅占据了行业第一的位置，而且其所崇尚的价值观和管理也成为了中国无数企业学习的典范。

随着对中国高等教育更深入的了解，圣哲先生为了我们能真正实践有效、有责任的高等教育，他在我们背后付出了巨大的努力。是他为我们撑起了一片真正的蓝天，使我们可以放心地去教育学生，教他们如何扫地，教他们如何鞠躬，教他们如何选择适合自己的工作，教他们如何快乐地从酒店餐饮部的传菜开始做起。

一分耕耘，一分收获。只是对于教育而言，这分收获来得要晚一些。当诧楷的第一届学生开始参加实习的时候，我们才真正初尝了收获的甜蜜。所有的学生都在国内最好的酒店实习，洲际酒店、凯宾斯基酒店，还有不为常人所知的世界奢华度假酒店——杭州法云安缦酒店（最便宜的房间一晚为700美金）。在我们去这些酒店做回访的时候，每个酒店的人力资源总监及实习生所在部门的总监都会告诉我们，我们的学生是他们很多年都没见到过的好苗子。而学生们，似乎在实习后才真正体会到老师们在校时的良苦用心。在他们实习回校时的言语中，我们听到了他们发自内心的感恩。

《经济观察报》中文钊的文章在结尾写道："我们期望有一天，当中国变得更加美好时，如果我们的后辈问，你们曾经为这个国家和他的人民做了些什么，我们会说，那个时代的每一天，我们都不曾懈怠。"

是的，每一天，我们都不曾懈怠！

2011年4月16日写，2013年2月26日改

◆ 诧楷酒店专业学生毕业合影。

声音

拿这么多奖金，我却没有喜悦之情

12月24日，财务叫我去领奖金，当我见到这么多奖金时，我的心里一点喜悦之情都没有。这一个月里我从没有为这么多奖金而喜悦过，有的只是感激之情和心虚，我在心里问自己是不是应该拿这么多。我想，拿的多就应该要比别人付出的多，这样才对得起公司，对得起所拿的这份奖金，用起来心里才会踏实。

德胜（苏州）洋楼有限公司总督察官　姚百灵

工程质量、售后服务及其他

王晓文：德胜（苏州）洋楼有限公司程序中心总经理

前几天，有一批桥梁施工企业的客人来公司参观，他们的施工与德胜的房屋建筑有共同之处，想了解一下德胜的工程质量控制、成本控制以及管理程序等。当时由于时间仓促，我只是简要介绍了公司的一些做法，如严格的质量监督细则，督察人员崇高的权利，"质量问题不可商量"的永恒宗旨等。

事后回想起这个话题，觉得这是德胜管理体系中一个非常重要的内容，对于对德胜文化感兴趣并愿意探究德胜管理的人来说，德胜的质量管理和售后服务体系是不能被忽视的。在此与大家分享自己的一些认识。

近年来，全国各地频频发生桥梁断裂、楼面垮塌等严重事故。每当发生问题，随之而来的便是一场自上而下、声势浩大的严抓共管，一时间人心振奋，工程质量管理起到明显效果。可是时间一长，项目一转移，质量管理又回到了老路上。之所以出现这种现象，原因很简单，就是质量监管部门与工程建设的有关部门没有找到有效的质量管理办法。

德胜公司的质量管理体系很有特色，既解决了监管制度与执行力相统一的难题，也杜绝了互相推诿的管理漏洞，值得借鉴。

1 专业化和职业化确保施工质量

德胜公司拥有一批专业化和职业化极强的施工队伍。德胜公司的每一个员工，从踏进公司的那一刻起，便开始了职业生涯中的新起点。

新员工进入公司以后，首先是接受培训。培训目标就是要强化员工认同、践行公司倡导的"诚实、勤劳、有爱心、不走捷径"的价值观。只有认同这一价值观的人，才能够在一起共事。其次，公司对新员工要进行工作技能系统化的培训和学习。不论你曾经有没有手艺，有没有接受过培训，只要你进入德胜公司，都要从零开始。我觉得，从一名普通的建筑工人到合格的能工巧匠只差一步之距，那就是自己对质量的态度和要求，对工作的认真与负责的程度。毫不夸张地说，德胜公司的建筑工人都可以说是能工巧匠，他们将质量精细、入住舒适的房屋交付给了客户，让客户不仅感到满意，而且放心。

德胜有稳定、专业的施工队伍，目前具有 10 年以上工龄、获得终身职工证书的员工已有 200 多人。从 2005 年起，从德胜—鲁班木工学校毕业的木工匠士陆续加入德胜，一批批年轻的匠士已经在公司各个岗位崭露头角。德胜的技术传授实行的是"师徒制"——老员工对新员工传帮带，这使得施工技术和工艺得以很好的传承。

走出"德胜世界"，我们看到的就是另外一种情景。一项工程，不论规模大小，不论是临时的还是长久的，一般都是一家施工企业中标后总承包，然后分包给多家公司施工。大家相互不认识，沟通交流有障碍，常常出现推诿、摩擦的现象。加上施工人员素质参差不齐，企业技术标准各不相同，工地难以进行统一管理，工程质量很难确保。2001 年，在进入德胜公司之前，我在西安一家建筑装修公司上班。在工地上常常看到这样一种情况：一个工序要换几批人完成，做的做，停的停，改的改，主要原因是工人技术不过硬，成品破坏严重，而且没有人承担责任。在施工中，材料浪费、成本增加、重复劳动的现象屡屡发生。我认为，质量和成本之间是成反比的，质量做好了，就是在有效地控制成本。否则，工程返工重做或者经常维修，就会造成最大的成本浪费。

大家知道，国内大多数施工企业只有少数的管理人员，没有固定的一线员工。建筑工人没有正式的编制和正规的培训。一般是企业接到工程后联系承包人，由承包人召集临时工施工，工程完工后人员也就解散了。产业化、职业化的正规军与临时工组成的杂牌军相比，结果可想而知——质量、安全与效率肯定千差万别。

德胜培养和使用的专业化、产业化的员工队伍，无论是品德素养还是技术经验，都有充分的保障，这就从根源上控制了施工质量。事实证明，这是最有效的、最重要的质量管理方法。

2 质量问题不可商量

2012 年 5 月的一天，我随同公司售后服务中心人员前往一个工地参加工程竣工验收和房屋移交，一同前去的还有质检站、建设单位、监理公司等相关单位的负责人。验收小组首先查看了工程项目的外观，表示满意。接着大家换上拖鞋进入室内，楼上楼下、里里外外查看了一遍，都频频点头，没有提出任何问题。大家一致评价，德胜的工程质量优越，超出想象。

说到工程质量管理，相信每个施工企业都有自己的一套管理办法，但如果没有执行力，就不会收到好的效果。

在德胜管理体系中，对质量方面的要求首先给出了明确的态度：质量问题不可商量！也就是说，凡是涉及与质量（安全）相关的事情，没有小事情，都是大事情，都必须要十二万分地加以重视和解决。在德胜，"质量是道德，质量是信誉，质量是对用户的尊重"，这是每个施工人员必须始终牢记的理念。

当然，光有好的理念并不能解决实际问题。为了将质量管理的原则和理念落实到具体的工作细节中，德胜制定了《采购规则》《质量监督人员制度》《质量监督细则》等一系列切实可行的制度，并且将其程序化，确保执行到位。

在德胜公司，质量督察人员的工作是全方位的：验收和负责检测工程材料的质量，监督施工过程，对每一道工序的施工人员和作业时间详细记录，监督施工安全及劳动保护措施的落实情况，对工地宿舍、饮食、卫生情况进行督察等，可谓无微不至、无孔不入。督察人员发现问题后，可以责令立即整改，直到问题得以解决，同时还要在全公司及各个工地进行通报。

公司在每个工地都安排有质量督察人员，督察人员具有崇高的权利。督察人员是经过公司严格的考核与客观的评估后才任命的。公司要求督察人员要记督察日记，晚上必须参加工地班会，反馈和提出发现的问题。公司还规定，督察人员要定期"换防"，也就是说，一个督察人员不能长期在一个工地工作，要轮流在每个工地进行质量监督，换防的频率为半个月换一次。这是一项制度。一个人长时间在一个工地，敏感度会随着时间的推移而降低，换一个新环境，效果就会不一样。质量监督人员定期换防，是为了确保质量监督人员能够始终保持敏锐的观察力，使监督工作更加客观和细致。

在德胜的施工现场，工程材料的进场，首先要经过质量督察人员的检查和把控，确认质量没有问题后，仓库人员才能签字和接收。这时，督察人员监督的依据就是图纸和合同上对材料的要求，以及搬运和储存材料的规定。

施工是一个动态过程，也是质量监督工作中最为忙碌的环节。质量监督人员对每一道作业程序都要跟踪监督。一道工序完成后，首先是作业人员进行自检，然后是质量监督人员验收，质量合格后方可进行下一道工序的施工。

质量监督人员的依据是《美制木结构操作规程》《德胜洋楼企业标准》《质量检查细则》以及国家对木结构建筑的有关规定和要求等。

万丈高楼平地起。一个合格、优良的工程项目，除了施工人员认真负责和精细化的工作外，更离不开质量督察人员坚持原则和明察秋毫的监督。对一个工程项目而言，现场施工和质量监督同等重要，只有二者得到有效管理，才能保证质量。这一点德胜公司做到了。因为德胜员工都明白一个道理：质量是立足之本，质量是发展的基石，质量是永恒的目标，质量问题不可商量！

在德胜，公司对售后服务，更是强调质量至上。为了确保做好售后服务工作，德胜公司在工程项目竣工验收并交给业主使用的同时，公司售后服务中心就开始接管项目了。德胜规定，售后服务一直会维持到房屋的土地使用权结束为止（70年）。《售后服务制度》中规定，"每年对洋楼要例行一次年检"，"接到通知后，维修人员必须在2小时内与客户取得直接联系"，还规定了售后服务人员与客户交往的规则等细节与程序。德胜公司售后服务中心配有专用车辆、设备和固定的人员，售后服务人员的工作就是穿梭于全国各个城市，哪里出现问题就赶往哪里，急客户所急，想客户所想，为用户排忧解难。他们大多是开车或者乘坐火车前往，路途遥远、事情紧急的时候就乘飞机。公司的这套服务与保障体系，不是用金钱能够衡量的。对房屋的建造者德胜公司来说，这是对用户的负责；对房屋的使用者而言，这是被尊重、被关爱的温暖。

公司即使建立了一整套的售后服务制度，但要真正做好这项工作，仍然不是一件容易的事情。售后服务人员不仅要承受旅途劳顿之苦，有时还要承受来自客户的误解，甚至污言秽语。有的客户十分客气，有礼貌，工作人员感觉很快乐；但也有一些客户浮躁、浅薄、不知足，遇到问题首先向维修人员劈头盖脸发脾气，说一大堆难听的话，让人极感委屈。尽管会遭受误解和委屈，但这些却丝毫不会影响德胜员工的服务质量，因为他们知道：质量问题不可商量！

2013年3月10日

我的心声

王晓文

各位来宾：

　　大家晚上好！

　　此时此刻，我很感动，也很激动。感谢上天给我姻缘，让我们结为夫妻。也许是上天的故意安排，让我以前在红尘中遇到过几个对象，感情还没有发展就成了匆匆的过客，在我的脑海里没有留下多少记忆。

　　回想从前，我的婚事似乎一直经历着挫折和障碍，但我没有灰心，也没有气馁，其中一个很重要的原因就是我有一个坚实的后盾——德胜公司。一方面，我有一份稳定可靠的收入；另一方面，大家关心我。当我孤独无助的时候，公司给了我安慰和帮助；当我迷失方向的时候，公司给予我指引。特别是圣哲先生，他在紧张忙碌的工作中常常惦记着我的婚事，多次鼓励我要树立自信，不要自卑；多次提醒我要改变自己，而且从经济上也给予了我很大的帮助。

　　有一件往事，我将终生难忘：2006年9月的一天，圣哲先生委托公司总裁程涛买了几套时尚的衣服和一双皮鞋，以备我相亲之用。那天下午，圣哲先生让我在出口部的办公室里进行了试穿。当时，我虽然很感羞涩，但是我的内心是无比喜悦的。接着，圣哲先生又委托程涛先生带我到巴黎春天理发店找手艺高超的阿邱师傅理了发。时过几日，出现了新的一幕：圣哲先生委托朋友给我介绍了对象，是苏州人，并安排我与对方见了面。现在回想起这个情景，我终于明白：他是在用自己导演的才华和博爱的天赋帮助我改造形象、寻找爱情。尽管这个缘分没有成长起来，但这种被同事关爱的滋味和这段感人心扉的历史却永远刻在了我的记忆里。

　　时光流转，现在我和我的妻子段晓娟走在了一起。回顾一年来我们的感情历程，有开心和快乐，也有烦恼和忧愁；有思想统一、意见相同的时刻，也有相互争执、互闹矛盾的时刻。也许，这就是我们的生活之路吧。

此刻，让我颇感欣慰的是在她考虑是否要嫁给我的时候，有人又连续给她介绍对象，有家庭条件比我优越的，有长得比我潇洒的，但是这些都没能打动她的心和改变她的决定。我经过认真思考和分析后，得出了原因：我是用德胜人特有的"诚实、勤劳、有爱心、不走捷径"的价值观这一法宝战胜了对手。

今天能和大家（志同道合的同事和朋友们）一起度过这个美好的时光，是我和妻子的福分。真的，今夜良宵和美酒佳肴没有虚设。我们会刻骨铭心的。

由衷地感谢大家的到来！

谢谢大家！

◎ 此文为德胜（苏州）洋楼有限公司员工王晓文2007年12月9日在婚礼仪式上的感言。

声音

木工学校的招生，一定要进行家访

德胜木工学校做招生家访，难度很大。休宁有的地方，要借江西省的路才能进去。但家访还是非常必要的。如果到学生的家里去，父母亲在打麻将，他们连一杯茶都没有倒给你，这样家庭的孩子怎么能要呢？什么样的家庭会培养出什么样的孩子。一个人一生的成长，70%来自于他的家庭的教育。后天的教育是教给他知识的，家庭的教育是教他秉性的，比如勤劳、诚实等等，家庭教育起了很重要的作用。木工学校的招生，家访是一定要的。木工学校走程序的重要性就是撤掉了一半不合格的学生。

德胜（苏州）洋楼有限公司总监　聂圣哲

一位应聘者的回信

徐若斌：德胜（苏州）洋楼有限公司施工管理处资料科科长

聂总：

　　您好！

　　首先感谢德胜公司给我一个沟通和参观的机会，使我充分了解了德胜的发展历程和成功所在。经过深思熟虑，我非常认同并接受德胜的价值观和理念，现在我郑重向您请求，请接受我加入德胜公司。

　　我出生在偏僻的小山村，因家庭出身不好，自小就饱尝生活的艰辛和人间的寒暖，同时也培养了我的勤奋和吃苦耐劳精神。受家庭环境的熏陶，真诚踏实、仁慈善良是我一生为人的宗旨。

　　年初，因原单位被收购，无奈下岗，岳父因我老实，担心我在外遭受愚弄，才想请您帮忙。原先仅知贵公司的强大以及您的超人智慧，但自4月份来公司参观后，通过耳闻目睹，才知贵公司品位如此之高，管理如此富有人性化，价值理念如此超前。我仿佛置身于一个人类现代文明的海洋，我的心灵震撼不已。不以文凭定格人才，做人为先，处处充满着和谐与尊重，处处充满着激情与活力……我的思想意识有了很大的转变，与以前的想法大相径庭，我为之由衷地赞叹，这也更增强了我加入德胜的愿望。

　　聂总，经过与贵公司的交流与沟通，我深深领悟到德胜花费人财物培养应聘者的真正目的和良苦用心。也许您会担心我在原有企业形成的陈旧价值观和传统理念难以改变。我可以向您保证，尽管我原来的工作环境不尽如人意，但我自始至终都在严格要求自己，努力从书本、电视、报刊中汲取相关营养，不断充实自己，不断更新自己。现在，我也许离贵公司的要求还有很大差距，但请您放心，请德胜放心，我是一个乐于接受新事物的人。我已做好充分准备，从希望加入德胜公司那一刻起，我已经决心用我的努力，赢得德胜的信赖。如果经过努力，仍无法达到德胜的要求，我将以德胜为终生目标，不断完善自己；如果我中途离开德胜，我将以曾在德胜工作过而感到自豪和光荣。

文字虽短，但是我的切身体会；话语不多，但是我的真情实感。我要用行动来兑现承诺，我要用勤劳的工作来证明自己。

祝工作快乐！

徐若斌
2003 年 6 月 26 日

◎ 此文为徐若斌应聘德胜（苏州）洋楼有限公司写给聂圣哲的信。

声音

德胜是一个培养君子的学校

我六十多岁了，没有见到过职业中学的学生在学校读书还给他们发工资的。我为什么说这样的话呢？我是这样理解的，不知道对不对：德胜不是一个公司而是一个学校，因为德胜公司不仅要教你做事，还要教你做人，你说是不是个学校？它不仅仅是一所学校，还不是一所普通的学校，它是一所培养君子的学校，甚至都告诉你怎么倒一杯水，里面要加什么，那你在哪个学校能学到这些知识呢？你只有在旅游学校才能学到，但你要花钱学啊！在德胜不但不花钱，还要发工资给学生，哪有这样的学校啊！

德胜（苏州）洋楼有限公司调度与指挥中心副总指挥　程少安（退休职工）

致一位供应商的信

许立伟：德胜（苏州）洋楼有限公司采供中心副主任

尊敬的经理先生：

您好！

来函已收悉。公司委托我向您回复此函。

翻开我们产品供应商的文件资料，有曾经是我们最早的供应商，有曾经是我们最大的供应商，有距离我们最近的供应商，也有我们曾经寄予厚望的供应商……但令我们感到遗憾的是，最早的供应商和曾经距离我们最近的供应商与我们的合作都相继夭折了，原因都只有一个：不诚实，总喜欢投机取巧走捷径。

恕我直言，这家曾经距离我们最近的供应商便是贵公司——我们曾经认为是充满活力的、由一个年轻有为、有追求的企业家经营着的公司。

现在，向我们供应产品的厂商不下 20 家。德胜依然对他们付款及时，尊重有加；要求严格，品质从上。对产品质量始终跟踪监督；对原则问题永不退让。在与他们合作的过程中，我们往往站在供应商的角度，为他们的利益考虑得比自己的还要多。

为了保证产品的质量，采供中心主任时常要亲自挂帅，赴部分供应商处进行"微服私访"，并现场办公，以检查我们的工作，详细了解我中心人员的工作和生活状况、遇到的困难及需要解决的问题，供应商的生产及管理情况等。而就在我中心主任特地去贵公司了解产品质量和落实工作情况时，却遇到了我们所不愿意遇到且至今令我们后怕的一件事——我们的质量督察员在离开包装现场去用餐时，在前后不到半个小时的时间内，贵公司的人员却将我公司质量监督人员检出的不合格产品乘机混入合格产品中，使产品质量出现了严重的问题。我公司经济上的损失姑且不论，信用上的损失却是极其令人尴尬和难堪的。

现在，我公司承接的洋楼业务红红火火，今年看来手头上的业务做都做不完。这说明了什么？我认为，这说明了我们所提倡的"诚实、勤劳、有爱心和不走捷径"的价值观是正确的！这种没有丝毫豪言壮语的、实实在在的口号是符合人类现代文明的；同时，也说明了我们公司的质量管理是切实有效的。

不诚实的行为是德胜公司最深恶痛绝的。在德胜公司，如果一个员工因为他的工作失误而给公司造成了经济损失，是可以有条件地被接受和理解的，因为金钱的损失是可以通过以后的努力弥补回来的，但公司绝不容忍有任何欺骗公司或员工的行为。我们认为，无论多么有实力的公司都会因为不诚实的行为而走向衰败！

您的来信使我们联想到了许多。您所说的"内心深处永远的痛和成长历程中的耻辱"，说明贵公司已深深地意识到蒙蔽客户的不诚实行为是要付出相应代价的。

读完您的来信后，征得了我中心主任的同意，我们组织了有关人员专门召开了会议，就贵公司的情况做了长时间的商谈。2005年6月10日，我和相关人员一起又赶赴贵公司工厂进行了实地考察。现将我们最终商定的有关情况向您通报如下：

一、我们的洋楼是向客户负责任的，要提供70年质量保障承诺。如果对产品质量不引起足够的重视，我们无法向客户作出如此承诺。

二、贵我双方要恢复合作的前提是：

1. 首先要对以后生产的产品质量和服务作出书面承诺，并希望贵公司狠抓产品质量，把所承诺的服务及标准落到实处。

2. 我中心不但注重每一种产品的生产结果，更注重产品的生产过程及原材料来源，这样才能从根本上向最终客户提供有力的质量保证。对我中心人员的监督工作要给予大力支持，彻底取消原有不合理、不正确的做法，以积极的态度对待我们以后的合作。

3. 我中心始终如一地坚持"质量问题不能妥协"的原则。

4. 我中心将向美国总部请示，对贵公司以往行为做详细陈述，并担保贵公司以后严把产品质量关。希望总部能同意恢复贵公司和我中心的合作。

就此搁笔。并祝事业兴旺！

许立伟
2005年6月22日

感恩的心

姚德平：德胜（苏州）洋楼有限公司计财中心副总经理

时间过得真快，不知不觉中，忙忙碌碌地又过了一年。这一年，我收获颇多。

年初，我结了婚，在苏州买了房子，并装上了结婚时公司送给我的空调。我把历经沧桑、辛苦了大半辈子的妈妈接过来住了一段时间，让她第一次享受了在炎热的夏天里也能感到凉快、不用吹电扇却能睡得更香的一段时光；未出过远门的妈妈也终于有机会能在只有在电视里才能看到的非常有名的东方明珠电视塔前留影了。邻里看着照片，都羡慕我妈：你可真有福气。紧接着，上帝又赐给我一个可爱的女儿，她还有一个非常好听的名字——思佳。思佳给我们增添了许多的欢乐。妈妈抱着她，脸上总荡漾着幸福，逢人便说："我的任务总算完成了"。农村的老人都这样，能看到自己的孩子娶妻生子，便知足了，算是完成了自己的使命。

我能有这么多收获，我能尽这份孝心，和我能在德胜工作是分不开的。是德胜公司给了我稳定的职业，不然，我现在还不知在哪个角落里飘荡流浪呢！现在遇到高中同学，他们还为我当年不能上大学而感到惋惜，我却不以为然了。我坚信，没能上成大学而进了德胜公司，这是上帝对我的恩赐。因为德胜就是最好的学校，聂先生便是最优秀的导师。我也感谢对我有知遇之恩的凌总监，是他在我最困难的时候关心我、帮助我，将我介绍给聂先生。我也感谢亲爱的同事，感谢巴爷、张会计、吕宏章、吴木根老先生……他们给了我许多帮助、关爱和温暖，让我心存感激。

这一年来，我又获取了许多新的知识，也有了新的进步，我变得更自信、更成熟，内心也更充实了。期间我懂得了官僚文化是中华民族血液中的垃圾，我时刻警醒、告诫自己千万不能牛哄哄，一定要在一线工作；我知道了员工间都是平等的，绝不可以对别人发号施令。我懂得了一个好的领导，他首先必须是个好老师，他一定还要会做下属的秘书。这让我时刻都不敢放松工作，总要想得更周到细致，想着把事情做得更好些。我从来都认为年轻人为老人让座、在坐车时不能喧哗都是应该的，但那种感觉远没有现在这么强烈。有责任感的平民就是从年轻人为老人让座、坐车时不能喧哗中一点一滴慢慢造就的……

这一年，公司也有了许多变化。小区的教堂即将完工，沥青路面也已铺好，环境又漂亮多了；又多了几栋新房子、几位新住户，有了健身房；木工学校首批学生已获得匠士学位，今年春节他们可以把存下的几千元亲手交给辛苦养育他们的父母了；平民教育基金会也成立了；我们送走了一些老朋友，也迎来一些新面孔，公司的业务始终繁忙，公司的发展也更健康了……

这一切成就无不凝聚着聂先生的心血，我们全体员工都应当感谢他。

可是今年，聂先生的身体却不比往年了——这个公司让他太过操劳了。看到聂先生回复邮件的时间几乎都是 23 点以后甚至更晚，我心中便有种深深的感动。他自己在打着点滴却还关心着我：没吃饭吧，快回去吃饭！我再也忍不住自己男人的眼泪，任它湿润着眼眶，但却不敢流出来，怕聂先生看到……我多想能多帮聂先生做点事，让他多休息一会，哪怕只是一会，但我却是那样的心有余而力不足，我恨自己的无能。我只有在每次去教堂时默默地祷告：祈求上帝保佑他善良的子民——我们敬爱的聂先生。

让我们大家都为敬爱的聂先生祈祷吧，愿上帝保佑他健康、平安，因为他是我们最宝贵的财富。

2005 年 11 月 23 日

食堂采购的感受

王仰春：德胜（苏州）洋楼有限公司员工

我是去年10月份来到计财中心的，负责食堂采购工作。

公司长期沿袭的是电话订购，我想这种作法浪费了很多电话费，于是就向张、姚二位经理作了汇报，他们一致赞同怎么对公司有利就怎么做。

最先停购了小店批发部订送的舒肤佳香皂（因发现其送来的香皂是假冒伪劣产品），改换到超市购买，又香又耐用。小店定送的四海牌调和油，进价每桶38元，外加4%的税，即每桶39.52元。同样条件，超市只要35.5元一桶。我问小店老板2月份订送的68桶油价怎么算，问得老板很尴尬，最后同意以每桶35元结算。后来，调和油还是改由超市采购。再如，小店订送的汰渍洗衣粉，每袋2元，外加4%的税，即2.08元一袋。货问三家不吃亏，我比较了三家超市的价格，同等的规格，单价分别是1.70元、1.80元与1.90元。还是这个小店订送的大米，每斤1.55元，加税4%，即1.61元一斤。小店在菜市场边上，有一次我正好看到大米批发部给小店送米，于是便与批发部联系直接订购大米，同等条件下每斤1.55元，而且质量还比以前的要好一点。3至4月份送来大米7000斤，算下来就可节约420元。在蔬菜、鸡、鸭、鱼、肉类等方面，也存在问题。以前蔬菜长期在一家订购并带买其他的菜，不但有可能短斤少两，而且价格偏高，如此操作，吃亏的是公司啊！

想想自己来德胜公司前在别的工地上吃的伙食，看看每天别的公司工地采购的菜，和我们公司相比真是有天壤之别！公司伙食费额外补贴花费这么多（每年要补贴给全体员工达上百万元），我们更要努力工作来珍惜与回报公司对我们的关爱才对！公司的钱来之不易啊！花公司的钱要视同花自己的钱一样，让每一分钱都花得有价值。我们在行使采购的权力时，一定要以对公司有利为着眼点。

经与李晓樑和张利奇等厨师沟通后，现在基本上坚持做到了谁的菜好、价格低，就买谁的，并都提早去，这样做虽然辛苦、麻烦，但心里却有种踏实和快乐的感觉。

2005 年 6 月 28 日

声音

自豪的一天

今天，2005 年 3 月 16 日，是一个我永远也不会忘记的日子，因为今天我更深刻地感到作为一个德胜人是多么自豪。

事情是这样的。我们的一个供应商的业务员为了隐瞒自己贪污的可耻行为，竟然在他们老板面前诬陷我吃回扣。这可是让我跳进黄河也洗不清的事。然而，令我深深感动和骄傲的是，他的老板毫不犹豫地斥责了他："你如果说别的公司采购员吃回扣，我都相信；你要说德胜的采购员吃回扣，打死我也不信。你可真是撒错谎了！"要知道，这份信任是来自一个在中国年销售额达 3 个亿的公司的老总啊！

今天澄清是非，我非常高兴。这件事，不单是我个人感到自豪，我们每个德胜人都应该感到自豪，因为这是公司的荣耀。我们更应感到幸运，因为也只有在德胜这样好的公司里工作，我们的人格才能得到别人的尊重和信任。

德胜（苏州）洋楼有限公司施工总监助理兼采供部副经理　程桂林

事件说明：

2005 年 3 月中旬，一家公司的采购员反映程桂林吃回扣。对方公司的老板立即来德胜公司咨询，并派员对那位采购员及其他人员进行调查，确认此采购员诬陷，立即将其开除。

人最难断的是感情

王仰春

一个人的一生，总有些难忘的事情。

在我心灵深处挥之不去、难以忘怀的，是在德胜公司的经历。去年 6 月份，我从施工架上摔下来，致使左耳朵撕裂。公司领导闻讯赶来察看伤势，并立即拿出 1 万元现金，快速派车把我送到大医院就诊。住院处床位紧张，公司领导就特批我住进每晚 300 元的高干病房。医院的病人和医护人员得知我只是个普通的员工，却享受这么好的待遇时，无不惊讶和羡慕我能在这样好的公司工作，遇到这么好的老总。出院后，在昆山和木工学校工地，公司领导又来关心我，仔细查看我耳朵的伤愈情况……

公司领导给予我的关怀太多太深，我真是难以回报。

我当过兵，退伍后顶替父亲在商业部门干了几年会计。单位倒闭，下岗的我成了无依无靠的人。从 1995 年开始，手中的一把砖刀伴随着我，足迹踏过义乌、宁波和杭州。1999 年我有幸踏入德胜公司太湖工地，这一步是我最幸运的跨越，也是我永生难忘的跨越。公司如画的优美环境，稳定的工资待遇，多方面的额外补贴补助……德胜公司总是最大限度地把物质和精神上的恩惠施予我们员工。公司倡导的理念和价值观，尤其是公司领导对我们怎样做人做事的教诲，使我由衷地感觉公司就是我的家。

人最难断的是感情。说句心里话，我和我的家人都很感谢公司领导。我儿子在南航本科刚毕业，即将走向社会，去年我第一次代表公司买了礼物送给他，让他也分享到公司的关爱和恩惠，并告诉他家中这几年经济的来源，而且公司的给予远远大于我的付出。公司给我的爱与恩惠，我将永铭心中。

2005 年 6 月 28 日

手艺人需要一双勤劳的巧手

王仰春

"你有一双勤劳的巧手",虽然这是一句普通的话,但始终令我难以忘怀,因为这是客户送给我的"特殊礼物"。

那是 2002 年的 11 月份,公司工程部调我到已有客户入住的杭州东方苑花园别墅工作。在那里,有两栋样板楼的中式厨房外墙是水泥抹灰的墙面,入住的客户按照主体外墙的砖石结构,买来三种不同颜色、规格的瓷砖和石头,准备粘贴厨房外墙。在墙面凿毛时(注:墙面凿毛就是用钢凿给墙面打上密密麻麻的小坑眼),一位户主可能考虑到公司是义务帮助施工的,就问我:"不用凿毛就重新粉能行吗?"我说:"您看这墙粉刷的质量多好!如同混凝土浇筑一样,无裂无缝,敲上去是咚咚的声音,无一处有空鼓之声。我给您凿毛眼凿得密一点,墙面冲刷干净,粘贴会很牢固的。放心吧!我会给您做好的!"在工作中,有许多事需要和客户沟通,如砖缝大小、砖的贴面朝向等细节问题,我总是主动平和地与客户交流。我把每一道工序都做细做到位。对明显长宽不一致的砖石进行切割"整容",对厚薄不一、弯直不同的砖进行"选美",将平整厚直的砖石贴在上面,爱惜客户的一砖一石及所有的原材料。每天收工时,坚持将现场清理干净。有时客户用车装运沙、水泥时,虽然是分外事,我也乐意出手相助。

天道酬勤,一个为人处世勤劳且有爱心的人,总能感动所接触和侍奉的"上帝"。工程快结束时,这家户主提出请我吃顿饭。我说:"谢谢!公司给我们员工的待遇很好,为客户做好每件事是我们的义务。"这位户主听了我的话,

◆ 工作虽累,但是德胜员工脸上总洋溢着快乐的笑容。

感动之余，情不自禁地说了一句话："你有一双勤劳的巧手。"言为心声，客户短短的几个字是来自内心的真情流露和赞赏，我也在感动之余回答他："谢谢您给了我这么好的礼物！"

手艺人具有一双勤劳的巧手，在谋生的道路上，总会有很多机会，因为老板总是喜欢勤劳而且手艺好的员工。我有过切身体会。有一段时间，我们八个人在学校粉刷楼房。一个半月后，老板在"精兵简政"时说："在给你们辛苦钱的信封里，装有三枚五角硬币的师傅留下。"三个人做了半个月后，老板又用同样的游戏留下一个人。真没想到我得到两次硬币。论手艺差不多，有几个师傅的工龄比我还长，因为只有你勤劳、认真做事，乐于奉献，有良好的心态和艺德，才能打动老板的心。

◆ 勤劳的巧手 　　　　◆ 快乐地工作

一双勤劳的巧手，对我们手艺人来说很重要。"最值钱的是手艺！"这句话之所以是硬道理，因为手艺人从事的工作不但创造了实用价值，也创造了具有观赏性的艺术价值，手艺从某种意义上说是一种艺术。艺无止境。你今天一旦选择了所从事的职业，就要热爱它，喜欢它，把它视为一种乐趣。在工作中只有以他人之长补己之短，舍得运转大脑这个"活宝"，才能做一个心灵手巧的手艺人。

德胜公司是勤劳人的天地。勤能补拙。我相信用自己一双勤劳的巧手，在工作和生活中做到事事勤、时时勤、处处勤，定能在德胜这个平台上成就美好、幸福的人生。

2005 年 11 月 9 日

综合篇

为你们生活在充满真诚和爱意的环境欣慰

周志友

尊敬的各位来宾，德胜公司的各位朋友，女士们，先生们：

大家晚上好！

今天，我站在这里，既感到庄严更感到荣幸。说庄严，是因为我受德胜公司的委托在这样的隆重场合发表演讲；说荣幸，是因为我并不是德胜的员工，却能够同德胜的总裁一起来为德胜的庆典致辞。这恐怕在全国，甚至在全世界都是鲜有的，这也足以证明德胜公司的开放和平等。如果这样的事情在世界企业发展史上实属首次，那我的名字将荣幸地伴随德胜而载入史册。

德胜这样的一年一度的庆典，已经成为一种永远不变的仪式。我连续六年参加德胜的圣诞晚宴，见到了德胜的全体员工从全国各地风尘仆仆地赶回苏州，为了这每年一次难得的相聚。他们举杯致意，把酒欢歌，还邀请了数百名朋友一起来分享他们的快乐。德胜的员工和应邀的朋友在这里欢聚一堂，用平和的心境来感受即将过去的一年里用辛劳和诚实换取的收获。德胜的全体朋友们，我们作为旁观者，真为你们能够生活和工作在这样一个充满真诚和爱意的环境里而欣慰。在这里，我也代表被德胜公司邀请来的200多位朋友，为中国拥有德胜这样的公司，为我们能够成为德胜的朋友而感到自豪。

尽管2011年的经济气候仍处于漫长的隆冬，但映照在德胜公司员工的脸庞上自信的微笑已经告诉我们，德胜公司似乎没有受到这漫长严寒的影响。这值得德胜人自豪，也让我们作为德胜的朋友而感到由衷的高兴。作为德胜的朋友，我们为德胜祈祷，愿德胜在新的一年里顺利发展；我也受德胜的委托，代表德胜，祝愿各位来宾在未来的日子里，身体健康，阖家幸福！谢谢大家！

请大家举杯，为我们的相聚，为我们共同记住这个美丽的夜晚，为我们所有在座和不在座的朋友们的幸福，干杯！

◎ 此文是周志友在2011年德胜圣诞晚宴上的致词。

有效的教育

周志友

2005年6月中旬，我去皖南休宁，参加德胜—鲁班木工学校2005届"匠士"学位的颁发仪式。

德胜—鲁班木工学校坐落在一个高坡上，48级台阶被四段进深平阶依次推高推远，抬头仰望，学校显得格外雄伟与壮观。学校新树起的徽派木制牌坊结构门楼，散发着浓郁的徽文化气息，在文化上承前启后，更突显出这所学校的非同一般。大门正面"德胜鲁班"四个金色大字是由国务院农村政策研究室原主任吴象题写的，背面的"爱满天下"四个金色大字系教育家陶行知的手迹。大门与县城北面的状元阁遥相呼应，成为休宁新的景观。

我们拾级而上。学校的大门前除了悬挂着中国的国旗，还悬挂了美国和加拿大两国的国旗。美国和加拿大驻中国大使馆都将派员参加这个仪式。在此之后几届的学生毕业典礼上，还有瑞典、芬兰等北欧国家派员参加。德胜—鲁班木工学校其实只是一所县级高级职业中学。县高职学生的毕业典礼，能劳这些国家的大员不远千里至此，这本身就耐人寻味。

德胜—鲁班木工学校是德胜公司出资与休宁县第一高级职业中学联合兴办的一所全日制中等职业学校。准确地说，是聂圣哲创办了这所木工学校。

2006年，聂圣哲在接受《新京报》采访的时候说，"这十年我在外面看到了一些做法，也想到了一些问题。比如，一切都是围绕分数转，从小就要成名成家，但是大多数人最终还是平凡的，我们忽视了这个问题。"

聂圣哲始终认为，人是可以教育好的。"一个人只要没有恶劣的表现，一两年可以成为一个君子。"他创办公司也是奔着这个目标去的。《德胜公司员工读本（手册）》开篇的"重要提示"中，就有"德胜公司的合格员工应该努力使自己变成君子"这样的字句。包括他后来办休宁德胜平民学校，同样也是出自这个目的。

《新京报》的记者曾经问过聂圣哲："有什么诱因促使你去办一个平民学校呢？"聂圣哲的回答是："没有明确的诱因。我从小就崇拜陶行知先生，这对我来说是自然而然的吧！"

陶行知生于安徽歙县。歙县与休宁都是古徽州辖地，两县相距不过百十里地，且陶行知的青少年时期，大部分时间都是在休宁外婆家度过的。他的整个私塾，也都是在休宁万安读的。聂圣哲生在休宁长在休宁，陶行知对他的影响，确如他所说是"自然而然"。陶行知一生致力于教育事业，虽然离开我们半个多世纪了，但他的那些集古今中外、内涵弘富的教育思想精华，却穿过时空隧道，依然与当前的教育息息相通。聂圣哲曾经对陶行知进行过深入的研究。"生活就是教育"，聂圣哲说，"陶行知创立的'生活教育'学说，在今天依然有重要的现实意义。"

顺着教育的线索再往上推，休宁更是让人刮目相看。从宋嘉定到清光绪的六百余年间，休宁共出了19名状元，成为名副其实的中国第一状元县。

聂圣哲的教育观，就是在休宁这种特殊的教育氛围中形成的。木工学校和平民学校诞生在休宁，绝不是一种偶然。木工"匠士"学位诞生在休宁，也绝不是一种偶然。

文化的厚积而薄发，一旦产生效应，其影响就非同小可。

德胜—鲁班木工学校2005届匠士学位颁发仪式，定在2005年6月24日上午9点半举行。不到8点，我就来到了木工学校。

离仪式开始还有一段时间，我便按照校园里路标的指引，来到了木工学校的实训车间。七八百平方米的车间有着浓郁的现代气息而且很气派，里面摆满了工作台。所有的工具都摆放得整整齐齐，地面干干净净。德胜公司倡导的价值观醒目地写在墙上："诚实、勤劳、有爱心、不走捷径。"另一面墙上，写有《德胜公司员工读本（手册）》中的重要提示："一个不遵守制度的人是一个不可靠的人；一个不遵循制度的民族是一个不可靠的民族！"与此相对的，还有一幅木工学校的每位学生都能背下来的巨幅标语："我不认为一个平庸的博士比一个敬业的木匠对社会更重要。"

最后这句出自聂圣哲之口的经典语录，在我写此篇文章时，恰被《读者》

2007 年 9 月号 B 版"言论"专栏收入。此前，中央电视台一套的《读报时间》也选读过这句话。其实，这句话只是一句普通的真话，但却击中了我们这个时代的软肋。

聂圣哲曾经在《都市文化报》上以聂达甲的笔名发表过一篇题为《美国是高学历的国家吗？》的文章。聂圣哲说，美国社会的潜规则是，该要学历的地方毫不含糊，不该要学历的地方绝不附庸风雅。重视学历而绝不把学历当回事，更没有让整个社会泛学历化。他在文章中写道："美国政府最关注的是，把社会上更多机会提供给每一个公民——也就是那些没有上过大学的普通百姓，包括五花八门的职业和再教育。"

聂圣哲想在自己力所能及的范围内纠正精英教育的方向，以实践和验证自己的思想。眼下这个巨大的实训车间便是他设置的一个实验室。

此刻，实训车间寂静无声。我抚摸着学生的木工毕业作品，心里便有几分感动。那些还没有上漆的桌子、板凳，那些制作工艺极难的老式八仙桌和太师椅，一排排整齐地摆在那里，既精纯细密又朴实无华。我抚摸着这些木工制品，光滑的手感，木质的本味，让我产生了很多联想。徽州许多的老宅子中都有粗壮的木柱子，历经岁月洗礼，都已被人们的手摸得光亮细滑。但是，在现代建筑中，那些用钢筋混凝土做成的柱子，却很少有人去抚摸。木材与人之间，真是有一种特殊的天然的关系。

我走过一张张工作台，想象着学生们平日在这里学习的热火朝天场面：砍、锯、刨、凿，飞卷的刨花、纷扬的锯末与砍凿木头的声音交织在一起，构成了最美的画面和最美的音乐。在这里，他们用两年的时光，用自己的汗水，换回了今后赖以为生的木工手艺。他们不仅学会了做事，更学会了做人。这个实训车间，绝对是他们人生中最重要的一站。

走出实训车间，看到学生们正在花坛旁边试穿"匠士"服装。这些原本从深山沟壑中走来的孩子，一穿上与博士服无异的匠士服、戴上与博士帽无异的匠士帽，立即变得不一样了。他们精神焕发，气宇轩昂。此刻，如果把他们放在中国任何一所著名大学的博士生中，你一定分不清谁是博士，谁是匠士。

39 名身着匠士服、头戴匠士帽的学生，已经分成几排，站在了学校的大门前，等待着庄严时刻的到来。他们即将成为中国第一批获得木工匠士学位的人。"匠士"是职业教育史上第一次出现的头衔，并非国家承认的学位，而是聂圣哲的创意。"匠士"学位虽然官方不予认可，但在学校和学生们的心中，却至高无上。

音乐响起来了。仪式终于开始了。美国驻沪总领事馆、加拿大驻沪总领事馆和安徽省教育厅都派员参加了这个极为隆重的仪式。黄山市副市长程永宁、休宁县县委书记胡宁、德胜公司总裁程涛，都站在了临时设立的主席台上。

木工学校2005届的39名学生，头戴匠士帽，身穿匠士服，越过了48级红地毯台阶，站在了会场的中心——英俊而又精神的他们是今天这个活动真正的主角。我的职业与电影有关，多次参加过中国电影节，目睹过明星们走过红地毯的场景。与其相比，匠士们走过红地毯时，没有欢呼声，没有掌声，没有拍照的闪光灯，有的只是人们发自内心的羡慕与崇敬。

站在会场中心的匠士们，他们右手弯曲，将匠士绶带搭在手臂弯处，准备接受学位。身着大红博士服、头戴博士帽的上海同济大学教授、博士生导师、同济大学德胜住宅研究院院长徐政，神采奕奕，满面红光，亲自将匠士学位授予每一位毕业生。每一位接受学位的匠士，走到徐政教授前，都恭敬地向他鞠躬；徐政教授从匠士手上接过授位带，认真地理好，然后套在匠士的颈项上，再双手将匠士学位证书交到匠士的手中。

中国的匠士从此诞生！

39名匠士，越过了木工学校的48级台阶后，将迈向他们人生的新阶段。48级台阶，一级一级地升华着他们的技艺，升华着他们的人格，升华着他们的明天……

签有39名匠士名字的谢师匾上，写着"我们由衷地感谢"七个大字。他们的感谢确实是发自内心的。

木工学校建在一个高坡上。站在学校行政办公室的通道上，透过飘扬的中、美、加三国国旗，透过错错落落的匠士帽，我看到了远山戴着草帽正在劳作的农民。匠士帽和草帽之间的距离，如此遥远又如此靠近，令人感慨。我想，如果没有德胜公司捐资创办了这所木工学校，这一刻，现场的许多孩子或许正顶着烈日，与他们的父辈一样，面朝黄土背朝天地在田里劳作。而现在，他们却成了中国第一批获得木工匠士学位的人。对于一个农民的孩子，今天的这个场面，无疑会影响他的一生，改变他的一生。"尊严"这两个字，从此就会刻入他的心中。

这真是一个伟大的场景！一个撼人心魄的场景！

匠士程志文代表德胜—鲁班木工学校2003级学生，作了充满激情的发言。他的发言让我们领略到，木工学校的学生除了会用斧子、锯子、刨子，还有令人钦佩的语言才华：

各位来宾、老师、同学们，大家好！

今天是个无比幸福的日子——我们这群山里的孩子就要从德胜—鲁班木工学校荣耀地毕业了；有这么多来宾，还有我们的亲人前来出席我们的毕业典礼，和我们一起分享成功和快乐。最让我们自豪的是，我和我的同学刚刚拿到同济大学德胜住宅研究院院长徐政教授亲手颁发给我们的匠士学位证书，这是多么激动的时刻！可以说，我们创造了两项中国第一：中国第一批获得匠士学位的学子！中国第一批科班出身的木工手艺人！

两年的学习经历，我们有了巨大的转变和进步：从一个有许多不良陋习的人变成一个讲文明、懂礼仪的人；从一个自由散漫的人变成一个守制度、明是非的人；从一个有许多人格弱点的人变成一个恪守"诚实、勤劳、有爱心、不走捷径"原则的人；从一个对木工一无所知的人变成一个熟练掌握传统木工技术、能独立制作八仙桌和太师椅的人……如果没有德胜—鲁班木工学校对我们的培养，就没有我们这群山区孩子的今天，更谈不上我们美好的将来！

今后，无论我们在何时何地，都不能忘记我们是德胜—鲁班木工学校的学子。今生今世，我们的不懈追求是：捍卫"诚实、勤劳、有爱心、不走捷径"的校训！捍卫"质量是道德，质量是修养，质量是对客户的尊重"的原则！捍卫匠士学位的荣誉和尊严！

谢谢大家！

当程志文再以流利的英语重复他的发言时，他获得了一阵又一阵热烈的掌声！

简短而隆重的仪式结束后，是一波又一波的合影。参加仪式的匠士的亲属，有父亲，有母亲，但大多都是母亲。山区的风霜在母亲脸上刻画出岁月的痕迹，塑造了山区妇女特有的面容，当她们和身着匠士服的儿子站在一起合影时，形成了巨大的反差。即使她们精心换上了出席仪式的新服装，也难掩风吹日晒带给她们的沧桑。但母亲的内心是激动的。我看到有的母亲眼中闪着泪花。他们合影的影像定格在数码相机中，留下了这一难忘的瞬间。

毕业典礼之后，中外嘉宾走进了实训车间，参观毕业生制作的木制产品。在这些工艺精致的作品面前，中外嘉宾纷纷竖起大拇指。一些外宾的神情惊讶而夸张。Mike Hogan 说："两年前他来过学校，但那时他发现这些学生们普遍比较胆小、害羞，而两年后他看到的一个明显的变化就是，这些学生不仅木工技艺大增，也更有自信了，这与德胜公司为他们创造的良好的学习和生活环境有关。"

北京理工大学教授、著名教育学家杨东平高度评价了木工学校给学生授予匠士学位的做法："他们的创举不仅令人尊重，而且是极有价值的。"杨东平认为，打破唯学历和学历高消费的用人制度，道理并不复杂，是非也十分清楚，但需要的就是实践的突破。"我相信，在实践过程中，个人的能动性和首创精神会起决定性的作用。这种创造性地解决各种实际问题的精神，在市场经济中被称为企业家精神；用在教育领域，不就是教育家精神吗？"

就教育家的问题，杨东平总结过这样一段话："真正的'第一流的教育家'，在思想上会对人们有所引领，会发自内心地关注弱势群体，关注教育公平，会不遗余力地推行平民教育，并把教育提炼成一种感人肺腑的艺术与精神。他们有先进的思想，有坚韧的行动，有非凡的创造。"

聂圣哲的行为与杨东平教授的评价，在我心中撞击出了火花。杨东平的这一段话，简直就是专门为聂圣哲所写；而聂圣哲的行为，简直就是为杨东平的话所做的印证。杨东平列举的"第一流的教育家"的所有要素，都与聂圣哲的行为高度吻合，把他的这段话用在聂圣哲身上，真是太妥帖不过了。

聂圣哲确实想把教育提炼成一种感人肺腑的艺术与精神。在这一前提下，聂圣哲为木工学校的毕业生颁发"匠士"学位证书，无疑成为了一种"非凡的创造"。聂圣哲想以教育的方式，栽种思想，栽种行为，栽种习惯，栽种性格，然后成就人的行为，成就人的习惯，成就人的性格，成就人的命运。

这是聂圣哲努力的方向。我想，如果有更多的人与他一起从事这种教育，最终，一定会大大提升整个民族的文明水平。

木工学校的教育，正是沿着聂圣哲的思路前进的。

"我们要教给孩子的就两个字：做人。"木工学校副校长汪丽庆说。翻开木工学校《学生制度手册》，除"二十不准""日常行为规范""同学关系法则"等规定之外，手册中还列举了多达 226 项违规行为，并将每种违规行为按照初犯、再犯、三犯三个等级分别标明了相应的惩处条例。从"打架斗殴""说脏话、粗话""每天零用钱超过 2 元"到"不尊重老师和师傅""不服从管理"等，都有非常清楚的处理细则。即使走进厕所，也会有告示悄然提醒：一个真正意义上的人是这样使用厕所的……

"我们的许多规定，是出于对孩子的成长负责。我们希望这些孩子在做事之前，先懂得如何做人。"德胜公司总经理程涛说。

"在管理上，我们有一系列严格的奖惩措施，比如学分制度、奖学金制度、承诺制度、末位淘汰制度、开除制度等。制度多，但不复杂；严格，但不苛刻。"毛银奇老师说。

毛银奇老师在担任木工学校教师之前，在当地另一所中学任教，比较两所学校的管理后，他的评判是，"最大的差别在于执行力度上。木工学校的管理很到位。"毛银奇说，管理上严格一点，对孩子的成长有好处。"一个学生在学校不能遵守校规，工作后就可能会不遵守企业的规章制度。"

即使是放假，学校也不会放松对学生的管理。下面六条是木工学校学生在寒假期间必须要做到的：

1. 善待自己，善待他人，珍惜身体，珍惜生命。不论是乘车、游玩、走亲访友、居家饮食和外出购物都要牢记安全第一，平平安安度过假期。

2. 过节不忘学手艺。高二学生每人制作一张八仙桌或四仙桌，高一学生每人制作两条方凳，并尽自己所能为自家、左邻右舍或亲朋好友制作和修理一些木制用具。

3. 要孝敬长辈，多做家务，积极参与健康向上的文娱活动，不要游嬉好闲，整日无所事事。

4. 不准参与任何形式的赌博，不得出入任何赌博场所、录像厅和网吧。

5. 寒假中要读一本有益的书，把自己的心得写在日记里，努力提高自己的语言文字表达能力。

6. 开展社会调查。要求每位学生调查本村或者邻村的学龄儿童的家庭情况，为平民学校招收新生做好准备工作。

2007年，木工学校又推出了一项新的制度，即不论周末还是假期，学生回家之后，都必须用家里的固定电话向学校告知平安。返校后也同样向家里报平安。如果超过正常的路途时间，学校将会对学生进行询问。这一制度不仅可以有效地预防学生借故去网吧、游戏厅等场所，同时也能掌握学生的旅途安全情况。据了解，这一制度实施得非常好，同学们已经养成习惯，不需要老师提醒就能自觉执行。

聂圣哲对木工学校的学生要求是非常高的："既要掌握娴熟的技艺，又要有高尚的品德，既会做事，又会做人，既是一个好木工，更是一个现代君子！"聂圣哲一定要把德胜公司倡导的价值观输入到学生心中。但这并不是一件容易的事情。"确实，有些理念会与他从家庭、社会上接受的价值观相冲突。"汪丽庆说，"但可以感觉到的是，在这两年的学习培训中，这些理念或多或少地影响了学生们的价值判断。"

2005年3月13日，木工学校的学生去古镇万安参加一年一度的物资交流会，他们将在交流会上出售他们自己制作的木工制品。学生们制作的八仙桌深受顾客欢迎："说心里话，这桌子质量好，全部用榫头，做工细。东西是好的，要是价格再能便宜点就更好了。"许多人抚摸着八仙桌，爱不释手。"这次交流会上最让人高兴的是，八仙桌特别少，只有我们木工学校和另外一家，而那一家的桌子无论材料还是做工，都无法跟我们的比。"参加交易会的林飞同学说。"我们一直本着对产品负责的态度，追求的是质量第一位。也许从金钱上看，短期内我们是亏了，因为他们做得多；但从长远的口碑来看，别人一定会认同我们。"林飞已经无法接受外面的木匠们的那一套——在制作过程时，总是尽可能偷工减料，追求速度和数量，希望利润最大化。

木工学校学生的精神面貌，也由此可见一斑。

"木工学校是一所不折不扣的育人学校，他从实际出发教我们'诚实做人，勤劳做事'，做一个合格公民。"毕业之后的程志文回忆起在校的两年时光，深有感触。

从2003年7月到12月，2003届的学生在德胜公司的上海工地实习。他们实习归来时，学校召集学生家长举行了欢迎会。令家长们惊讶的是，每位学生都给父母带了一份礼物，并把存有他们半年实习薪水的存折交给了父母。存折上的钱，少的不低于六千元，多的则会超过八千元，这几乎相当于他们父母一年的收入。看着手中的存折，家长们无不感动，有的人当场就流下了喜悦的泪水。

2006年6月27日，木工学校在实训车间举行了工具交接仪式。上届毕业生代表朱宣龙将他们使用过的木工工具一件件庄重地传递到师弟的手中。2008届学生王永平代表65位新生庄严地从师兄手中接过工具，并表示一定要像师兄一样爱护工具，刻苦学习手艺。

工具交接是木工学校的一个重要程序，它传承的不只是工具，更是一种精神。我认为，像工具交接、颁发匠士学位这样的仪式，对于打造蓝领精英，是不可或缺的。从技术到艺术，从具体到抽象，从庸俗到崇高，从来没有经历过仪式洗礼的人，是无法想象和体会到的。

《都市文化报》的记者对前来参加2005届匠士毕业典礼的外宾问过这样一个问题："您是否接触过中国工人？如果接触过，在您看来，他们是否达到了您所认为的职业技术工人的标准？如果没有达到，您认为他们缺少什么？"

认为中国工人没有达到职业技术工人标准的外宾，他们的回答几乎是一样的：缺少敬业精神。

我以为，中国的蓝领缺少的并非只是敬业精神，更重要的是，他们缺少的是"一个真正意义上的人"的健全的品德和思想。聂圣哲想全力栽种的，正是这种品德和思想。他寄希望于木工学校的学生。有了做人的基本品德和思想上的追求，聂圣哲放飞的希望才有可能飞得更高，飞得更远。

非常可喜的是，我们在木工学校已经看到了这种品德和思想的萌芽。不过，这种萌芽最终是否会成材，还有待于时间的检验，但我们至少看到了希望。

这种希望显然是微弱的。如果把全国教育的大环境比作大海，聂圣哲的这种努力也就相当于一滴水。"把一粒沙投入大海不等于把一滴水滴入沙漠"，聂圣哲在报端上看到过这样的比喻。"因为前者是融入，后者是消失。"

正是这种"融入"观，让聂圣哲把在木工学校看到的希望变成了信心。在木工学校首届毕业生戴上匠士帽的两个月后，聂圣哲开始了新的试验：2005年9月，位于离休宁县城六公里远的兰渡村的原县第一职业高中，变成了休宁德胜平民学校。

木工学校招收的学生是应届初中毕业生，平民学校则是从小学入手。

休宁德胜平民学校是由德胜公司捐资，与休宁县人民政府联办的，学生的学杂、衣食等费用全免，实行全寄宿制管理。学校按照陶行知倡导和推行的平民教育模式，进行教、学、做合一的教学。"平民学校的学生，要读平民书、做平民事、过平民生活，将来走上社会做一个合格平民。"这是聂圣哲的要求和希望。"让家乡的穷孩子上学是我一直想做的事。我常常想到徽州先贤、大教育家陶行知先生在创办晓庄师范、山海工学团及育才学校时的一些事情。我想步其后尘，以陶先生为榜样。因为现在的教育状况让我深切感到，只有给这些孩子提供有效的教育，才能把他们从贫困中解救出来……"

"我们认为，有效的教育不仅是传授知识，更重要的是要塑造一个人的品德。"在德胜休宁平民学校，张晓琳校长这样对我说。

平民学校招收的学生大多是贫困家庭的子女。2006 年 7 月，平民学校的六位老师，兵分两路，深入休宁境内的偏远山区，跋山涉水，途经 14 个乡镇，访问了 48 户人家。其中百分之八十五以上都是单亲家庭，孩子中有的失去了父亲，有的失去了母亲，有的父母是残疾人，家庭都特别困难，如果不是平民学校接纳他们，这些孩子很可能会失去上学的机会。张晓琳说："家访的路途是崎岖和遥远的，家访工作也是累人的，但是我们的心情是快乐的。因为我们的工作，可以让那些需要帮助和关怀的生活困难、家庭残缺、朴实厚道的农家孩子背着书包上学了。这样的过程，本身就是一次感恩的过程，也使得我们有限的价值得到了最大化的体现。"

现在一二年级的 74 位学生，是从 196 个贫困家庭中遴选出来的。张校长还清楚地记得报名第一天的情形："这是一群什么孩子呀！一个个灰头土脸，衣裳不整，头发像枯草，从孩子们的表情可以看出，除个别胆大的眼神中表现出桀骜不驯外，绝大多数孩子的眼神都是怯生生的，在报名的时候，有的还直往大人身后躲藏……"在这之前，这些孩子都没有上过幼儿园，有的连县城都没有去过，当然更没有吃过肯德基、麦当劳之类的东西了。

但自从进入德胜休宁平民学校，一切都不一样了，他们的命运，从此得到了改变。

"孩子到我们这里，在没有教授文化课之前，我们先要教孩子们学会懂规矩，知道诚实，懂得爱别人。"张校长说，"这对孩子的一生非常重要。"

"我们想让那些优秀的品德如勤劳、爱心、独立、无私，在孩子们的心中深深扎根。"张校长说。

一切都是围绕着真善美，对孩子们进行教育。

五四时期，陶行知提出了"粗茶淡饭"的教育方式，以反对"少爷教育""小姐教育""书呆子教育"。陶行知所谓的"粗茶淡饭"式的教育，不只是说教育在没有条件时的因陋就简，更多的是指教育本质上的朴实无华。平民教育与培养"贵族""精英"的教育恰恰相反，它要培养的是具有民主思想的创造精神、有一技之长、能够自食其力，最终服务社会的合格公民。

平民学校的教育，使一切都在悄悄地发生改变。第一批入学的学生程平的母亲程玉梅说，入学两个月后，就已经感觉到了儿子的变化——不再贪玩，也懂礼貌了；生活非常规律，即便在家也会早睡早起；人勤劳了很多，闲时会给姐姐弟弟洗刷鞋子、整理床铺……甚至已经懂得提醒姐姐，在有好菜吃的时候，应该给妈妈留一点——这一切都令程玉梅感到非常惊讶。与她的小儿子程安依然故我的状态相比，程平身上的变化就显得更为突出。

汪丽媛是平民学校2006级的学生，她的变化让村民都感到很惊讶。村民汪新民说，汪丽媛很内向，见到了人也不打招呼，现在懂礼貌多了，不但见到人都主动上前打招呼，在家里还能主动地整理家务，自己动手洗衣服、扫地。

平民学校自编教材的第三册，第五单元与第九单元都是介绍节日的。除了中国传统的元宵节和端午节，西方的感恩节、圣诞节、母亲节、父亲节都列入了课程。学校向学生介绍的第一个节日，就是感恩节。学校组织的集体欢度的第一次节日，也是感恩节。

2006年11月23日，平民学校全体师生举办了感恩节的活动，活动在师生合唱的《我们由衷地感谢》的歌曲声中拉开了帷幕。学生之间互相赠送了自己制作的感恩卡片，说出了自己感谢对方的话语。孩子们的感谢朴实无华：感谢同学教自己识字；感谢同学帮助自己钉纽扣；感谢同学帮助自己收衣服；感谢老师辛苦地给我们上课；感谢老师买菜烧饭给我们吃；感谢老师教我们做人……之后，现场互动电话响起，聂圣哲从苏州总部通过电话连线向全体教职员工和孩子们表达节日的问候，平民学校的全体师生也将自己的美好祝福传达给了聂圣哲。庆祝活动进入了高潮……

2007年11月20日，在感恩节到来之前，德胜—鲁班木工学校的全体师生给聂圣哲写了一封充满感情的感恩信。

尊敬的圣哲先生：

您好！

在2007年感恩节到来之际，我们向您表示衷心的感谢！并通过您向德胜公司的全体员工表示深深的谢意！

一年来，在您的无私资助下，我们53位同学顺利地升入了高二继续学习，今年8月10日，在您的精心安排下，我们高二的学生登上了北去的列车，奔赴首都北京，在波特兰花园实习。师傅们手把手地教我们打扫卫生、扎钢筋、立模、整理、拆模、做洋楼主体，我们是多么的幸运，多么的自豪！我们有47位同学荣幸地进入了高一木工班，在师傅的指导下，认识了斧、刨、锯、凿等传统木工工具，我们学会了劈、刨、锯、凿等基本功并开始学习制作方凳。我们是多么的激动、多么的骄傲！

"诚实、勤劳、有爱心、不走捷径"是我们的校训，更是我们一生必须遵循的做人准则。我们在德胜—鲁班木工学校这样一个开拓进取、文明和谐的集体之中学艺，是多么幸福和美好！这一切都是因为有了您的无私捐赠，有了长江平民教育基金会，有了德胜公司，我们才能在这样优美的环境中学习做人、学习做事。

我们知道：没有一种给予是理所应当的，没有一种领受是可以无动于衷的。滴水之恩，当以涌泉相报！没有感恩之心的人是一个卑鄙无耻的人，是人类社会的垃圾。我们要以您为楷模，接过爱心接力棒，在人生的道路上传递爱的光芒！

致以

崇高的敬礼！

德胜—鲁班木工学校全体师生
2007年11月20日

这封信中没有华丽的辞藻，只有拳拳的真情。

在感恩节前后的日子里，感谢他的，除了木工学校的全体师生，还有无数其他的人。

而我觉得，聂圣哲最应该感谢的，首先是他自己。没有他排除重重困难、坚持不懈的努力，没有他坚信"优秀是教出来的"这一理念，这一切都不会存在。

对于教育和管理，聂圣哲有过一段精辟的语言："教育是施教者凭着自己巨大的毅力不断地向被教育者灌输说教，让被教育者打折扣接受的过程。管理也是这样。"聂圣哲正用巨大的毅力，实践着他的教育理念和管理理念。

"一个民族可以没有历史，可以没有文化，但不能没有有效的教育。"聂圣哲的这一句话，已经插上了翅膀，飞落在了各大媒体的报端和屏幕上。"只有每个平民得到有效的教育，国情才能得到根本的改变。"这是聂圣哲的追求，更是他的希望。

◎本文选自《德胜世界》（周志友著，长江文艺出版社2008年3月出版）第六章，有删节。

声音

我心目中的德胜公司

德胜公司员工对问题的自我处理能力非常强。在实际工作中不出现一些问题是不可能的，连微软公司推出的Windows98、Windows2000、WindowsXP视窗软件系统，不管是哪一个，都有漏洞，需要随时打补丁程序。而德胜公司一旦出现了问题，无论其大小，员工们都能及时采取方法和途径去弥补，这是值得佩服的事情。

因为员工的经历、所受教育、综合判断能力不同，一个公司能够让95%以上的人认同它的价值观，这是了不起的事情。

实习人员：吴义华

由丰田汽车和德胜洋楼得到的 21世纪制造业经营模式

河田信：日本名城大学名誉教授

（赵城立　翻译）

20世纪60年代，为美国带来鼎盛时期的原动力的是以泰勒开发的"科学管理法"为基础，从福特汽车开始实施的以"每个员工或每台机器的生产量最大化"为目标的"规模经济"。而后，又发展成为了被全世界模仿的经营模式。

但是，20世纪80年代的美国企业，一味地偏向短期利润，追求部分最适经营，从而丧失了整体最适的经营观和竞争力，尤其是在制造业领域，均败给了日本公司。20世纪90年代的美国经济，通过网络和金融工学的发展，再次恢复了以往的繁荣，相反，日本的泡沫经济崩溃，并从此陷入了长期通货紧缩的不景气之中。在此期间，很多日本企业都受到了美国经营模式的影响，如季度结算制度和绩效考核制度等。但是，20世纪90年代以后的美国，以股东和经营者间信息不对称性为依据而诞生的股东价值经营和金融工学开始大行其道，其结果，招致了雷曼兄弟公司的破产，并最终酿成了世界性金融危机。在这样的世界环境下，本文选取了在汽车行业处于至尊地位的丰田汽车和中国的德胜洋楼有限公司加以论述。下面先来看一下德胜公司的背景。

该公司坐落于中国苏州，公司业务是制造并销售美式洋楼住宅，员工近千人，规模上显然无法与丰田相比，但在同行业中遥遥领先于其他对手，并且从创业以来从未出现过赤字。该公司对于超过计划的订单一概予以拒绝，这显然是一种"不追求浮利"、坚持"质量至上主义"的公司。

之所以要把这样一家中国中小企业拿出来与丰田相提并论，是因为这两家公司的经营模式都是以"育人"为中心的。不光是民族性上的区别，连产品也完全不同，一个是汽车，一个是住宅，尽管有这样的巨大差异，但仍然存在着相似性。也许这两家公司的经营模式中，隐藏着上个世纪的资本主义未能实现的新型资本主义的特征。首先确定这样一种假设，然后对两家公司经营模式的异同进行考察，这就是本文的动机所在。

1 人本主义经营与"信赖度"管理

德胜洋楼的创始人聂圣哲先生，2012年47岁。作为中国经营者，他有着不一般的经历。他出生在安徽省的贫困农村，对农村生活和农民有着很深的理解和使命感。他曾在美国留学，还兼任过电影导演。

在中国的教育偏向于培养白领工人的情况下，实际上蓝领工人的职业技能教育更为需要，于是，聂先生把"将农民工转变为产业工人，转变为绅士"作为创立公司的目的之一。本文之所以将丰田与德胜摆在并列的位置，正是因为这两者都具有"造物即造人"的经营理念。

去参观德胜的总部工厂时，首先注意到的是，包括厕所在内的各岗位都彻底实现了5S（起源于日本，即整理、整顿、清扫、清洁、素养五方面，为日本企业独特的一种管理方法）。笔者也亲眼目睹了新入员工和老员工四五个人一起，在事务所的角角落落，包括书架的后面，都在用抹布认真地擦拭着。在彻底贯彻5S上，这里确实与丰田集团各公司都是相同的。接着让我大吃一惊的是，竟然没有"总经理室"。据说总经理大部分时间是去各现场巡视，或与员工们谈话。一把手喜欢去现场，这一点与丰田是一样的，但丰田还没有做到连总经理室都没有的地步。

同样清洁的公司总部旅馆内，各个客房竟然没有钥匙。据说是因为100%信赖公司内的员工。性善说的经营也是日本的特征，丰田就是如此，但德胜洋楼对"相信人"的彻底程度远远走在了前面。

规定员工应该遵守的行为准则的《德胜员工守则》，从2005年出版以来，到2013年已经印刷了28次，在国内的知名度得到了迅速的提高。

丰田的理念也是"造物即造人"，德胜洋楼的造人的特征是将"将农民工培育成职业产业工人兼绅士"作为使命来对待。

德胜成为屈指可数的优秀企业，其成功背后的思想是严格、缜密地制定经营执行的标准，并完全确保对标准的遵守和实行，从而将被认为与制造业经营不匹配的中国式风土和文化改变了过来，并成功培育出与周围不同的企业文化。

对于德胜价值观"诚实、勤劳、有爱心、不走捷径"中的"不走捷径"，中华文化圈的人，本来是很认真的，但也有一些人对事物抱有一种"差不多就行"的态度，这与十分注重细节的人是完全不同的。对于"差不多就行、大概、走捷径"的心理，聂先生将其看成是致命的缺点，并认为克服此缺点才是制造业经营的紧要之处。

特意将被认为是"散漫、不守规矩、好吐痰、不经常洗澡"的农民工录取为正式工，而非临时工，通过严格的规矩来重新训练。将何为正确、何为不正确的行为规范，从教养方面出发，从零开始刻印在员工心里，特别是严格要求作为集体人的礼节和诚实。比如，无论是给别人贿赂还是收受贿赂，马上就会被辞退。另一方面，诚实地承认自己的错误就会得到公司的奖金等。

"轻视程序规则的人，永远是德胜的敌人"，从这句话中可以看出其严格程度。这一点与丰田的5S是相同的。

德胜还设置有专门的教育机构，用以培养木工的专业技能，从基础开始进行实践指导，并对其中优秀的人员进一步培养为设计技师。甚至还发给奖学金，派遣到研究生院进修。

德胜还会每年一次在五星级酒店举办员工大会。据说，酒店方面一听说这么多农民工要来，起初十分紧张，而后来让他们大跌眼镜的是，他们看到的是一群绅士集团的农民工。员工工作五年后，为了增长见识，会得到海外出差的资格。工资采用的是尊重工作年数的工资制，曾经辞职的员工在满足一定条件下允许再回到公司来，除去辞职期间，工作年数会在过去的时间基础上累加等。德胜在育人上有着严格一面的同时，也有着温暖的一面。

这种经营的原动力，显然是放在"人"上，而非"资本"。日本的伊丹教授把与欧美"资本主义"相对峙的日本式"育人经营"命名为"人本主义"。当采访丰田汽车的管理层时，得到的回答均是："培育人""经营管理层要有中长期的视角和思考方式"，可见其对"育人"的重视远超过对"赚钱"的重视。

日本的武将武田信玄的兵法书中提到，"人是城，人是石墙，人是壕沟"，这实际上是从中国孙子的著作中引用来的，其实人本主义也可以说是日本与中国应该传播的经营模式。不只是中国，美国、欧洲等国企业的员工离职率高的问题经常被提出来，而德胜的离职率是非常低的，之所以这样，是因为在其人本主义经营下实施的具体措施。

一、工作年限越长，工资越增加的工资制度。（日本的年功序列制）

二、福利保障制度很优厚。

三、照顾到退休后退休金的支付。

四、辞职后 3 年以内，给予复职的机会。

德胜经营的特征是，对于严格的制度和规矩，一方面要求员工有 100% 的忠诚度，同时，对于能够做到工作中严守规则，并能保证工作质量的员工，赋予绝对的信任和权利。经费票据不用得到上司的签字而自动被认可。因此，总部会计等间接职员的数量非常少。会计职员只有 3 名左右，作为一个拥有千人的企业，这是个令人惊讶的数字。

2 福特、丰田、德胜的比较

"标准"作为制造业经营的前提，福特、丰田、德胜都有，但其各自的含义还是有着微妙的区别。福特的做法是，技术人员把标准做出来，然后交给现场员工让其去执行。这时的标准是把完全按照规定的动作去做规定为义务，并将标准作业与变动工资相结合，以求提高作业效率。这就是泰勒科学管理法下的美国式的标准作业。

与此相对，丰田与德胜的共同点是，标准作业的动作不与工资挂钩。这两家公司把标准作业看成是"育人""磨炼流程"的最重要手段。按照标准来做的话，谁都能生产出相同的产品，并能确保质量，因此会尽快培育出合格的员工。丰田的情况是，在传统标准作业的基础上，还要将隐性知识转变为形式化的知识，再加上技术、技能的传承、经验的横向展开等，甚至还要将"标准作业"的方法彻底推广到开发设计部门。此外，丰田还有个特征是，将标准变更为更好的标准的"不断改善"。大野耐一曾这样说过，"标准过了一个月都不更改的人是'工资小偷'。"

德胜也定期召开业务标准的定期改定会议，以补充不足和遗漏，使其成为更好的标准。这种会议，被称为"趁热打铁"，不惜花费时间功夫，也要继续改善。

3 德胜洋楼的"业务标准管理（程序管理）"

德胜的业务标准，与制造部门所说的作业标准，在含义上是有区别的。作业标准一般把焦点放在产品或服务"结果"的品质上，如 TQC（全面质量管理）就是被用在这里的。而德胜则是把焦点放在到达"结果"之前的业务流程（procedure）中，业务流程的核心是"人"的作业，其认为业务标准才是决定产品品质结果的重要的流程标准。聂先生曾说过，"认真工作指的是按照业务标准进行工作。即使某项工作偶然成功，如果没有按照业务标准进行，就等于没有成功一样。"他甚至倡导过，"轻视业务程序的人永远都是德胜的敌人。"

重视业务标准的背景是，现在非制造部门的人员比率与日俱增，有的占到了过半数，甚至有的企业非制造部门职员占到了 80% 左右。非制造部门的工作主要是以操作软件等脑力作业为主，责任大小的判定以及业务结果的定量测定、业绩评价等都是很困难的。

于是，在业务标准（程序管理）中，把焦点放在过程（流程、手续、顺序）上，而非放在业务的结果上。也就是在评价工作的结果之前，先测定评价"是否按照规定进行了工作"。这样的话，谁都可以一目了然，检查、测定、监督也都变得容易了，而且复杂多样的非制造部门的业务品质也可以进行测定评价了。德胜把这种思路应用在销售、采购、设计、信息处理业务等的测定评价上。这种思路与丰田将制造部门的作业标准化应用于间接部门和开发设计部门等的思路是相同的。德胜尤其提出，"不遵守制度的人是不能信任的人，不遵守制度的民族是不能信任的民族。"由此可见，聂先生绝不允许"走捷径"，其采用的保证品质的手段就是业务标准。

笔者曾经访问过这家公司所属的酒店会议室，斟茶的年轻人隔一会儿就来添一下茶水。后来才知道，负责倒水的人必须每 15 分钟给客人添一次茶水或咖啡，这是业务标准中明确规定的。

此外，天津丰田（TFTM）的日本副总经理曾经说过，TPS（即丰田生产方式）实施的水准可以定义为三个阶段，①按照规定的方法做；②边改善边做；③可以注入人的智慧。该工厂的 TPS 水准，花了 3 年时间，达到了②的改善，即可以陈述自己的意见，QC（质量控制）小组可以进行一些创意性的改善。距离能够做到"发生异常时能够很好地应对"的③的水准，大概还需要 5 至 6 年的时间（2007 年 9 月）。可见，即使在丰田，也是把"完全按照规定操作"的标准作业作为生产现场的品质确保、技能传承、教育训练的大前提的。

4 "制度管理"

德胜洋楼把组织体的核心价值观定为"诚实、勤劳、有爱心、不走捷径"，并将此贯穿在经营的所有部门和各种局面的作业标准和业务标准上，这就是德胜洋楼的"制度化构造"。在"员工守则""作业守则""品质管理""财务""现场监督"等各方面，都有明确设定出来的各自的标准流程。

德胜公司尤其重视制度的运用和实行，如在"制度学习会（每月 2 次）""业务程序（精细化管理）""监察制（品质的监督和制度执行的监督）""公告制（透明化和信赏必罚）""末位淘汰制和吃一年苦工程（成绩差者遭淘汰，1 年后可以有条件复职）""经费清算制度""无打卡制度"等在运用面上各种详细的规定。

5 重视劳动——从"管理贵族"中跳出来

如上所述，通过制度化与标准进行的管理，表面上看，似乎很像马克斯·韦伯所说的官僚性，但在德胜，为了警戒这种官僚制和"管理贵族"，重视现场的价值观是非常浓厚的。

聂先生所定义的官僚文化指的是"手握权力，自吹自擂，或者无视他人，不尊重他人，再或者不愿意弄脏自己的手"的文化。这种官僚文化、管理贵族的流弊甚多，会破坏人与人之间的诚意，降低公司的效率，作为与此对抗的第一步，要从"尊重劳动"开始。

聂先生曾主张，"在我们的民族文化中，有一种蔑视劳动的空气，只想着不劳动就能赚到钱。必须把这种思想转变为尊重劳动的文化"，其志向之高远可见一斑。因此，即使晋升为管理者以后，即使成为作业现场的副总监或总监，或者成为各部门的经理，每月也要有一定的时间参加现场劳动。比如，有时可以看到总部财务部经理在擦拭玻璃，这就是德胜所说的"代岗制"。这与丰田的"现地现物"很相似，但德胜将其放到了民族问题的高度，可见其志向之高远，而其背后则反映了德胜重视现场劳动的特点。

6 制度的执行

不光是中国企业，一般来讲，管理最大的问题，与其说是制度本身，不如说是其执行率如何。王石先生也说过，"企业最缺的不是制度，而是制度的执行。"海尔的张瑞敏也说过，"制定出好的制度是不容易的，但确实按照制定出来的制度去执行更重要。"

制度管理的构造，一般来讲分为"制度要求条款""执行细则""监督检查手册"这3层，德胜的制度在这3个部分所占比重约为1:2:3，监督检查手册是最厚重的。在这一点上，在一般企业或者国有企业中，这3个部分的比率是3:2:1，与德胜相反，监督检查手册的比例是最轻的。

也就是说，德胜的做法是，"不轻易制定制度，而一旦制定下来了就必须执行，而且要完美地坚守。"因此，一旦制度决定下来后，一定会有执行细则，还要有保证执行的《监督检查手册》中的要求。尤其是对于监督检查手册的完善与充实，是德胜制度管理中非常重要的特征。

很多企业，都是只注重制定出制度，而用于执行的执行细则却很少，更别提监督检查手册。如果没有执行细则和检查执行状况的监督检查手册，其制度的执行是无法得到保证的。

德胜公司不允许员工与交易对象、顾客之间出现收受贿赂的行为，也禁止员工出席顾客招待的宴席。其实这些制度在很多企业里都有，问题是如何保证整个制度的执行。如果没有支持"制度要求条款"的执行细则，其执行就会很难。德胜在禁止收受贿赂的"制度要求条款"的"执行细则"中，明确规定禁止收受20根以上的香烟，禁止收受100克以上的酒，每次禁止接受20元以上的工作餐。正是因为有这样的执行细则，制度才能得以贯彻。德胜通过"执行细则"和"监督检查手册"的充实，使得制度的执行率非常高。

德胜的制度要求事项（业务标准）的特征中，还有一点是在丰田和福特都看不到的，即欲要构筑的与外部环境完全不同的组织文化，是通过规定公司中人与人之间的关系来实现的。比如，其规定，一个月内与同事吃饭的次数限制在1次以内，禁止员工之间的借贷行为，禁止询问同事的私事。能做到这一点，福特和丰田一定会感到吃惊，但要想"把农民工的文化基因进行转化",作为中国独特的管理做法,也就不足为奇了。

7 监督检查官

为了保证制度和标准的完美执行,德胜公司设置了制度监察官和品质监察官这两种官职。前者负责流程,后者负责结果的监督管理。德胜的监察官占全体员工的约1%（十几名），这里的监督检查官被授予了至高无上的权力,这一点与一般企业的内部监察是完全不同的。其职责是,保证制度、标准的绝对执行,换句话说,他们就是德胜标准的守护神。他们可以依据制度处置一切事情,在进行监督检查时,被授予了最高的权力,甚至可以不去理会上级的命令。这一点与欧美的独立检察官是完全相同的。德胜公司每年处理的一半以上的案件,都是由监察官提出的违反制度的案件。

8 丰田与德胜的共同点——标准的不断更新和改善

丰田也好,德胜也好,员工被强制执行业务标准,一旦违反,就会受到惩罚。为此,为了不使标准自身陷入陈腐化,需要不断检查与环境和技术之间的整合性,从而进行适当的改善与调整。

在丰田,物与机器还有人的最有效组合,不是像美国那样由生产技术人员做成标准后交给作业员工,而是由作业人员自己思考并制作。"现场的人必须先自己试着写一遍标准作业书。因为为了让别人看明白,首先必须自己得完全弄明白才行。"

德胜倡导的是"趁热打铁",以防止陈腐化。员工若有异议或有改善提案,马上就在公共场所提出,公司全体就可对此问题实现可视化,从而重新思考最佳对策。即在经过一段时间检验后,德胜会再一次检查作为业务标准的"守则",并根据环境的变化对其进行微调。其特征在于,公司全体可以对此问题进行可视化和共享。通过经常修正标准来实现进化,德胜在这一点上的做法,是与丰田方式相接近的,而与美国方式是不同的。丰田在同系列的方法中,实行的是"横向展开"。

9 组织统合度

不同的有机体,存在着"统合度的差"。敏捷的猎豹一旦瞄准猎物,就一定不会让它跑掉，其统合度是很高的。普通种类的海星一旦被翻过来，身体就会被一部分的手拧向某个方向，而其他手则会向相反方向拉扯。海葵即使身体开始动，其脚的一部分也会牢牢吸在岩石上，从而导致身体被撕裂。这些都是由于统合度过低导致的。由人组成的企业组织体也是有机体，因此在统合度上也存在着差距。丰田也好，德胜也好，在统合度上都是佼佼者，两者比较而言，作为全球性企业的丰田在统合度上或许会略逊一筹。

通用汽车和丰田的合资公司 Nummi 在现场导入 TPS，创造了"Nummi 的奇迹"，而底特律总部却拒绝了新的价值观。这就是海葵现象，组织肥大化后陷入了"大企业病"。德胜维持组织体有机统合度的手段，采取的是"先生领导力""制度、业务标准""诚实、勤劳、有爱心、不走捷径、利他"等价值观。对于德胜，用另一种说法，即实行的是"人治、法治、心治"的"三重治理模式"，这也是德胜保持组织统合度的思想所在。

20 世纪 90 年代，丰田的领导人看到丰田就要陷入"大企业病"时，果断提出"丰田的敌人就是丰田自己"，并从此大力转换全公司风气。在 2009 年的召回事件中，则大声疾呼"回归以安全和品质为第一的丰田原点"。由此可见，实现价值观的轨道修复工作，都要依靠经营者在组织统合度能力上的自我反省力。

日本在江户时代，有近江商人"卖家好，买家好，社会都好"的"三面好"的说法。在俯瞰"三面"的情况下，要想提高组织统合度，就需要具有"造物即造人"的远景规划，和支持此远景的具体手段——制度和标准。

10 经营模式的转换要从价值观的重置开始

福特、通用等美式企业要想导入丰田汽车和德胜公司这种经营模式，仅从表面的行动、制度和手法上转变是行不通的，必须从看不到的思考方法、组织文化根底里的价值观的转换入手，进行"系统再设计"。

系统再设计法指的是，首先将系统的构造分为四层：①表层行动；②构造和制度；③思考；④价值观。其中，①和②是眼睛看得到的，③和④是眼睛看不到的，所以，需要把不同部门的管理者汇聚一堂，通过大家相互之间的议论，逐渐形成共识，以最终找到目标。

在这里，展示一个系统设计顺序的样本。

经营系统诊断—再设计法				
诊断	20世纪类型	再设计	21世纪类型
表层行动	重视短期利润的经营 肯定库存增加 绩效主义的业绩评价	表层行动	中长期的安定经营 对库存减少予以奖励 信赖度管理
构造和制度	计件工资和单能工 分工序的效率管理 股票期权报酬制度 使其完全按照规定的标准执行	构造和制度	多能工制度 改善提案制度 进化度测定评价 自己制作、改变标准
思考方法	重视结果 要素还原思考 纵向统制和官僚主义 求平衡 卖方市场 防止怠工、重视人员的开工度 部分最适的总和等于整体最适	思考方法	重视流程 相互作用思考 横向联结、有机化 矛盾的统合和解决 卖家好+买家好+社会好 重视物流速度 部分最适的总和不等于整体最适
价值观	利己 人的智慧是有限的 经营=追求利润 人的二元观 性恶说（X理论）	价值观	利他（你好我好大家都好） 人的智慧是无限的 经营=育人 人的一元观 性善说（Y理论）

11　系统再设计顺序

（1）目的的设定

设定系统再设计的目的。这里，假设把（美国和中国占多数的）"重视结果型"经营转变为（从丰田和德胜得出的）"重视流程型"的经营模式作为目的。

（2）表层行动的观察

下面举几个当今在美国等国经常可以看到的经营表层行动的例子。如"重视短期利润的经营行动"和"绩效主义""肯定库存增加"。重视短期利润的经营是指，即使削减研究开发经费，也要确保本期的利润，维持股东分红的行动。获得诺贝尔经济学奖的斯蒂格利茨（2004）在其书中提到，"很多时候，市场容易只将焦点放在短期的眼前的纯利润上。而公司董事们的报酬是与眼前的股价相关联的，因此比起公司的长期发展，他们更愿意将重点放在当前利润上。"

库存增加（生产过多），是以防订单骤增或发生不良情况，因此不需要特别被诟病。绩效主义只关心最初的工作目标在后期能否实现，并依此来评价业绩，这就是美国式的构造（表层行动）。

（3）构造、制度、手法

接着，对产生这些表层行动的"构造、制度、手法"分别是什么进行诊断。

为何会把经营的焦点只放在当前的利润上呢？因为存在着随着股价的上升，报酬便随之增加的股票期权报酬制度。还有人与机器运转得越多，工资就越多的计件工资制和专门从事单一职种的单能工制度等。

（4）提炼出背后的"思想"

下面，试着提炼出产生这种"经营构造、制度和手法"背后的思想（既不是 software，也不是 hardware，而是 thoughtware）。举例如下：

① 亚当·斯密以制造"插销"为例，认为他所主张的"分工"是正确的思想。（"插销制造工厂的工人，每人每天最多能做一个插销。而当由 10 个工人分工来做的话，可以生产 4800 个。"）

② 为了有效推进分工，认为泰勒所主张的作业"专业化、分工化、简单化"为正确的思想。

③ 马克斯·韦伯所主张的，各岗位都按照规定的规则、程序，实现在合理合法的权威领导下，建立起绝对命令式和统制型规矩，认为这种"官僚制"是正确的思想。而另一方面，官僚制往往存在着机能重复、效率低下，以及易陷入僵硬状态等弱点。

④ 牛顿古典力学以来的"要素还原思想"，认为通过把现象分解为要素，便可以到达真理。

⑤ 由此派生出"生产工序内的个别工序是可以分离的独立单位，'各工序的部分最适总和等于全体最适'"的思想，于是便诱导出只要各部分经营资源（人、机器）实现最大限度运转，整体就会最好的思想。

（5）支配旧经营模式的"价值观"的特定

对于"文化基因"，我们平时也许意识不到它的存在，但它确实存在并对公司的运营起着支配作用。举例如下。

① 亚当·斯密的古典经济学所提出的，在"上帝的看不见的手"的作用下，会达到需求和供给的预定和谐，由此而得出"利己"是正确的结论，从而形成"自由放任"的价值观。

② 深信人的智慧是有限的。

③ 把人分为"管理者"和"被管理者"的二元观。

④ 荀子的性恶说，认为人的本性是恶的，如果不监视就会消极应付。（相当于 McGregor 的 X 理论。从这种价值观出发，为了防止出现公司会计犯罪行为，最多也就是采取"内部统制报告制度"而已，而实际上却几乎没有变化。）

（6）新价值观的设定

下面是关于系统再设计的内容。举例如下。

① 把荀子的"性恶说"价值观转换为孟子的"性善说"（相当于 McGregor 的 Y 理论）。这样，像德胜那样诚信度高的员工的报销凭证就可以免检而直接报销了。

② 与性善说相关的"诚实""勤劳""爱"等经营理念，与马克斯·韦伯的"新教伦理和资本主义精神"中严格的清教徒的信条是相似的。这种价值观认为，不能追求拜金主义或私利，只有在支撑合理经营、经济活动的精神或行动方式下，通过禁欲方式的努力劳动，为社会作出贡献，使上帝的光芒照耀在大地上，这样自己才能得救。对此，聂先生所提出的第四个理念"不走捷径"，坚定地推进了价值观的转换。德胜所标榜的四个理念，即使对于日本和欧美的制造业经营者而言，也是值得借鉴和学习的。

③《丰田之路 2001》的"现地现物"和"改善"，是根植于丰田的价值观。这种价值观，美国的通用和福特都没有，而在德胜却非常牢固。

④ "人通过锻炼是可以变化的"这一价值观，德胜与丰田是共通的。认为人的智慧是无限的价值观，重视"隐性知识"甚于重视"形式知识"，通过不断问员工"5 个为什么"，以刺激其隐性知识，使其在找到真正原因之前，彻底思考，从而通过"不断改善"来实现育人。

⑤ "造物即造人"才是丰田生产方式根底里隐含的价值观。德胜则更进一步地提出了"把农民工培养成职业产业工人"的价值观。

⑥ 江户时代近江商人的"卖家好，买家好，社会都好"，很可能是支撑着 21 世纪资本主义经营模式的价值观。

价值观的转换是新经营模式导入的前提，一般来讲，人们喜欢避开此处，突然一下子导入某种新的构造、制度或手法，这样的话是一定不会成功的。即使表面上看似乎有了效果，但也会很快退回原形的。因为价值观还是老样子。

那么，如何进行价值观的转换呢？比如，在德胜的员工守则中，有这样的话，"在德胜工作时，每天早上必须默诵如下的话：'我实在没有什么大的本事，我只有认真做事的精神而已。'"像这样的话，每天都坚持说给自己听，再付诸行动，比如整理服装、5S 或厕所扫除要打扫得干干净净等。通过这样的修行，价值观很快就会彻底转变过来，农民工也会变成连"五星级酒店负责人"都会惊讶的拥有飒爽身姿的绅士。只改变制度是不行的，只改变语言也不行，关键要看行动。

TPS 也一样，特别是开始时，不是靠讲大道理。当大野耐一老师说"没有工作时就站着别动"时，欧美人会追问理由"为什么（WHY）？"。因为他们的价值观认为"与其站着，不如把明天的工作提前做好"。而普通的日本人则老实地按照命令去做——没工作时就站着不动。这样，繁忙岗位上的人就会过来寻求支援，于是从整体来看，紧急的工作就能得到援助，从而赶上交货期，让顾客满意。工厂当天的销售计划也可以完成，销售金额便可以入账。这就是从理论上分析为何要站着不动的理由。也就是只有行动优先，价值观的转换才能成为可能。

（7）新型经营模式中的"思考方法"

下面设计一下在新价值观下可能形成的思想形态。比如，

① 从要素还原思想转变为相互作用思想。

② 从设计是以个人为单位的脑力工作转变为"大房间制度"的团队工作。

③ 由跨部门团队或机能来进行的问题解决项目。

④ 由求平衡的思想转变为"矛盾要素的统合思想（既舒适又省油的汽

车)"

⑤ 人只有一种的观点。消除白领与蓝领的身份差距。高管专用食堂和专用停车场的废除。

⑥ 从资源运转中心观转变为物流速度中心观。TPS 的很多手法都是依据物流速度中心观提出来的。

这里，我们来看一下科学管理法基础上的资源运转中心观与 TPS 的物流速度中心观思想的区别。泰勒当时在分析"组织性怠工"的习惯时，得出的结论是，人不是可以交换的机器。即，通过教育训练和对"使每个人、每台机器的生产量最大化"施以恰当的动机，生产效率就会得到提高。在明确设定每天必须完成的工作，即"一天公正（Fair）的工作量"的情况下，通过作业研究制定出标准的作业动作、顺序和时间。上述内容就是今天丰田和德胜也在依循的产业近代化的思想基础。

20 世纪初叶的美国，计件工资制是很流行的，在不断重复着"劳动者工资上升，雇佣者便可降低生产单价（工资率）"的情况下，劳动者认为"越努力干活儿工资越低"，从而时常发生组织性怠工。为此，泰勒导入了任务（task）的概念，提出了差别工资制，对完成标准作业的人付给优惠工资，对没完成的人则只付给最低工资。他认为这样就可以杜绝组织性怠工。

然而，在美国适用的科学管理法与丰田和德胜的管理方法，有着微妙而又重要的"思考方法"上的区别。

丰田和德胜采用变动工资制，基本上根据员工的工龄支付报酬，而不采用泰勒的提高作业效率的方法。其二者的共同认可"工作的报酬是工作本身"的价值观。马克斯·韦伯曾提出"劳动是绝对的自己目的"的观点，这也正是在中国德胜得以实现的思想。

科学管理法，是指在机械式流水线的生产现场，通过作业的专业化、简单化和标准化，达到减少生产成本的思想。但从今天的视角出发，会给人一种把员工当做机器来使的感觉，也有人认为这轻视了员工作为人的一面，以至于后来，很多日本企业把流水线方式给废除了。

科学管理法中的"作业标准"，依据的是人的二元观，即由管理的人给被管理的人制定出标准。而丰田生产方式中的作业标准，则是由员工自己制定的，他们要自律进行控制，而且需要在短期内对其进行改善和更新。

（8）新经营模式中的"构造和制度"设计

这里，按照（7）中设定的思考方法，具体导入新的构造和制度的设计与手法。

要想进行"自己制作、改定的标准作业"与"改善制度"等的构造导入，一方面要从人的二元观思考中脱离出来，同时还要求一般员工能够自律地磨炼流程并不断去改善。这样，在作业现场，最终不是追求结果，而是确立起磨炼流程的经营模式。

只有在孟子的性善说价值观基础上，"信赖度管理"才能确立起来。

生产效率指的是，当重视提高物流速度甚于重视提高每个人生产量的思想固定下来时，其自然就会理解"重视降低库存"的意义，于是作为表层行动的降低库存和缩短生产期限就会得以实现。

可见，只有确实依照价值观→思考方法→构造和制度→表层行动这四个层次进行，表层行动才能发生变化。这就是系统再设计法。

以大批量生产为志向的欧美或中国的一般企业，之所以很难导入以小批量生产为志向的丰田生产方式（TPS），就是因为其价值观与思维方式就像水和油一样是不同的。

就如丰田在中国天津建立新工厂后 3 年左右的时间，中国员工就可以把小批量生产的 TPS 掌握个八九不离十。其诀窍在于，雇佣的员工不是在其他公司被不同价值观污染过的老员工，而几乎都是天津当地没有任何经验的市民。当要求"后工序不需要的就不许生产"时，这些新员工会很听话地完全照做。即使自己的能力可以做 10 个，但假设后工序只需要 7 个，则天津丰田的员工也会做完 7 个就停下来，并举手示意自己手头工作完成了，于是再被派到别的工序去支援。但是，在计件工资制度下教育出来的老员工们，则会继续做到 10 个，留下 3 个库存。

同样，德胜公司也不录用在其他公司有着丰富经验的人，而是录用完全没有任何经验的新员工。其理由是，要想改变头脑里已经有很多固有思想的人是非常困难的，远不如从零开始指导单纯的人。老子曾说过，"人越学习就越笨"，如果不重新设计眼睛看不到的价值观和思想，是无法改变眼睛看得到的构造、制度和行动的。

（9）结尾

20 世纪 80 年代，被日本企业打败而导致制造业衰退的美国，对丰田生产方式（TPS）表现出了极大的兴趣，并尝试导入。通用汽车为了学习丰田高效率的秘密，于1984年，在加利福尼亚州设立了合资公司Nummi。Nummi的生产现场学到了真正的TPS，而且也学到了其价值观，从而取得了被称为"Nummi奇迹"的出色成果。但其秘诀却并未传播到整个通用汽车企业。之所以"奇迹"只能停留在现场，是因为总部拒绝改变其传统价值观（比如短期利润中心的思考和人的二元观等）。通用汽车直到2009年6月1日宣告破产为止，其价值观和思想始终未改变。

德胜的经营战略是通过"诚实、勤劳、有爱心、不走捷径"等，形成与流行文化不同的价值观和思考方法的文化基础，从而实现构造、制度和表层行动的变革。只有实现价值观和思想的转换，构造和制度的转换才能成功，这样"把农民工变身为相当于职业产业工人的绅士"的表层行动的转换才能成为可能。可以说，丰田是在20世纪70年代，德胜公司是在21世纪初，分别实现并证明了系统再设计法的有效性。

附 录

我们由衷地感谢

聂造 词　天华 曲

波特兰小街是清一色的美制木结构建筑。

开放式的露天游泳池。

员工经常自编自导自演娱乐节目。

充满异国情调的德胜公司中国总部－苏州波特兰小街。

波特兰小街的汽车旅馆西餐厅一角。

来自美国的波特兰小街。